记者穆青

彭四平　著

中国言实出版社

图书在版编目（CIP）数据

记者穆青／彭四平著. —北京：中国言实出版社，
2016. 3
ISBN 978 - 7 - 5171 - 1811 - 4

Ⅰ. ①记⋯ Ⅱ. ①彭⋯ Ⅲ. ①穆青（1921～2003）-
生平事迹 Ⅳ. ①K825.42

中国版本图书馆 CIP 数据核字（2016）第 053946 号

出 版 人：王昕朋
责任编辑：王丹誉
文字编辑：刘玉静
封面设计：张美玲
特邀美编：柏　洁
出版发行：中国言实出版社
　　地　　址：北京市朝阳区北苑路 180 号加利大厦 5 号楼 105 室
　　邮　　编：100101
　　编 辑 部：北京市海淀区北太平庄路甲 1 号
　　邮　　编：100088
　　电　　话：64924853（总编室）　64924716（发行部）
　　网　　址：www. zgyscbs. cn
　　E - mail：zgyscbs@263. net
经　　销　新华书店
印　　刷　北京温林源印刷有限公司
版　　次　2016 年 5 月第 1 版　2016 年 5 月第 1 次印刷
规　　格　710 毫米×1000 毫米　1/16　印　张　11.75
字　　数　269 千字
定　　价　45.00
ISBN 978 - 7 - 5171 - 1811 - 4

目录

序

· 郑保卫 ·

《记者穆青》书稿已经杀青，作者前来索序，真让我感到不安和为难。为《记者穆青》作序，实非我所能胜任之事，因为我对穆青没有专门的研究，恐怕评说得不到位，辜负了作者的一片好意。然而又一想，穆青是我尊崇的前辈和领导，看了这本书稿，对穆青的生平事迹和品德精神又有了更深刻的认识，心里还真是有些话想说。再说，四平是我在中国新闻学院任教时的学生，学生求老师的事情，应当尽量为之，这是我这些年给自己立的一个规矩。于是我便贸然提笔写下了下面的文字，不敢曰序，算是读书心得吧。

一

自太史公创纪传，于是中华之史，不独纪事，转重传人。传人者何？传其品，传其节，传其才德，传其神采，使其人跃跃然于纸上，令后世如目接耳亲,而不胜其追慕感念之情,是以其人虽往,犹凛凛生气,在我左右。是所以同为不朽之胜业,而三才之中心亦于焉斯在。①

然欲传其人如穆青先生者,却实非易事也。穆青生前,著作等身,百年之后,其名在新闻界如雷贯耳。对其怎样评价,其历史地位如何?实难片言居要,数语得中,这对作传者与写序者,均属至难之事。

穆青经历了我国新闻事业从战争年代到新中国成立后的和平建设时期,以及改革开放新时期六十多年的发展历程。在战火烽烟和长期的新闻实践中,他逐渐锻炼成长为一代著名记者和新闻宣传机构领导人。

作为记者,他一生写出了许多传世名篇,给后人留下了许多宝贵的精神财富;作为社长,他领导新华社实现了由国家通讯社向世界性通讯社的大步跨越。同时,他也称得上是一个学者,他提出的许多新闻观点丰富了中国共产党的新闻思想。

穆青长期担任新华社领导,青年记者成才问题一直是他最为关心的问题,他经常利用各种场合、各种机会,就此发表意见,提出要求。记得我在中国新闻学院工作时,当时身兼院长的穆青每次来校同学生见面,谈得最多的就是青年学生和青年记者的成长与成才问题。

穆青多次说过:"我们记者是搞什么的?记者就是要拿出事实来,以宣传党的方针、政策,帮助人家去了解,让那些思想不通的人,思想能够通;思想通的,给他鼓干劲,支持他放心去干。我

---

① 周汝昌.张伯驹和潘素之序[A].详见任凤霞.一代名士张伯驹[M].当代中国出版社,2006.

们作贡献,既不能生产小麦,又不能生产棉花,我们就作这个贡献。"①很显然,他把满足国家和人民的新闻信息需要,作为对记者最重要的职业要求。

他经常提醒青年记者要把自己个人的成长、成才和进步同国家事业的发展和人民的利益要求紧密地联系起来。他认为,记者就应该关注国家的大事,了解群众的生活,维护人民的利益,自觉地把国家利益和人民心声很好地结合起来。他曾提出,记者有义不容辞的责任,把人民的精神风貌"展现在全世界的面前"②。

穆青本人则始终是以对国家和人民的高度使命感与责任感,积极为国家献力,努力为人民立言,用自己的实际行动来彰显记者的使命与责任。

1976 年粉碎"四人帮"之后,全国面临着拨乱反正的艰巨任务。如何看待文化大革命所造成的严重后果,如何看待广大群众在"文革"中坚守劳动岗位,为国家分忧解难的自觉行动? 1978 年 3 月,穆青同新华社记者陆拂为、廖由滨合写了一篇长篇通讯《为了周总理的嘱托》,对此作出了很好的回答。这篇通讯被认为是当时公开否定"文革"的第一篇作品,在社会上和群众中引起了强烈反响,对揭批"四人帮",否定"文化大革命"起到了重要的作用。

1981 年 1 月 25 日,穆青又与郭超人、陆拂为等人合写了著名述评文章《历史的审判》。该文以高屋建瓴之势,对"四人帮"在文化大革命中的倒行逆施行为进行了清算,充分反映和表达

---

① 叶欢平.穆青新闻实践调查研究思想探析[J].新闻大学,2008 年第 7 期下半月版.

② 穆青.穆青散文选[M].人民文学出版社,1984.

了人民的意愿和心声,不但让人民群众觉得舒心解气,而且感到扬眉吐气。此文被誉为是"法庭外的起诉书"。

1992 年初,穆青历时半个月时间到南方实地调研,收集了大量一手资料,采写了长篇通讯《风帆起珠江》。此文九易其稿后在《经济日报》头版头条刊发,用事实回答了一些人对改革开放的质疑,也呼应了此后不久邓小平考察南方讲话的精神,在社会上产生了积极反响,为我国新一轮改革开放扬起了风帆,吹响了进军号。

穆青用自己的亲身实践证明了记者的价值,说明了新闻工作对于国家和人民的贡献,同时也说明了一个新闻工作者如果能够成长为优秀的记者,对于国家和人民是多么的重要!

二

"勿忘人民",是穆青常常挂在嘴边的一句话,也是他新闻思想中的一个核心内容。在穆青看来,要成为一个好记者,最重要的一条就是要对人民有深厚的感情。他明确提出,一个对党和人民没有深厚感情的人是当不了好记者的。他认为,只有对党和人民怀有深厚的感情,"才能把人民的疾苦、人民的欢乐、人民的要求放在心上,才能满腔热情地深入到群众中去,主动地关心人民的冷暖"。①

穆青本人就是一个始终对党和人民怀有深厚感情的人。他很喜欢郑板桥的画竹诗,"衙斋卧听萧萧竹,疑是民间疾苦声。些小吾曹州县吏,一枝一叶总关情。"他认为"疑是民间疾苦声"、"一枝一叶总关情"与他的思想是相通的,作为人民记者、共产党

---

① 穆青.穆青论新闻[M].新华出版社,2003.

员,应该做得更好,应该更体恤民情,应该"一字一句总关情"。①

　　穆青曾说,"我们做新闻工作的要有蜘蛛结网、春蚕吐丝的精神,要呕心沥血地为人民吐丝、吐好丝。"②对人民没有感情,就做不好记者,写不出好稿,即使写出了,也感动不了任何人。在穆青等人合作完成的通讯《县委书记的榜样——焦裕禄》中有一段这样的描述:"焦裕禄一进屋,就坐在老人的床头问寒问饥。老大爷问他是谁?他说:'我是您的儿子。'"这不仅是焦裕禄的心声,也是穆青自己的内心写照。

　　穆青对人民的情感在其一生中贯穿始终。他写的许多典型人物都是普通百姓,植棉能手吴吉昌,造林模范潘从正,修筑红旗渠的英雄,与焦裕禄共同奋斗的干部乡亲,等等。他关心、体贴、爱护他们,反映和表达他们的心声,而他们也都将穆青视为自己的朋友、亲人。

　　穆青在采访中投入情感之真挚让人感叹不已! 穆青自己在回顾当年写《县委书记的榜样——焦裕禄》时谈到,当时他们在兰考采访,许多同焦裕禄接触过的干部群众含泪向他们讲述焦裕禄的感人事迹,他们一边采访,也一边跟着流泪。而当开始写作时,一想起焦裕禄的事迹自己的泪水就禁不住脱眶而出,眼泪把稿纸都打湿了。当年跟他一起采写焦裕禄的同事冯健也谈到,穆青在听兰考的干部、群众回忆焦裕禄时,常常会激动得不能自抑,从凳子上站起来流着眼泪在院子里踱步,采访不得不因此中断。

　　正是这种真挚情感的注入和流露,使得他的新闻作品能够

---

①　张毅、许水涛.知情者眼中的穆青[J].纵横,2004年第1期.

②　穆青.穆青论新闻[M].新华出版社,2003.

释放出感染人、鼓舞人、激励人的正能量,进而产生强烈的思想震撼力和社会影响力,这也是他的新闻作品特点和魅力之所在。

三

回忆穆青,我总会联想到他在兼任中国新闻学院院长时给我留下的印象。作为院长,他为中国新闻学院所立的校训是:"坚持理论联系实际,培养德才兼备人才"。[①] 他总是强调新闻学院一定要把"德才兼备"作为人才培养的目标和标准,要让学生先学会"做人",再去学习"做文"。

穆青本人就是新闻记者实现德才兼备的典范。他一生中始终以"德才兼备"作为做人,作为当个好记者的标杆。这方面,他给我们留下了许多值得学习和称道的事迹,他的许多传世作品和展示其高风亮节的故事足以作证。

在新闻改革方面,穆青说,新闻需要改革的东西很多。我坐在新华通讯社社长的位子上心里总是不安,这倒不是怕犯错误,主要是总在考虑如何能够对内对外使我们的报道发挥更大的作用、更大的影响。有人说,现在有的人越来越不信我们的报纸,反而相信西方的东西。我觉得这是宣传工作的耻辱,我们做了几十年宣传工作,在这样的新形势下不能很好发挥作用,是失职。我们的事业是伟大的事业。我们正在进行伟大变革,我们要走出一条中国式的道路。我们的宣传应该与这个时代,这个要求相称。我们的任务是相当艰巨而繁重的。我们应当拿出一些有吸引力的东西,及时回答我们应该回答的问题。[②]

---

① 郑保卫、覃敏.论穆青的记者成才观[J].此文为纪念穆青诞辰90周年而作.
② 祺鉴.访穆青[J].视听界,1987年第7期.

穆青16岁投身革命,18岁入党,他一生坚信共产主义、坚信共产党是拯救中国的唯一希望。他的信仰不是盲目的,因为半个多世纪的革命历程使他看到了"没有共产党就没有新中国"。①穆青亲身经历了中国从灾难深重走向繁荣发展的历程,他看到中国人民和中华民族正是在共产党的领导下,才从苦难与屈辱中解放出来,不断走向繁荣与强大。他确认共产主义事业是一个正义与进步的事业,是值得为之献身的。

穆青有一本书取名叫《十个共产党员》,这本书实际上就是穆青表达自身信仰的结晶。在这十个共产党员身上,其实就体现了穆青自己的追求与信念。从他小时候认识的共产党人梁雷,到后来延安时期的赵占魁,再到后来的焦裕禄,王进喜,吴吉昌,潘从正等。穆青把他们写出来,就是竭尽全力地告诉人们"什么是共产党员",他希望通过这些共产党员的事迹和精神来鼓舞人民的信心。

穆青在为一个个英模人物树碑立传的同时,也表达和展示了自己坚定的共产主义信仰和高尚的共产主义品德,为我们留下了一批具有鲜明时代特征的史诗般的新闻作品,从而确立了他在中国新闻界的历史性地位,成为继邹韬奋、范长江和邓拓之后又一个为人尊崇,值得学习的新闻记者。

彭四平早年求学于新华社创办的中国新闻学院,和我有过一段师生情缘。之后,他做过十年记者,积累了较丰富的新闻采写经验。期间,他还考入中国科学院心理所读了三年研究生。此后,他相继出版了《激励心理学》、《寻找新闻的向度》、《站在湖北看中国》等著作。也许正是这样的学习经历和工作经历,让

---

① 张严平.穆青传[M].新华出版社,2005.

他对人物传记有更多的感悟和体会。四平告诉我，他在工作之余花了三年时间收集穆青相关资料，又花了三年多时间才将书稿写完。其写作的动机，据他讲很重要的一个原因是因为其他作者在写穆青传记时居然都没有提及中国新闻学院，而他认为创办中国新闻学院是穆青一生中不能忽略的一件具有重要意义的大事，它说明了穆青对新闻人才培养和新闻队伍建设的重视，体现穆青的远见卓识。四平对穆青新闻思想的理解让我佩服和感动！

四平历时六载有余完成的这部传记，主要是为穆青作传，记载其生平和经历，展示其作品和品德，传播其思想和精神，另一方面也是要为2002年被撤销的中国新闻学院留点文字史料。作为一个参与过中国新闻学院创建过程，目睹过其发展历程的老师，我为此深深感动！

给自己的学生，特别是给我曾经工作过的中国新闻学院的学生写序，对我而言是件十分荣幸的事。我愿意以上述文字作为对四平新作的祝贺，也作为此书出版的推毂之资。

（作者原为中国新闻学院教授、研究生部主任，期间曾任新华社国内部记者，现为中国人民大学新闻与社会发展研究中心主任、新闻学院教授、博士生导师，全国新闻学研究会会长）

第一章　烽火中的抉择

祖籍河南周口

穆青祖籍河南周口,曾祖父穆松泉精通阿拉伯语,熟读《古兰经》、《圣训》等伊斯兰教经典,是一位德高望重、深受教民拥戴的阿訇。

穆松泉早年坐任河南周口怀庆清真寺,全家居住在寺内。并让穆青的爷爷穆延桢随同学习古文和经文,盼望穆延桢子承父业,日后能成为一位受人尊敬的阿訇。

穆延桢在武汉、南京清真寺做阿訇期间,耳闻清廷的无能与腐败,目睹百姓的贫困和不满。他决定通过仕途之路,实现自己的人生价值。①

1904 年秋,古文功底扎实,又写得一手筋骨具有颜体雄健洒脱、骨架具有柳体的刚挺俊俏书法的穆延桢,终于考中举人,并被清朝政府授予五品文官。然生不逢时,候补期间,科举制度宣告废除,穆延桢的仕途之梦随之破灭。做官不成,只得赋闲周口,以待天时。是年,穆青的父亲穆蕴珊刚满 9 岁。

---

① 张新安、买光远.穆青与他的周口老家[N].周口日报,2004 年 1 月 14 日.

穆延桢有位朋友,名叫唐少侯,想外出闯荡,只是缺少盘缠。唐少侯与穆延桢商量,穆延桢认为好男儿就应该出去闯荡一番事业,于是慷慨相助。唐少侯有了盘缠之后,就投奔到石友三麾下。由于眼里有活、虑事周全、办事勤勉,很快得到了石友三的信任。

石友三幼年家境贫寒,父亲靠给地主家赶大车维生。石友三在一家粮店做学徒,幸得雇主少主毕广桓资助,入长春东关龙王庙小学,在商震教导下就读。石友三于1908年从军,入清朝新军第三镇吴佩孚部下,驻河北廊坊。不久,第三镇兵变,石友三流落北京。

1912年,石友三再度从军,投入冯玉祥部下,任其马夫、亲兵,后随冯逐渐升迁,石友三曾经任营长。1924年,冯玉祥出任西北边防督办,便提升石友三为第八混成旅旅长驻防包头,任包头镇守使,成为其十三太保之一。

1924年,冯发动北京政变,成立国民军,石友三任第六军军长兼第六师师长。1926年,国民军遭到奉系、直系和晋系的围攻,石友三负责对晋系的军事行动,由于晋系的指挥官是其师商震,两军达成停战协议,故石友三部在国民军全面溃败之时居然实力反而扩大,有了三个师的规模。

冯玉祥通电下野离包头赴苏联考察后,石友三背叛冯玉祥投靠晋军,冯玉祥在苏联和中国国民党的支持下返回国内,决定出兵支持北伐,五原誓师后组成国民军联军。石友三害怕得到报复,乘车前往五原赔罪。一见冯玉祥扑身跪在地上大哭起来,冯玉祥说:"过去的事,一概不谈,过两天我就到包头去!"10月8日,国民军联军总部迁至包头,石友三叛离阎锡山晋军编入国民军联军,再度投靠冯玉祥。

1928年,国民政府对各路部队进行整编,石部被缩编为国民革命军第24师,驻河南信阳。1929年3月,蒋桂战争爆发,冯玉祥摇摆不定,先命石友三进军襄阳支持桂系,桂系失败后又命石友三进军武汉拥护蒋介石。5月,蒋冯战争爆发,石友三在蒋介石收买下叛离冯玉祥,6月1日,率部开赴许昌投蒋,后改驻山东德州。同年秋,石友三任安徽省主席。

主子得势，跟班得利。不久，唐少侯从军界转入政界，任安徽省财政厅厅长，先后创办了电灯公司、面粉公司、钱庄、造币厂、列山煤矿等实业，后又在蚌埠建码头、办船运。

1919 年，随着事业的做大，人多事杂，唐少侯在管理上倍感吃力，想起曾经支助过自己的朋友，于是，修书一封，盛情邀请好朋友穆延桢到蚌埠助其一臂之力。

出生安徽蚌埠

穆延桢欣然应诺，一年后，他凭着自己的聪明才智，在蚌埠站稳脚跟后，遂于 1920 年五六月间，把全家从周口迁到蚌埠。其中包括穆青的两位姑姑，穆青的父亲、是年 25 岁的穆蕴珊，穆青的母亲、26 岁的杨文芳，穆青的大姐穆镜涵。

离开周口时，杨文芳已怀有身孕。几个月后，也就是 1921 年 3 月 15 日，杨文芳在蚌埠太平街倪家大院内，产下一男婴，这就是穆青。爷爷高兴地为他取名穆亚才，希望他将来能成为社会有用之才。穆青是他参加八路军后，惟恐连累家人，自己改的名。

当时因家境不好，穆青的母亲缺乏营养，奶水不足。穆青小时候很瘦弱，但很漂亮，雪白的皮肤，淡蓝的眼白，高高的鼻子，一头棕色卷发，人见人爱。[①]

自从 1923 年有了妹妹之后，穆青的衣食住行，就全由二姑负责，他寸步不离二姑。那时二姑只有 17 岁，家规严不许女孩出门，由穆延桢在家中教她读书，有时还请家庭女教师。穆延桢虽然封建，但他还是主张男女都应该读书，有利于提高国民综合素质。

穆青 3 岁时，二姑就给他讲故事。开始讲"老鼠开会"、"麻雀找女儿"、以后讲"二十四孝"、"孔融让梨"、"司马光砸缸"、"孟母三迁"、"匡衡凿壁借灯光"、"头悬梁锥刺股"，等等。穆青每次聚精会神地听

---

① 穆镜涵.忆我亲爱的弟弟穆青[A].郑德金、穆晓枫主编.难忘穆青[C].北京:新华出版社，2005,第 113~117 页.

完后,还提问:如匡衡借光读书,人家不点灯怎么办?王祥卧冰,他冷不冷呀?等等。

从3岁到6岁,穆青二姑又给他讲了许许多多古代忠臣孝子刻苦学习、发奋图强的故事。穆青特别喜欢听岳飞和杨家将的故事,让二姑翻来覆去地给他讲,就是睡觉也要讲到他睡着。

为了从小培养穆青,穆延桢还给他订画报,买看图识字。画报上有古今中外的发明家、文明结婚、无轨电车等,也都是由穆青的二姑讲解。一次,家中买了一筐梨,叫穆青挑。他看了看,拣一个大的跑到穆镜涵跟前说:"姐姐,你吃大的,我吃小的。"穆青的二姑高兴地把他抱起来亲了又亲,说他不但听懂了故事,而且还能照着去做。

穆青5岁的时候,穆延桢开始教他书法,还为他请了一个武术教练,让他从少学习打拳。在爷爷和武术教练的启蒙下,穆青从小就爱憎分明。穆青的二姑给他捉了两只蝈蝈,放在瓷缸里,下面垫上松土,用毛笔在蝈蝈背上一扫,两只蝈蝈就斗起来了,真好像是战场上的勇将,拼命厮杀。他高兴极了,每当听完爷爷讲书,他都要去看看蝈蝈打斗。

一次,在激烈的争斗中一只蝈蝈被咬死了,这下他可不愿意了,哭死哭活的,一家人用什么办法都哄不了他。后来,还是穆青二姑指着死蝈蝈问他,你知道它是谁?这是秦桧,这一个是岳飞,岳飞把秦桧杀了,你不喜欢吗?这样才总算哄住穆青。

1927年,穆青二姑出嫁后,穆青的一切都由姐姐穆镜涵照顾。白天他们一同学习,由爷爷穆延桢亲自来教。爷爷教穆青写书法,教穆镜涵《列女传》和《女儿经》等。后来穆青考入三育小学。爷爷不放心他一个人上学,决定让穆镜涵陪穆青一同上学。

三育小学是一所教会学校,除了上课就是做礼拜。为了穆青的前途,穆青的父亲将姐弟俩转到乡村师范附小。进入这所学校,气氛就是不一样,老师经常带着学生到田间地头上课,课后还给学生讲农民的辛苦。并且还有音乐课,同学们都特别喜欢上音乐课,老师边教边唱,还做模仿动作。每天放学穆镜涵都牵着穆青的手一路唱着歌回家,唱得最多的是"滴自己的汗,吃自己的饭,自己的事情自己干,靠人靠天靠祖上都不是好汉……"

可惜好景不长,那时军阀混战,穆延桢时常带着一家人外出逃难。1925年至1930年春穆青姐弟俩没有去过学校。

杞县求学记

1930年,穆延桢突患急性盲肠炎去世。临终前,他对穆青的父亲说:一定要好好照顾穆青,他将来肯定会成才;二是赶快回杞县(穆青奶奶娘家在杞县)。爷爷死后,穆青的父母为了尽孝,不愿马上离开蚌埠。

一年后,穆青父母才带着六个儿女回到杞县。当时,穆青没有考取杞县唯一的县小(县立小学),父亲非常着急,因为考不上就等于失学。

正在为难之时,有一天穆青的父亲在街上看见私立大同小学的招生广告,非常高兴,但又担心私立学校办得不好。正在犹豫时,身边一位也是看广告的人自言自语地说,这所学校的校长王毅斋是留学德国的博士、大学教授,应该不会骗人吧。

穆青的父亲认为这样有学问的人一定能将学校办好,就给穆青报了名。考试时,由王校长自己出题,放榜结果穆青考了第二名。

大同小学对学生要求很严格,要求学生从小就养成艰苦奋斗勤奋学习的好作风。学校要求学生每天清晨鸡叫起床,上早操,上自习。上午四节课,下午四节课,晚上自习要上到9点以后。

那时,穆青和姐姐穆镜涵住一个屋,他的床南北铺,姐姐的床东西铺,中间放个屏风,屏风上有盏煤油灯,姐弟俩凑一个灯学习。穆青学习用功思想集中,有一天风雨交加,穆青坐在窗户下看书,桌子上溅上水都不知道。夜里穆镜涵听到他的书掉在地上,知道穆青睡着了,就会马上起来拾起书,给穆青披披被子然后熄灯。

穆青喜欢吃花生米和芝麻烧饼,有时候晚自习回来,就嬉皮笑脸地跟穆镜涵说,"姐,卖烧饼的这么晚了还未关门呢!"穆镜涵知道穆青想吃烧饼,心里特别难过,虽然那时东西特别便宜,但没有钱买呀!

在穆青小学毕业前,王校长第一次到穆青家里家访,穆青奶奶热情接待了他。校长称赞穆青各方面表现都很好,他想带穆青去开封考中学。穆青奶奶没同意,强调穆青年龄小,又怕考不上。

尔后,王校长又一次来到穆青家,并说,像穆青这样聪明的孩子一定能考上开封中学,食宿都安排在他家并负责考完将穆青送回。穆青奶奶仍旧说穆青年龄小没有离开过大人,生活不能自理,况且开封无亲无故,实在放心不下!王校长无奈,只好作罢。

王校长走后,穆青奶奶对穆镜涵说,王校长对学生的关怀超过父母,我实在钦佩他无私的精神,人家为什么呀?可是现在不让你弟弟去吧,辜负了王校长的一片好心,我也过意不去,叫你弟弟去吧,我又十分不放心。我看,还不如你也一起去考学吧,有你带着弟弟,我就放心了。

穆镜涵对奶奶说,人家王校长两次来动员,您都不同意,人家不会再来了。谁知暑假前,王校长又来到穆青的家,仍旧动员穆青去开封考学,并说他功课好、聪明。王校长还说,他夫人已经回德国探亲去了,家中只有一个保姆做饭,食宿都不成问题。

穆青奶奶对王校长说,我孙子聪明好学,可是我还有一个孙女比我孙子还聪明,也让她一同去考学,她又可以照顾弟弟,我也放心了。王校长当场表示:一定帮助您孙女也考上学校。

就这样,穆镜涵、穆青姐弟俩随着王校长一起到了开封。穆镜涵在北门大街一个暑假补习学校学习,学校管住宿,穆青就住在王校长家。后来穆青没有考取,穆镜涵却考上了静宜女中。王校长知道结果后很气愤地说,我这么优秀的学生都无法考取,便决心在家乡自办一所大同中学。从此,穆青在杞县大同中学受到革命思想启蒙。

接受革命洗礼

杞县是豫皖苏抗日根据地的发祥地。中国地下党组织以大同中学为活动基地,积极领导抗日救亡运动。共产党员梁雷和赵伊坪老师,给了穆青最宝贵的政治启蒙。

梁雷原名梁德谦,字雨田。出生在河南邓县梁家庄一个普通的农民家庭。他自幼丧父,由母亲一手拉扯大。家贫和母教使这位穷人家的孩子自幼就十分珍惜来之不易的学习机会。他不但聪颖好学,而且刻苦勤奋。当时军阀混战,社会极端黑暗,生活在水深火热之中的广大农民苦不堪言。梁雷在黑暗中苦苦探求一条能救国救民的光明之路,17岁便秘密加入了中国共产党。

1933年,梁雷由地下党组织介绍,来到河南杞县大同中学教书。梁老师讲授语文和史地,讲课极富吸引力,每讲到激动时便辅之以各种手势,讲到悲愤时,又几乎声泪俱下。课余时间,梁老师喜欢讲国际国内形式,讲抗日救国的责任,讲红军长征、北上抗日……

当时穆青并不知道梁老师是共产党员,只是感觉到他所讲的都是真理,都是站在时代的前沿振聋发聩的声音,穆青和同学们都是从梁老师那儿得到启蒙,开始树立革命理想的。[①]

大同中学虽然是地下党的活动中心,但师资力量还是比较强大的。原中共地下党负责人之一、语言文学家郭晓棠是穆青的语文老师。在他的指导下,穆青如饥似渴地阅读了大量的文学作品,开启了热爱文学的心灵之窗。穆青的作文常常被老师当作范文宣读。

此时,在文坛声名鹊起的左翼作家姚雪垠来到大同中学任教。穆青总是去姚老师住的那间小屋,向他请教文学知识,获益匪浅。

由于对老师的喜爱,幼小的穆青才在浑然不觉中接受了共产党的思想启蒙。他参加了学校"抗日救国大同盟"下设的"文学艺术研究组",并负责这个组的活动。他和同学们常常鸡叫起床,摸黑上学,出墙报,编演救亡戏剧,组织各种抗日宣传活动。

1937年初夏,穆青在开封参加初中毕业会考,在姚雪垠老师处意外地见到梁雷老师。梁老师说,现在我们的国家已经到了亡国亡族的危险关头,每一个不愿做亡国奴的中国人,每一个热血青年都要参加到抗日救亡运动中去。梁老师问:"你打算干什么啊?"

穆青回答说:"家里的意思还是让我考高中。"

----

① 穆青.泪洒偏关[A].穆青.十个共产党员[M].北京:新华出版社,1996,第15页.

梁老师说:"能考上念书固然很好,但你的家庭清贫,供得起你在开封上学吗?从现在的局势来看,战争一起,这里恐怕也很难容得下一张书桌了。我马上就要去山西了,如果你上不了学,可以到山西去找我,也可以直接投奔延安……"

烽火中的抉择

穆青考上开封两河中学时,姚雪垠正在开封从事抗日宣传工作。在中共地下党组织的领导下,与王阑西、范文澜、嵇文甫等人创办了《风雨》周刊,他任主编之一。[①]

此时,抗战已经爆发,1937 年 7 月 7 日夜,已经入侵中国丰台的日军"华北驻屯军"一部,在中国驻军附近进行军事演习,制造事端,借口有个士兵"失踪",无理要求进宛平城(今卢沟桥镇)搜索。

驻宛平第二十九军第三十七师第二一九团,当即予以拒绝。日军遭到拒绝后,实施突然袭击,向宛平县卢沟桥附近的中国驻军发起总攻。

二一九团官兵奋起还击,阻止了日军的进攻,这就是震惊中外的"七七卢沟桥事变"。卢沟桥的枪声,标志着中国抗日战争的全面爆发。

随后济南、太原相继沦陷,开封也危在旦夕。就在风雨飘摇之中,姚雪垠等人坚持以《风雨》为阵地,团结了一大批爱国进步人士,积极宣传全民团结抗战,共赴国难,形成了当时开封抗日救亡运动的主流。

穆青因与姚老师的关系,经常到风雨社帮助工作,并积极参加他们组织的报告会、座谈会、游行示威等各种抗日宣传活动。当时的风雨社,名为一个杂志社,实为共产党在开封的一个联络点。在那一段时间内,就有一批又一批热血青年,经风雨社介绍奔赴延安或山西八路军抗日前线。[②]

---

① 荣孟源.学习范文澜同志[A].红旗飘飘[C].北京:中国青年出版社,1981,第 172 页.

② 穆青.怀念姚雪垠[N].人民日报,1999 年 6 月 26 日.

抗日救亡运动的声势,汹涌澎湃,如翻江倒海,激荡着全国各地,到处响起了雄壮的抗战歌声:①

> 起来!
> 不愿做奴隶的人们,
> 把我们的血肉,
> 筑成我们新的长城。
> 中华民族到了最危险的时候,
> ……
> 工农兵学商,
> 一起来救亡,
> 拿起我们的武器刀枪,
> 走出工厂、田庄、课堂,
> 到前线去吧,
> 走向民族解放的战场。
> ……

1937 年底,在姚雪垠老师的关怀鼓励下,穆青根据同学冯若泉提供的一张开封到临汾的详尽路线图,拿着风雨社的介绍信,邀大同中学的几位同学,一路风尘跋涉,走潼关,过黄河,经风陵,终于到达山西临汾八路军驻晋办事处。

八路军的全称是"国民革命军第八路军",其来由是日本人在卢沟桥发动军事事变后,中国共产党为了拯救民族的危亡,实现国民党、共产党共同抗日救国的主张,于 1937 年 8 月 22 日,根据同国民党达成的协议,将中国共产党领导的西北主力军改编为八路军。

穆青接过工作人员递给他的一张登记表,在姓名一栏中久久思忖,参加革命了,又不能连累家人,应该改一个名字。叫什么呢? 那就

---

① 马仲廉. 抗日战争史话[M]. 北京:中国青年出版社,1983,第 10~11 页.

用自己的青春去打日本鬼子吧！于是，他在表格上庄重地写下"穆青"。①

誓死不做亡国奴

穆青到临汾还没有站稳脚，学兵队就随办事处由临汾迁到汾西刘家村镇，设在一个祠堂里。

学兵队是一个短期训练抗日青年军事干部的学校，一半以上都是大学以上文化程度，他们结业后大多数要去当游击队的领导人，所以一律军事编制，身着军装。除了紧张的军政训练，何以祥讲"瞄准射击"和"攻防战术"，谢忠良讲"队列教练"，陈克寒讲"马列主义基础"，李伯钊讲"群众工作"，王众音讲"近代中国革命问题"，赵守攻讲"抗日民族统一战线"。另外，刘少奇、杨尚昆曾为学兵队作过报告，张震专门讲过"军事地形学"，李公朴也曾应邀到学兵队作过演讲。

彭雪枫当时除主持学兵队的日常训练和教学外，还为学兵队讲"游击战术"。学兵的课程，60％是军事课，而游击战术是军事课中特别强调的。②

经过三个月的瞄准射击、摸爬滚打和军事知识学习之后，穆青一行穿着新军装，整整齐齐地排成方阵，静待检阅。

一阵"立正"的号音过后，从队伍的一端走来几位首长，时任八路军一二〇师政训处主任关向应一行走到方阵前，新兵更加精神抖擞，昂然挺立。关向应阐述了军队纪律与责任之后，就领着穆青等新兵宣誓：

"日本帝国主义，是中华民族的死敌。它要亡我国家，灭我种族。为了民族，为了国家，为了同胞，为了子孙，我们坚决抗战到底！"

"我们是工农子弟兵，不侵犯群众一针一线，替民众谋利益，对革命要忠实。如果违反民族利益，愿受革命纪律的制裁……"

---

① 张严平.穆青传[M].北京:新华出版社,2005,第20页.

② 彭雪枫传记编写组.彭雪枫传[M].北京:当代中国出版社,2004,第281页.

誓言震撼着清晨的原野。

誓言激动着战士的心,他们情不自禁地挥舞着拳头,激昂地高呼起口号:

"打倒日本帝国主义!"

"誓死不做亡国奴!"

"……"

穆青宣誓后,被分配到驻扎在晋西北岚县的八路军一二○师,在师部宣传队工作。

八路军一二○师的前身是中国工农红军第二方面军和陕北红军第二十七军、二十八军及独立一师、二师,外加总部特务团,1937 年 8 月 25 日于陕西富平誓师出征。贺龙为师长,肖克为副师长,周士弟为参谋长,关向应为政训处主任。

一二○师出征的时候,华北战场上的形势异常危机。国民党守军虽然作了抵抗,但未能阻止日军的进攻,正在节节败退。日寇则凶焰高涨,轻取平、津后,华北的敌军已由七个半师团猛增至十二个半师团,共 30 万人,沿主要交通要道长驱直入,妄图速战速决,在三个月内亡我中华。

8 月下旬至 9 月初,沿平绥线进攻的日军突破南口要隘,进占张家口、大同等重要城镇。9 月中旬,日关东军察哈尔派遣兵团的主力集结于大同,准备奇袭山阴,进犯雁门关。其左翼第五师团集结怀来、宣化,分两路西进:一路经蔚县、广灵向灵丘进犯;另一路经怀安、阳原向浑源进击,企图突破平型关,迂回雁门关,打开由晋北攻占太原的道路。

1937 年 9 月 1 日,一二○师奉命:以第三五九旅的第七一八团和师直四个直属营留在陕甘宁边区,保卫党中央;贺龙、肖克、关向应率领师主力由庄里镇出发北上抗日。9 月 9 日,贺龙指挥一二○师部、三五八旅、三五九旅(欠一个团)及 5 月份组建的教导团共 8227 人,乘木船东渡黄河,揭开一二○师抗日的序幕。

作为宣传队员,穆青没能上前线作战。其父穆蕴珊几次回函勉励穆青为国效力。[①]

第一封信(摘录)　1937 年 4 月 15 日

两封信都收到了,知道你在外奔波劳苦,我又悲又喜。喜的是我儿为国家为民族、具大无畏的精神,作抗日救国的事业;悲的是你在家里哪里吃过这种苦楚！在枪林弹雨之下,漂泊于数千里之外,实在令人担心……只要把日本小鬼子赶出国去,我相信我们是会重新团聚的。

第二封信(摘录)　1937 年 5 月 28 日

最近 10 天,杞县情况突变。前些时敌人以全力攻徐州及台儿庄等处,受我军重创后,复改变计划由济宁攻曹州,又由曹州攻考城、兰封。19 日内黄车站及兰封、罗王等地相继失陷,杞县大为恐慌。是日敌机一架来县投弹两枚,落于来远街南口,炸死炸伤多人。次日城内民众纷纷外逃,可谓之空城一座,我家同陈家全数逃往晁村汤老孝家避难。这几天杞县大军云集,伤兵纷纷归来。敌机每日前来侦察,21 日投弹十数枚。惟 22 日最危险,敌人已到阳堌、黑木,距城不过 20 里,幸我军及时赶到将其击退。现陇海线已收复,人心稳定。所以我个人于 25 日早晨回来看看,下午就接到你的信。你母亲等仍在乡间。昨日敌人又有反攻,据说各守阵地未动,惟炮声隆隆日夜未息。刻下敌人距城不过 60 里左右,将来如何情形尚不敢定。

你在外要安心服务,替民族复仇,亦不要挂念家乡,必要时我同你弟也要加入大同学校的游击队,杀敌图存……祝诸位同志健康,要努力杀敌！！！

第三封信(摘录)　1937 年 7 月 2 日

……5 月 28 日,在杞县与你发去一信,大约你收到了。在那个时

---

① 张严平.穆青传[M].北京:新华出版社,2005,第 31～32 页.

候,兰封的敌人已经歼灭了,所以我们全家又回到县内,不料 31 日那天,敌人迫近杞县,炮火激烈,不堪言状。我率领你母等六人在枪林弹雨下再次逃往晁村。6 月 2 日敌即入城,当即大队攻通许,而晁村又当其冲。我又往西南,颠沛流离者念余日。27 日始平安来到周口,拟日内往陆城探望你外祖母,不过暂为寄住,俟杞县光复后再行回去……这次弃家出逃,衣物等件损失净尽,所幸人口无恙,我儿不要挂念。要努力杀敌收复失地吧!我的心乱如麻,也不知写什么好了……恭祝第八路军胜利万岁!

穆青用双手紧紧地握着信笺,泪水从眼睛中溢了出来,他真想到战场上杀一两个日本鬼子以泄心头之气。军人以服从命令为天职,穆青悄悄擦干眼泪,再次发誓誓死不做亡国奴,投身到宣传抗日的队伍中去。

加入中国共产党

由于战时的需要,一二〇师队伍重新进行灵活机动的调整,穆青所属宣传队被编入三五八旅,改名"战火"剧团,剧团有五十多人,穆青任文化教员。

尔后,中共中央军委决定一二〇师三五八旅部队开赴冀中,巩固发展冀中抗日根据地。穆青所在的宣传队也跟随部队到冀中发展游击工作。

中共中央军委派贺龙、关向应到冀中还有很重要的一个目的——推动、影响地方部队的正规化的进程,扩大自己的抗日队伍。

冀中地区的抗日队伍在中国共产党领导下,几经整编,组成了四个分区、四个支队,还有一些部队编成五个独立支队和两个游击师。这支队伍,虽然其中都有共产党员,建立了党组织和政治工作制度,也经历了若干战斗锻炼,但总的说来,还是一支新队伍。干部新,党员新,骨干较少,有些干部尚需培养,迫切需要加强基础建设,迫切需要发动群众、壮大自己。①

"战火"剧团的任务,就是用通俗易懂的语言来发动人民群众投奔到滚滚的抗日洪流中来,当时的宣传歌词有:

好铁要打钉,

好男要当兵,

当兵要当八路军!

青年人,

起来呀!

奋勇当先参加青年营。

青年人,

起来呀,

奋勇杀敌不怕流血和牺牲。

在"战火"剧团的宣传下,不仅热血青年纷纷报名参军抗日,而且一些老乡也在部队转战途中自动牵着毛驴为部队驮运行李。一路上与战士一道风餐露宿、出生入死。部队断粮后,有个老乡和大家一起挨饿,偶尔吃上一顿饭,也不忘省下一口给毛驴吃。有一天行军途中老乡饿得两眼发黑,昏倒在地,战友们实在看不过去,劝他牵着牲口回家,谋条生路。可老乡说什么也不肯,铁了心要跟部队一起抗日,他说,不把日本鬼子赶走,我到哪儿都没活路!

很多年之后,穆青谈到那位老乡依然泪流满面:

他跟我们跑了多日,为我们运行李,要跟我们一块打鬼子……老百姓真好,死心塌地跟着你走,不要任何报酬。那时候很多老百姓就是这样参加八路的。军队和老百姓真是鱼水之情,只有经过战争的人,才会理解这种生死与共、鱼水相依的感情。②

① 傅建文.八路军征战纪实[M].北京:解放军文艺出版社,2009,第17页.

② 张严平.穆青传[M].北京:新华出版社,2005,第39页.

可见"战火"剧团的宣传是多么的深入人心。

在行军途中,穆青采写了一篇战地通讯《红灯》,并交给一二〇师政治部战友代为投稿。

没过多久,《红灯》就发表在《八路军军政杂志》创刊号上。该杂志是由八路军总政治部出版。毛泽东为它写了发刊词,指出该刊出版的意义是:为了提高八路军的抗战力量,同时也为了供给抗战友军与抗战人民,关于八路军抗战经验的参考资料。[1]

战地通讯《红灯》发表后,"战火"剧团党支部负责人袁光轩找穆青谈话,问他想不想加入中国共产党。穆青十分惊讶:"我都是八路军了。还能不是共产党员?!"[2]

袁光轩耐心解释说,参加八路军,并不代表你是共产党员,要想成为党员,你必须先提出申请,接受党组织的考察,党组织认为你合格了才能发展你。

穆青听完阐述后,连夜递交了入党申请书。

尔后,袁光轩告诉穆青:我们共产党员,已经不是什么普通的人,而是最有觉悟的无产阶级先锋战士,是自觉的阶级利益、阶级意志的具体代表者。而且有严格而明确的无产阶级立场;面对自己的一切同志和广大劳动人民表示最大的忠诚热爱,无条件的帮助他们,不肯为着自己的利益去危害他们中任何人;对敌人则表示最大的愤恨,坚决顽强地与敌人开展斗争,直到取得彻底胜利。不与别人计较享受的优劣,而与别人计较革命工作的多少;他有最大的勇敢和坦白愉快的胸怀,因为他没有做过对不起人的事,也就最能坚持真理,修正错误;他从不畏惧别人的批评,同时也勇于诚恳地批评别人;他如爱护自己生命一样地爱护党的团结;为了党与革命利益,他也最能宽大、容忍与委曲求全;他没有私人目的与企图要去奉承人家,也不要人家奉承自己,不打击别人,也不抬高自己,对人正直,作风正派,虚心谨慎,不骄不

① 方汉奇.中国新闻事业简史[M].北京:中国人民大学出版社,1983,第194页.

② 张严平.穆青传[M].北京:新华出版社,2005,第40页.

躁,与群众同甘共苦。一切共产党员就要这样锻炼自己,改造自己,使自己具有坚强的无产阶级党性。

穆青听后,如醍醐灌顶,然后强烈要求袁光轩做他的入党介绍人。那天宣誓是在一户农家的堂屋进行,"战火"剧团支部为穆青等新党员举行入党仪式。穆青对着党旗和共产主义创始人马克思的画像举起右手,庄严宣誓:"我志愿加入中国共产党,粉身碎骨……"

突然远处传来枪声,通讯员前来报告:日本鬼子正向村头冲来,战斗队正在迎敌,师部让你们快撤! 袁光轩大吼一声:"撤!"

多年后,穆青在日记中这样写道:①

(我入党)宣誓时,敌人的炮火正在附近轰鸣,有几发炮弹已在村头爆炸。有人说这是为我庄严入党宣誓仪式鸣放的礼炮。后给我留下的印象是终身难忘的。我不会忘记我是在炮火硝烟中入党的。这情景始终激励着我不断在战斗中前进。

穆青是这样说的,也是这样做的。他在出版《十个共产党员》时,向范敬宜说出了肺腑之言:

"这本书虽然只写了十名普通共产党员,是沧海一粟,但是它反映的是整整一个时代,整整一代人。有了这样的人,才改变了我们国家的历史进程。我们这一代人就是在这种精神、品德教育下成长起来的。几十年来,他们一直活在我心里,有些人是我在心里酝酿了多少年才动笔写的,是一边流着眼泪一边写他们……

"在他们身上,既有中华民族的传统美德,又有共产党员的高尚境界,堪称共产党人的楷模。他们的精神,集中到一点,就是无私奉献。真正的共产党员是什么样的人,在他们身上几乎都可以找到答案。他们是中国的真正脊梁。

"现在,有些人已经逐渐把他们淡忘了,甚至怀疑世界上是否真有

---

① 张严平.穆青传[M].北京:新华出版社,2005,第41页.

那样无私奉献的人,怀疑共产党员是否真能做到那样公而忘私。我之所以把这十名共产党员的事迹集中成册,就是想让大家看看真正的共产党人是什么样子;就是想重现共产党人的光辉形象;就是想说明这几十年前的典型人物的现代意义;就是想借他们榜样力量来鼓舞今天正在为建设中国特色社会主义而奋斗的人们的信心……"①

---

① 范敬宜序[A].穆青.十个共产党员[M].北京:新华出版社,1996,第3页.

第二章　在延安的岁月

千里徒步奔延安

夜

夜——西北的苦涩的长夜……
狼，
火红的眼睛呵，
燃烧在夜的丛莽。

繁星，
在天空；
——熟透的柠檬，
在丛林中。
黑色的森林，
漫天的大雾；
猎人跃进在深处。
猎枪像愤怒的大蛇
吐着爆炸的火舌。

而我们四个

喘息着，

摸索着向远方……①

这是穆青的大学同学贺敬之1940年在派往延安的途中写的一首抒情诗。国难当头，这群年轻人为何奔向延安呢？

原来，中共中央为了培养一批知识分子，决定在八路军的前线部队选调一些有文化的年轻军人送到延安培训。

穆青被选中的原因，是他的战地通讯《红灯》被组织上看中。这篇一千多字的文章，反映了冀中平汉线一带群众与日本鬼子斗智斗勇的故事。

当时穆青已从冀中转到晋西北，继续在一二〇师三五八旅做抗战宣传工作，住在晋西北临县的一个小村里，离师部兴县不远。

一天，穆青正在河边洗衣服，碰到老领导——现在已是师部的宣传部部长徐文烈来旅部办事。

他一见到穆青就惊奇地问："你怎么还不走？"

穆青十分纳闷："走？到哪里去？"

徐文烈说："到延安去啊！师部早就调你去延安学习了，你还没走？"

"我一点都不知道这件事。"穆青回答。

徐文烈又返回三五八旅部打听，原来穆青在旅部宣传队是骨干力量，旅政委舍不得放他走，把调令压下来了。

徐文烈正色地对三五八旅政委说，这是党中央的命令，请你执行！

旅政委内心经过一番挣扎后，最后忍痛同意宣传骨干穆青到延安去学习。

穆青匆匆赶到一二〇师部，其他一些被派往延安的同志已经出发了。他从师部拿了介绍信，又到总务科领取了15块大洋的路费和粮票，背着一把盒子枪，里面装着三发子弹，一个人上路了。②

延安，是穆青长途行军的精神支柱。当时从山西兴县到延安还没

---

① 贺敬之.贺敬之诗选［M］.济南：山东人民出版社,1979,第5页.

② 张严平.穆青传［M］.北京：新华出版社,2005,第46～47页.

有交通工具,全要靠双脚行走。

6月骄阳似火,穆青顶着酷暑,爬坡越沟,挥汗如雨,热得实在受不了,就跳到黄河去洗个澡。一路上虽然很苦很累也很孤独,但一想到已接近革命圣地——延安,穆青三步并作两步走,人家要用13天的路程,穆青只用了10天的时间就到达了延安。

就读鲁迅艺术学院

当时延安有抗日大学、陕北公学、鲁迅艺术学院等学校,前两所学校主要培养干部的,后一所则是培养文学艺术人才。八路军总政治部组织部的同志找穆青谈话,问他愿意到哪个学校学习。穆青当场回答:"鲁迅艺术学院。"①

这是他在路上就已经想好了。他喜欢文学,早就知道"鲁艺"有一个专门培养作家的文学系。他要在这里提高文字驾驭能力,准确地表述在战场上所见所闻,让人们通过文学形象的语言,感受到日本鬼子的血腥与残忍。

19世纪俄国革命民主主义者杜勃罗留波夫曾谈到少年时代读庇雪姆斯基小说《阔气的求婚者》所受的教育。他从小说的主人公——有钱而游手好闲的萨米洛夫身上,照见了自己的影子,感到羞愧难言,下决心改掉自己身上的恶心。他说:"这个人物的描写深深地伤害了我的自尊,我感到害羞,我感到害臊,假使不是马上动手做事,那么,至少已经认识到了劳动的需要,我不再在上流社会里自尊自大,现在要逐渐加以改正……"②

穆青那时还不知道,文艺作品像一面镜子,它较之一般社会科学著作更有特别强烈的美感和道德教育作用。他潜意识地感觉到:自己只有用文学形象的语言才能揭露日本鬼子的凶恶与残忍,记录人民所遭受的苦难与死亡。

---

① 张严平.穆青传[M].北京:新华出版社,2005,第47页.
② 杜勃罗留波夫选集(第1卷)[M].上海:上海文艺出版社,1954,第11页.

　　鲁迅艺术学院上课的时间并不是很多,一星期不过四次,一般都在露天。同学有马烽、西戎、孙谦、贺敬之、冯牧、白原、黄钢、张铁夫等。授课的老师则是20世纪的风云人物——

　　茅盾讲授"中国市民文学",周立波讲授"名著选读",何其芳讲授"古典文学和诗歌",周扬讲授"文学概论",陈荒煤讲授……

　　穆青的文学知识和修养在此大大提升,课余时间他就泡到图书馆,有关文学方面的书他几乎都看完了。

　　他最喜欢的还是苏俄文学作品,在部队那些年,他曾一直读着肖洛霍夫的《被开垦的处女地》,这本书是刚到部队的一位战友送给他的,他背着这块砖头厚的书,在战火中走遍了晋西北、冀中平原的广大土地。行军途中,有空就翻,也不知读了多少遍,书边书角全部都磨烂了。

　　他被小说中有关俄罗斯农民的描写以及俄罗斯自然风光的描写深深地打动了。不打仗的日子里,他常常清早起来,模仿小说里的笔调,把眼前的天空、土地、树木、流水一一记在本子上。[①] 养成这种习惯并持之以恒,一直到晚年他都保持着早上起来记日记的习惯。

　　书看多了,就有一种创作的冲动。穆青在"鲁艺"的第一篇小说写的是他在晋察冀陈庄战斗过后打扫战场的一段经历,同时也加进了别人的见闻。

　　他写一个汉奸,面对日本侵略者的种种倒行逆施及其在战场上的失利,产生了弃暗投明的念头。他怀揣着八路军总部散发的通行证随时准备逃跑或投奔八路军,结果被日本鬼子发现,遭到机枪扫射。小说里的"我"与这个受伤的汉奸相遇,看到了汉奸求生不能、求死不得的痛苦挣扎表情。深刻地揭露了日本鬼子的残暴和受难者的苦痛。

　　这篇小说被"鲁艺"教师陈荒煤看中,发表在延安的文艺刊物《草叶》上。

　　有关"鲁艺"的其他细节,让我们从穆青的同学,贺敬之在延安鲁艺写的《我们这一天》找到答案吧:

---

① 张严平.穆青传[M].北京:新华出版社,2005,第49页.

……

现在，我可以
从我的铺位上
拿出一本《联共党史》
或者是一本
《论持久战》。

同志们，
请听，
我的歌颂：
"诗人——马克思列宁主义者！"

让我们开始讨论
时事问题，
并且，谈论我们的国家，
那么，我发言：
"我们的国家
有延安
引导着人民
走向新世纪！"

同志们，
请允许我打开书页，
而且你们来印记：
那《铁流》里的
郭如鹤，
和在烈火中炼成的钢铁的
保尔……①

---

① 贺敬之.贺敬之诗选[M].济南:山东人民出版社,1979,第36页.

从诗中我们可以看出,在延安时期,不仅是苏联文学,而且苏联文学家笔下的英雄人物,也是穆青这群"鲁艺"学生所学习的榜样……

意外地走上记者岗位

1941年冬天,"鲁艺"的学生被分配到各部队实习,穆青和几个同学被安排到驻扎在陇东专区(以甘肃庆阳为中心)的八路军三八五旅实习。

在旅部过完春节后,穆青被安排到驻扎在曲子县的二团二营,教授文化课,主要是帮助战士识字写字。当时部队里文化学习的风气很浓,一到上文化课,战士们一个个热情高涨。作为文化教员的穆青,被这种气氛深深地感染了,忍不住写了篇稿件:《我看见战士的文化学习》,投给了当时的中共中央机关报《解放日报》,没想到竟被该报刊登了。

穆青多年后反思说,"其实,我当时根本不知道新闻该怎么写,也许正因为此,才'歪打正着'。但这篇文章的发表,的确给我带来一些思考:要想得到富有生活气息的东西,一定要深入下去。很多细节单靠问是问不出来的。比如你去采访,别人一般不会告诉你一个出公差的勤务员因为忘带课本而从三里外的地方跑回来,也不会告诉你炊事员是怎样拿起未烧尽的木柴在地上划着初学写字。只会告诉你'我们是怎么动员的,现在有多少人已经认了很多字,有多少人会写信了'等等。现在看来,这些思考和体会,使我在以后的采访写作中受益匪浅。"①

让穆青没想到的事,就是这样一篇"不起眼"的小通讯,竟把他带入了新闻队伍。

当登载这篇文章的报纸还在路上走的时候,学校打来电报,要穆青、张铁夫速回延安。

---

① 穆青.意外地走上新闻岗位[J].中国记者,2001,(1):15.

他俩也不知道发生了什么事,一边在心里猜测,一边匆匆忙忙地上路。车是不可能有的,只能甩开脚板走。从庆阳到延安步行需要四五天时间。一路上几乎都是崇山峻岭,人烟稀少。满山的荒草和杂树,风一起,瑟瑟作响,让人心里发毛。夜宿深山里的小店,满墙上都挂着虎皮豹皮。因为有野兽,所以过山的时候,就像《水浒传》里所写的那样,要凑足十几个人一起走,手里还不能离棍子。穆青一路上有时和做生意的人结伴,有时和做木工的人同行。

到了学校,文学系主任找穆青谈话,此时他才知道《解放日报》改版后,要充实编辑和记者力量,中共中央决定从鲁迅艺术文学院选10位同志到报社工作。

1941年5月16日,在延安创刊的《解放日报》,是在复杂的背景下诞生的。那一年,解放区进入一个极端困难的时期。一方面日本鬼子集中了侵略中国的大部分兵力,对各敌后解放区发动了极残酷的"扫荡"斗争。另一方面国民党政府担心共产党势力壮大,掀起第二次反共高潮,并用大量兵力包围、封锁和进攻解放区。

特别是"皖南事变"后,共产党在国民党统治区出版的《新华日报》受到国民党的打压,宣传共产党的政策主张受到了很大的限制。在根据地,有的宣传竟违反共产党的政策与中共中央指示,影响很坏。

在上述种种严重而复杂的斗争形势下,中共中央很需要进一步加强新闻宣传工作。在《解放日报》创刊以前,党中央机关报《新中华报》每周只出两期的四开四版的报纸,已不能适应形势的需要。因此,中央决定将《新中华报》和《今日新闻》合并,改出大型的《解放日报》。而且,由于当时物质条件困难,《解放》周刊等也随后停刊,以便集中力量把《解放日报》办好。[①]

《解放日报》创刊后不久,苏德战争爆发,也是延安共产党员关心的头等大事,于是博古、杨松等在报纸上以最显著的地位,突出报道苏德战争和苏联红军抵抗德国入侵的战况,有关国际问题的新闻、社论

---

① 方汉奇.中国新闻事业简史[M].北京:中国人民大学出版社,1983,第197页.

和文章在报纸版面上占了压倒优势;对中共及其军队在陕甘宁边区的报道,一则数量相对较少,二来位置也不显著。

毛泽东对《解放日报》直接使用外国通讯社的电稿极为恼火,认为这种"有闻必录,不加改写"的通讯稿,使读者看不出共产党对某一国际国内重大事件的立场和倾向性,将外电直接用上报纸的方法,是在为别人做"义务宣传员"。

《解放日报》对有关毛泽东个人活动及整风运动的宣传,也令毛泽东强烈不满……《解放日报》只是在第三版右下角以三栏题报道毛泽东于2月1日在中央党校作整顿三风报告的消息……对整风运动的宣传,既无广度,又无深度。①

毛泽东认为,在中国办报,在根据地办报,应该以"我"为主,即以报道八路军、新四军和根据地军队活动为主,并着力体现党的路线、方针和政策,由此动员和团结全党和全体人民,为共同的革命目标而奋斗。于是,在毛泽东的提议下,中共中央决定对《解放日报》进行改版,并把此事作为延安整风运动的一部分。

"鲁艺"的老师们就在这种背景下与穆青谈话的。那时党的新闻事业刚刚起步,人们对记者这种职业还没有多少认识,穆青也不例外。他向组织上表示不愿做记者,并提出两点理由:一是性格内向,不善与人交往,当记者得到处活动,与人交际,他不合适;二是他的理想和兴趣都在文学创作上,根本不知道记者该怎么当,怎么干好? 没想到学校老师坦诚相告:别人不去还可以商量,你不去不行,是报社点名要你的,说你给报社写过通讯,人家说很好。

至此,穆青才知道事情原来是《我看见战士的文化学习》那篇稿子引起的。听到别人表扬自己的文章,穆青当然很高兴,但这毕竟关系到他今后的发展方向,就此便让他放弃文学去从事新闻工作,他总觉得不甘心。

事情就这样拖了两个多月,其间学校老师何其芳、陈荒煤、严文井

---

① 李彬.中国新闻社会史(第2版)[M].北京:清华大学出版社,2009,第160页.

都先后找他和张铁夫谈过话,可说什么也没谈通。

最后,周扬同志亲自出马找穆青和张铁夫。周扬当时是鲁迅艺术学院的副院长,主持工作,威望很高,同学们对他既尊重又有点害怕。

周扬那天约他们到延河边谈心。听完穆青讲的理由后,他说,文学和新闻是相通的,许多作家都是从记者成长起来的。你们想搞创作,先去当记者体验生活,接触各种各样的人,也是一种积累,很有好处。最后周扬说,这种中央交下来的任务,你们俩作为党员,必须完成,这也是一次对党性的考验。不要有畏难情绪,共产党员没有攻不破的城堡,你们会干好的。[①]

尽管穆青还很年轻,党龄也不长,但对党的组织性、纪律性还是了解的。周扬陪着他们在延河岸边走了几十个来回后,他们的思想突然想通了,情绪便随之高涨起来。穆青他们想,既然党信任我们,无论如何我们都要干好。于是第二天便背起背包,走进了《解放日报》的大门。

第一次采访

碰到了一个"老实疙瘩"

每个记者对自己的新闻生涯中的第一次采访,都会留下难忘的记忆。而穆青在第一次采访时便碰到了一块"难啃的硬骨头",所以印象特别深刻。

进入《解放日报》不久,对新闻刚刚有了些感性认识,穆青和张铁夫就接受了一个任务——采访当时边区的模范工人赵占魁。大概当时报社里实在抽不出人手,或者是领导有意给他们一个锻炼的机会,所以才让两个新来的年轻人挑起这份重担。报社在分配给他们任务时,就强调说这是一次重要的采访,一定要搞好。

---

① 穆青. 意外地走上新闻岗位[J]. 中国记者,2001,(1):7.

尽管穆青内心都有点忐忑不安，但想到这是当记者的"第一炮"，无论如何也得干好。第二天一早，还是来到当时的中央职工委员会，因为赵占魁这个典型是由他们向报社推荐的，所以想先从这里开始了解一些情况。

对于穆青的采访，中央职工委员会非常重视，开始，由邓发主席接见穆青，随后就让另一个负责人李颉伯向穆青他们介绍情况。通过介绍，穆青得知赵占魁是边区农具厂的一名老工人，优秀的共产党员。在当时边区极端困难的情况下，他以主人翁的精神，自觉爱护工厂，团结工人埋头苦干，一切为着革命利益，从不计较个人得失。他的劳动态度和宝贵品质，是边区工人阶级的典范。

李颉伯说，现在边区面临着日寇和国民党的重重封锁，物资短缺，经济十分困难，为了坚持抗战，党中央号召我们自力更生，发展生产。在农业战线上，我们已经树立了一个劳动模范吴满有，但工业战线上没有让广大职工学习的典型。形势急需我们用赵占魁的这种精神，号召和激励全体职工，加速发展边区自己的工业。他最后说，赵占魁先进而感人的事迹很多，希望你们深入采访，好好宣传这个典型，使之成为教育边区全体职工的生动教材。

听完李颉伯的介绍，他们感到很振奋，同时也觉得此行的任务不轻松，内心更迫切地希望见到这个可敬的老工人。第二天，他们稍事准备，就匆匆出发了。

赵占魁所在的边区农具厂，位于延安西北的温家沟。三十多里的山路，沟沟壑壑，崎岖难行。穆青和张铁夫每人背着个背包，手里都拿着一根木棍。那时候出门采访，这就是全部的行头。包里除了毛巾牙刷之外只有两只新领的铅笔，几本采访本。说是本子，其实就是把一叠油光纸钉在一起的。木棍主要是当手杖用，既可以在过河时用它试水的深浅，也可以对付偶尔出没的狼和野狗。

温家沟是个不大的山村，当时的边区农具厂就设在它附近的山沟里。山坡上层层窑洞，山脚下几排平房和几座大棚，就是工厂的全貌。这个厂名叫农具厂，实际上主要是制造手榴弹，修理枪械，也附带生产一些犁、铧、铁锹等农具。

当他们在厂长徐驰和生产科长的引领下,兴致勃勃地来到大棚里的熔铁炉边,见到正在高温下挥汗如雨的赵占魁时,他们万万没有想到,这将是一次艰难的采访。

出现在他们面前的赵占魁,年龄大概有四十五六岁,披了件破棉袄。那时候边区的生产条件极其简陋,连化铁炉前的工人也穿不上石棉衣,夏天也得穿上棉袄,遮挡飞进的火花和高温的烘烤。因为出汗太多,他的棉袄表面渍着一层白花花的汗碱,戴的那顶草帽也被汗水渍破了,露出豁豁牙牙的边缘。由于工厂里没有任何降温的设备,长期待在高温下,他只能张大嘴不停地喘气,露出一排很突出的门牙。当厂领导把穆青介绍给他时,这个憨厚的老工人只是咧开嘴笑笑,表示一下欢迎的意思,既没有停下手里的活计,也没有多说几句话。

本来穆青与张铁夫都是初当记者,不知道应该怎样采访。在来工厂的路上,他俩曾边走边商量过,设想了很多问题,觉得只要赵占魁回答了这些问题,就有足够的材料。没想到,第一次采访,竟碰上了一个"老实疙瘩"。经过几次单独面对面的访谈,任凭穆青怎么问,赵占魁总是憨憨地笑一笑,不是说"没啥",就是说"这是俺该做的"。

面对这一情景,一时之间,穆青和张铁夫都急得满头大汗,刚开始的那股兴奋劲儿此刻再也提不起来了。

怎么办?看来短时间从赵占魁口中是问不出个所以然了,而报社又在等穆青的稿子,情急之下,穆青灵机一动,干脆先从外围入手,采访厂领导和赵占魁身边的工友,请他们来谈谈对赵占魁的印象和认识。

后来的事实证明,这一决定是正确的。当穆青来到工人中间,一提到赵占魁,没有不竖大拇指的。穆青访问了和赵占魁一同来延安的老工人,访问了工厂的干部和其他车间的工友,还访问了给赵占魁打下手的学徒,学徒们纷纷用朴实而生动的话语,述说着老赵的好处。

有人说,别看老赵脸黑,心可好;又有人说,他这人从不发牢骚,遇到不高兴的事,就先找人讨论讨论,然后再提意见;有人说他这人遇事宁肯自己吃亏,不叫别人说闲话;还有人说他技术好,但从不拿架子,二是手把手教别人。……总之,从日常生活中的细节,到工作态度和工作方法,几乎都谈到了。为了更全面一点,穆青还特意访问了工厂所在地的农民,一个在小河边锄地的六十多岁的老汉,提起赵占魁,就激动地说:"好人,天下数第一的好人",然后就扳着指头给穆青讲赵占魁怎么省吃俭用,把钱借给有困难的老百姓;谁家的娃没人照看,赵占魁就领到工厂,还下挂面给他吃……

听着这些发自内心的赞誉,穆青与张铁夫的精神又振奋起来,觉得这是很好的材料,如果把这些话如实地写下来,不就是很有说服力的文章吗?于是,他俩一合计,决定先写一篇《人们在讨论着赵占魁》。①

终于打开了话匣子

第一篇初稿写出来后,穆青与张铁夫越看越觉得这是一个浑身都闪光的人物。但这篇文章毕竟都是一些旁观者的感性材料。赵占魁从小过着什么样的生活,他来延安之前有着怎样的经历?是什么使他这样忘我地工作?他的内心世界究竟怎么样?是什么让他具有这样善良而宝贵的品质?这些问题仅靠这篇文章显然无法回答。如果就这样回报社交差,既不能算完成任务,就是穆青和张铁夫也很不甘心。

但要了解更多的情况,除非赵占魁自己开口。

就在他们重新陷入困境的时候,厂长徐驰的一席话使他们深受启发。这个同济大学毕业、戴着眼镜的厂长,有着很强的表达能力。谈起赵占魁,他说:"有些善于自我吹嘘的人,总是把自己装饰得很圆满,甚至他能说得使人家把他很瘦的身体当成一个大胖子。可是你也能找到一种完全相反的人,那就不能不提到赵占魁了。对于自己的好处,自己从来没讲过。但是只要你和他一块待上三天,你就不会不佩服他。对于他,一个只看表面的人,是不能很正确地了解他的。"

---

① 穆青.第一次采访[J].中国记者,2001,(2):14.

　　至此，他们明白了，赵占魁之所以很难开口，固然有他性格上原因，但关键还是他们的采访不够深入，仅仅一味地傻问是不行的，必须要想办法贴近他。于是，他们便向徐驰提出让他俩下车间，给赵占魁当学徒，打下手，和他同吃同住同劳动。他们想在共同生活中接近他，互相多一些了解，即使不能让他多说话，也能使他们有些切身的感受。

　　接下来的几天里，穆青与张铁夫白天和赵占魁一起待在炙热的熔炉边，他生火，他俩给拉风箱；他翻砂，他俩就和学徒们一起学着做砂箱，还不时给他倒杯水，卷支烟，或者拧一个冷毛巾递给他，让他休息一会儿。收工时，他俩便和他一起整理工具，打扫车间，然后一起吃饭，一起打水洗脚，夜里就同他并排睡在一个炕上。就这样，一天、两天……朝夕相处的生活逐渐拉近了他们之间的距离。老实说，穆青与张铁夫从内心里喜欢上了这个憨厚的工人，而赵占魁也和他俩日益亲近起来，话匣子终于慢慢打开了。

　　直到这时，穆青与张铁夫才了解了他苦难的身世。这个来自陕西定襄县的工人，自幼家贫如洗，父亲一直漂泊在口外，母亲也不得不离开家给有钱人洗衣做饭。他弟兄四人，自己排行第三，从 12 岁起就和两个哥哥给人家当雇工，尽管这样，还是连小弟弟都养不活，不得不送给别人。他 17 岁那年，父亲被塌下来的破窑砸死，二哥听到消息连夜奔丧，在途中过河时不幸又被水淹死。桩桩惨痛的事，强烈地刺激着赵占魁的心，从此，他变得沉默寡言。

　　随后，因为生活所迫，他不得不背井离乡，先给铁匠当学徒，终年伴着风箱铁锤。几年后辗转漂泊到太原、西安等地，在资本家的工厂里当冶炼工人，病了没人管，还经常被工头打骂，克扣工资，过着牛马般的生活。虽然这样，到 1932 年工厂缩减时，他既没有人情，又无钱活动，还是被开除了。从此他就过着流浪生活。直到 1938 年来到延安，才感受到人间的温暖。

　　党组织先是把他送到工人学校学习，并且根据他的表现，很快发展他为共产党员，随后又分配他到农具厂，当上了翻砂股的负责人。想起以前所受的苦难，比较现在的生活，他感动不已。他说："在旧社会,我的血快被挤干了,而今四十多岁才找到了自己的家。"

从此,赵占魁焕发出了火一样的工作热情,他真正把工厂当成了家,事事处处都表现出主人翁意识。在工作中,他成了一个忘我的人;和同事相处,他又成了一个关怀他人和团结同志的榜样。是苦难的经历使他养成了勤劳和节俭的美德,而党组织的关怀和教育更使他懂得了为劳动人民的革命事业,牺牲奋斗的意义。至此,穆青与张铁夫终于体会了什么是赵占魁精神以及这一精神的深刻内涵。

几天后,当他们和赵占魁依依不舍地告别,匆匆赶回报社时,两人都暗暗下定决心:一定要把老赵写好。

出乎意料的反响

怀揣着记得密密麻麻的采访本,穆青与张铁夫回到报社。有关领导听完他们的汇报并且看过第一篇稿子后,决定先发这篇《人们在讨论着赵占魁》,同时要求他们尽快写出第二篇主要报道赵占魁模范事迹的通讯。

自己的劳动成果初步得到了承认,穆青和张铁夫都很兴奋,决定趁热打铁,熬夜也要拿出稿子。

当时的《解放日报》,条件非常简陋,办公和宿舍都在清凉山上几排窑洞里,人多了窑洞不够住,新来的同志只能住在山脚下。他俩住的地方是由一间老乡放杂物的旧房改造的,隔壁就是老百姓家的猪圈。天气稍微热一点,空气中就到处是骚臭味。十几平方米的房子,摆着两张床、一张桌子,一条长板凳,这就是他们的全部家当。一开始,穆青的床是靠后墙放着的,但是当天晚上下起了大雨,后墙有点渗水,穆青就把床挪到侧墙,抵着屋角放起来。这样可以就着窗前的桌子,坐在床上和铁夫一起写稿子。

当晚,穆青给油灯添满了油,并搓了两根灯芯,打开采访本,边讨论边写起来。终于写出了第二篇报道——《赵占魁同志》。因为第一篇稿子在九月七日的报纸上发表后,反响不错,报社对这一篇更加重视,编辑部还特意请漫画家张锷为赵占魁配了幅木刻肖像。九月十三日、十四日两天,《解放日报》在显著位置连续发表了这一长篇通讯,并配发了《向模范工人赵占魁学习》的社论。

出乎他们意料的是,这两篇报道发表后,很快在边区引起了强烈反响。一时间,工业战线上纷纷掀起了学习赵占魁的热潮。边区政府把赵占魁评为特等劳动英雄,在随后召开的劳模大会上,毛主席亲切地和赵占魁握手。许多人给他写信,发自内心地赞扬他的革命精神和宝贵品质,表示要坚决向他学习。还有一些劳动英雄给赵占魁寄去了生产竞赛的挑战书。不久,敌后根据地也来电响应。一场学习赵占魁的运动,在全国解放区轰轰烈烈地开展起来。

赵占魁这组报道产生的巨大反响,使穆青第一次认识到新闻的作用和威力。回想起乔木同志的话:"新闻反映现实斗争并为之服务比文学更直接、更迅速",现在通过自己的亲身经历,穆青有了更深的体会。如果说一开始当记者在很大程度上是因为服从组织决定,内心的疙瘩并未完全解开的话,那么现在穆青是真正感到了新闻工作的重要意义,并且从心里爱上了这份事业。

这组报道产生的"冲击波",还使穆青认识到了通过宣传典型人物来引导和推动各项工作,是无产阶级新闻工作的一大特色。在随后几十年的记者生涯中,穆青一直牢记这一点,始终把它作为采访报道的主要内容,不断从群众中发现和捕捉先进人物,弘扬他们的先进思想和模范事迹,努力为人们提供精神滋养和前进动力。①

终生难忘的教训

让人脸红的"掌声"

这是穆青刚当记者不久发生的事。

当时,正是二次世界大战期间,苏联有一位医生,名叫阿洛夫,他

---

① 穆青.第一次采访[J].中国记者,2001,(2):15~16.

受苏共中央的派遣,到延安帮助共产党发展医疗事业并为中央领导和干部看病,深受人们的尊敬。

有一次,他在中央礼堂作报告,讲述苏联人民英勇抗击德国法西斯的情景。穆青奉命去采访。一到会场,就发现参加的人很多,听众情绪特别高涨。特别是当阿洛夫讲到一些动人的事例时,会场上不时响起雷鸣般的掌声。

那时,穆青到报社刚半年,还没采访过这样的场面,坐在会场上,穆青内心非常激动,几乎忘记了自己的角色。回到报社后,他一气呵成地写完了稿子,自己还觉得写出了会场热烈的气氛。没想到,报社副总编辑余光生同志看完稿子后,把穆青叫去,手里拿着他交上去的稿子,问穆青:"这稿子是你写的?"

穆青说:"是。"

他说:"你去会场没有?"

穆青答:"当然去了。"

他继续问:"那阿洛夫作报告没有?"

穆青说:"作了,很精彩。"

他又问:"你认真听了?"

穆青说:"是的。"

这时,余光生一下子严肃起来,说:"你看你这里怎么写的'会场上自始至终掌声不断',那阿洛夫还怎么作报告,大家还怎么听报告?"听了这话,穆青心里咯噔一下,顿时满脸通红,一句话也说不出来了。

原来,在写稿的时候,穆青一时激动,没怎么推敲,就把会场上不时响起阵阵掌声,写成了"自始至终掌声不断"这样夸张的句子,却没想到这既不符合事实,也全然违背了常理。至此,穆青只有老老实实地承认错误,诚恳地进行了自我批评。

幸好领导在审稿时把关严格,才使得这一错误没有见报,但这一教训对他的影响实在太深刻了。直到晚年,想起这件事,穆青依然感到脸上发烧。也许正因为有了这一教训,在以后长达半个多世纪的新闻生涯中,穆青特别注意报道的遣词造句,尤其对那些形容词、修饰词非常慎重,再也不敢用那些哪怕是一点点夸张的词句了。①

死人"参加"了会议

还有一个让穆青记忆犹新的教训。尽管事情不是发生在他身上,但每每想起来,都像警钟一样在他心头敲响。

一次,延安的边区政府召开参议会,报社派一名记者去采访。记者先赶到会场,要了一份当天出席大会的领导人及社会贤达的名单。会议结束记者写稿时,没有根据实际到会的人员情况进行核对,就按照这份名单写了报道。第二天稿子见报后,不少人给报社反映说:你们的报纸真了不起,能让死人去参加会议。

原来就在会议即将召开前,原定出席会议的一位人士突然暴病身亡,大会工作人员没有及时地调整名单,记者也根本没有考虑到这种情况,因此发生了错误。

出了这样的纰漏,编辑部一下子紧张起来了,大家议论纷纷。博古等社领导也非常生气,把这个记者叫到跟前,狠狠地批评了一顿。博古说:你不简单呀,古人说妙笔生花,你的笔却能起死回生,竟把死人写活,还请他来参加了会议。

博古的一番话,把这个记者批评得抬不起头来,连一句解释的话也说不出,怎么解释呢? 没有核对名单,这本来就是记者的失职,任何理由都是不能原谅的。

联系到在这之前,报纸还登了这样一篇新闻,标题是《鄜县城内家家户户纺织声》,但见报后不久,有人反映说这是假新闻。后来经过调查证实,这确实是一篇完全虚构的报道,事实是,当时整个鄜县城内连一台纺织机都没有,哪来家家户户的纺织声?

接连出现的这些失实报道,引起了中央和报社领导的高度重视。联系到一些生产和战报中也有些夸大的数字,毛主席曾专门指出,不真实的新闻,"对群众为不忠实,对党内造成虚假作风"。陆定一等社

---

① 穆青. 难忘的清凉岁月[J]. 中国记者,2001,(6):15.

领导也明确提出:无产阶级新闻在事实上必须完全真实。随之报社更专门发表了《新闻必须完全真实》的社论,从思想理论的高度阐述了唯物主义者必须正确对待客观事实的态度。

恰巧这时候延安正在上演一部苏联的话剧《前线》,剧中有个名叫"客里空"的记者,就是一个不顾客观事实,一贯捕风捉影、弄虚作假的典型。后来大家就把他的名字"客里空"①当作一切不真实报道的代名词。

以后一段时期,报社每次开业务会,不管规模大小,有关领导都要反复讲真实性的问题,坚决反对"客里空"式的报道。要求记者必须深入实际,深入群众,调查研究,切忌一切浮夸不实之风。博古还形象地比喻说,作为党报的记者,每到一地采访,不要像公鸡,趴在别人的墙头上,哦哦地高啼几声,就拍拍翅膀飞走了,而应该像母鸡,在一个地方就要好好地下蛋,孵出小鸡。

"不懂政治就不懂新闻"

1943 年春,国民党发动第三次反共高潮。6 月,蒋介石密令驻守在西北的胡宗南部队集结兵力,进逼陕甘宁边区。并借共产国际解散之机,叫嚣要求"解放共产党"、"取消陕甘宁边区"。一时,边境线上炮击和小规模的骚扰事件频频发生,内战迫在眉睫。中共中央一面在军事上准备反击,一面利用《解放日报》、新华社等舆论工具,及时向全国人民揭露国民党破坏团结,发动内战的阴谋,并呼吁边区人民紧急

---

① "客里空"这个词,对于年轻的新闻工作者可能是陌生的。它出自前苏联作家柯涅楚克话剧《前线》中的人物,卫国战争时期,客里空作为特派记者,他坐在前线指挥部办公室里,不深入调查,凭空拟稿,根据听来的消息,即前线总指挥的儿子阵亡,就编造了总指挥在儿子牺牲前如何发誓,牺牲后又如何痛哭流涕等情节,完全是凭空杜撰,诸如此类,给革命带来了危害。客里空在俄文里是"乱嚷乱叫的人",或"喧嚣的人"之意。翻译家萧之按照这个人物性格特征,用与俄语读音相似的三个汉字译成"客里空",让人一看就觉得这个名字隐含着无中生有、弄虚作假的意思。从此,客里空,就成了一切写假报道的记者、虚构胡编和道听途说、不真实的新闻代名词。

动员起来,保卫边区,保卫自己的家园。

7月9日,延安召开三万人的群众大会,进行制止内战、保卫边区的总动员。对报社来说,这无疑是一次重大的报道任务,记者们都被派到会场,分头采访。穆青的任务主要是为大会的一篇特写收集材料。这次大会开得庄严隆重,群情激奋,记者们也深受感染。回来后,大家商讨了消息和特写的框架,写出分工采访的材料,交给执笔编写的同志,就都回去睡觉了。谁知,在半夜时分,穆青他们睡得正香时,就听有人敲门,说博古同志找他们,让他们赶快去。他们一听,就预感到是稿子出了问题,赶紧跑到记者写稿的窑洞,博古已在那里等他们了。

见到他们,博古抖着手里的稿子,生气地说:"这么重要的大会,又是非常时期,非常的新闻,你们这么多人去采访,写了这么久,仍然写不好,简直是一群笨蛋。"

博古这个人虽然平时容易激动,但还很少生这么大的气,这样严厉地批评同志。一时间,大家都意识到问题的严重性,谁也不敢说话。原来博古一直关心着这次报道,晚上等了好久,仍不见稿子送来审阅,他便来到记者的办公室,拿起尚未写完的稿子一边看一边摇头,批评记者写了那么多程序性的东西和一般性的发言,根本就没有抓住要害。最后实在看不下去了,便让人把参加这次采访的所有记者统统找来,他要给大家说说这样的新闻究竟应该怎么写。

博古说:"从你们写的稿子看,你们对边区人民热爱共产党的深厚感情还理解不深,对国民党反动派进攻延安的危险还认识不够,对边区军民团结一心的威力信心还不足,因此没有把群众的激愤、决心和力量充分表达出来。"

说完这些后,他看时间已到凌晨,便拿起稿子,动手当场改起来。此时,大家已经睡意全无,无不老老实实围在桌边看博古改稿。其实,与其说是改稿,不如说是重写。不久稿子改完了,他便拿起改好的稿子,一字一句地读给记者们听。大家愈听愈觉得改写稿气势磅礴,情绪激昂,把大会上军民同仇敌忾、誓死保卫陕甘宁边区的决心和气氛表达得淋漓尽致,特别是最后的一串排比句,铿锵有力,具有很强的战斗性和鼓动性。最后,博古语重心长地说:"你们似乎不懂政治,不懂政治就不懂新闻。"①

《解放日报》的这个不眠之夜,在博古手把手的教诲之下,穆青上了一堂生动的业务课。它使穆青牢记,作为党报记者,应该时刻绷紧政治这根弦,无论是把握主题还是采访写作,都要从政治的高度来考虑问题。

在无产阶级新闻学探索阶段,《解放日报》曾提出党报四项品质,即所谓"党性、群众性、战斗性和组织性":党性是讲政治上、组织上、思想上与党中央保持一致;群众性是讲全心全意为人民服务;战斗性是讲报刊要成为革命事业的一支方面军,鼓舞人民,打击敌人;组织性则源于列宁的建党学说,就是使党报成为发动群众、组织群众的工具。并且确定"全党办报、群众办报"的工作方针。所谓全党办报,群众办报,是针对"同人办报"而言的。当时解放区涌来一大批革命青年、热血青年,他们喜欢套用大城市的办报模式,走"同人办报"的路子,这对革命报业来说未免格格不入。因为,革命报业是属于全党的事业、革命的事业、人民大众的事业,所以要求调动全党的积极性、人民群众的积极性,比如广泛采用群众来信、培养通讯员等,而不能由少数几个专职人员关起门来办报。此外,改版期间发表了系列理论文章,系统阐述了党报理论和马克思主义新闻观,其中毛泽东的《在〈解放日报〉改版座谈会上的讲话》、胡乔木的《报纸是人民的教科书》、陆定一的《我们对于新闻学的基本观点》等都是典范,特别是《我们对于新闻学的基本观点》堪称经典。陆定一在这篇文章里为新闻下了一个广为人知的定义:

　　唯物论者认为,新闻的本源乃是物质的东西,乃是事实,就是人类与自然斗争中和在社会斗争中所发生的事实。因此,新闻的定义,就是新近发生的事实的报道。

---

① 穆青. 难忘的清凉岁月[J]. 中国记者,2001,(6):16.

新闻的本源是事实,新闻是事实的报道,事业是第一性的,新闻是第二性的,事实在先,新闻(报道)在后。这是唯物论者的观点。

这个定义是共产党的新闻理论的核心或基点,是从历史唯物主义、辩证唯物主义的基本原理发展而来的。即所谓存在决定意识。概言之,先有客观发生的事实,再有人为进行的报道,事实是第一性,报道是第二性的。后来,范长江提出另一个类似定义,也同样赋予事实以首要意义:"新闻就是广大群众欲知、应知而未知的重要的事实。"

进而言之,革命报业的理论可以概括为两个方面的内容,一方面是新闻之外的内容,一言以蔽之就是政治家办报。所谓政治家办报即不同于那种追名逐利的商人办报,也有别于那些崇尚议论的文人办报。政治家办报的关键词当然是政治,那么何为政治?一般来说,政治有两层含义:政治家的政治和政客的政治。政客的政治不必多说,所谓勾心斗角、以权谋私、祸国殃民等。而政治家的政治,按照孙中山先生的通俗说法则是大事。所以,政治家办报特别强调政治意识、大局意识和责任意识。①

不懂政治就不懂新闻这句话,可能会永远成为新闻工作者的座右铭。

新闻要求准确及时

在延安各界紧急动员大会后,《解放日报》也掀起了宣传制止内战、保卫边区,准备自卫反击的高潮。那段时期,报纸四个版面都集中刊发揭露国民党发动内战阴谋的内容,同时也大量报道边区各界誓死保卫边区的决心和行动。

在这种形势下,穆青接受了去安塞县采访模范退伍军人杨朝臣组织民兵加紧备战的任务。临行前,报社领导规定了时限,要求穆青头

① 李彬.中国新闻社会史(第2版)[M].北京:清华大学出版社,2009,第164页.

天去,第二天必须回来交稿。

从延安到安塞,一去 60 里,再从安塞到杨朝臣住地小樵湾,至少还有二十多里,中间还要趟过几道河,而且大部分是崎岖不平的山路。直觉告诉穆青,这将是一次非常艰苦的紧急采访。

任务就是命令,没有讨价还价的余地。于是早饭后,穆青就背起背包,手里拿根棍子,几乎是小跑着出发了。一路上他根本没有歇脚,中午,只边走边往嘴里塞了几块干粮,在路边山洞里喝了几口泉水,就算吃了一顿午饭。下午两点左右到了安塞县城。他在县委稍事停留,了解些全县的情况,便又立即马不停蹄地向小樵湾赶去。当穆青气喘吁吁地赶到那里时,太阳已经快要落山了。

杨朝臣是一个五十多岁的孤老汉,早年曾在部队里当过兵,退伍后就只身来到小樵湾开荒种地。多年来,他响应党的号召,带头生产,带头变工,带头向政府供粮供草,成为全边区退伍军人中的一面光辉的旗帜。他所领导的小樵湾的民兵,更是一支训练有素的队伍。

由于过去穆青曾采访过他,这次见面他非常高兴,坚持要穆青和他一起吃晚饭。为了抢时间,他们就在饭桌上边吃边谈。饭后,穆青又让他召集村里的民兵骨干一起座谈。一时间,小屋里炕上炕下挤满了人,大家谈起国民党要进攻边区,情绪都很激动,纷纷摩拳擦掌,表示要誓死保卫边区的胜利果实。大伙还告诉穆青,民兵队早已作好准备,大刀长矛都已擦得雪亮,加上骨干队的少数枪支、手榴弹,敌人若真敢进犯,管叫他有来无回。

座谈会开完,夜已经很深了,穆青让杨朝臣赶快睡觉,自己就趴在他的炕桌上就着微弱的油灯光写稿。天快亮时,稿子终于写完了。穆青一看没时间睡了,就索性伴着未落的启明星,匆匆踏上了归途。

当天中午刚过,他就赶回报社,按照要求交了稿子。第二天,报纸在头版头条编发了穆青的报道。对此,不仅他自己感到高兴,觉得未辱使命,报社领导也表扬穆青这次采访跑得快,写得好,新闻发得及时,表现了党报记者应有的那种战斗作风。

30 个小时来回 160 里,彻夜未眠赶写了一篇头条新闻,确实是够紧张、够艰苦的。这种"急行军"式的采访,虽然只是在当时那种环境中特有的情况,但对穆青来说却是一次很好的锤炼。晚年,他常对中国新闻学院的学生讲:"新闻要准确及时。"

……

穆青晚年在《我的记者生涯》回忆录中写道:"《解放日报》这段岁月,虽然充满了艰难困苦,犯过许多是幼稚可笑的错误,也直接或间接地挨过甚至是很严厉的批评。但正是这种'严'字当头的环境,给了我思想和业务方面严格的训练和培养,使我认识到了新闻工作的重要性和党报记者的神圣职责,树立了'无产阶级新闻必须完全真实'这一唯物主义新闻观,培养了记者必须深入实际、深入群众的作风,也摆正了政治和技术的关系,认清了在'政治第一'的前提下努力提高业务水平,不断创新新闻表现形式的道理。可以说,这些艰苦的锤炼,奠定了我半个多世纪新闻生涯的坚定基础,使我终生难忘。"[1]

记者不该犯的错误

1943年的"七·七"前夕,《解放日报》编辑部为纪念抗日战争六周年,曾组织编辑记者采写一批反映敌后军民英勇抗战事迹的报道,以鼓舞全国军民的斗志。当时编辑部派穆青去中央党校采访,那里正有一些从敌后根据地来的部队干部在集中学习。他们几乎人人都有一些不平凡的战斗经历,都能讲出一些可歌可泣的故事。但是,找谁好呢?穆青考虑了很久,决定采访来自冀中的同志。因为1939年穆青曾随八路军120师主力挺进冀中,在那里打过近一年的游击战。那里艰苦卓绝的抗日斗争,勤劳勇敢的父老乡亲,都给穆青留下了难忘的印象。

在来自冀中的同志中,穆青着重采访了一位战斗在白洋淀地区的军队干部。他告诉穆青,在白洋淀一带正活跃着一支由当地渔民和猎户组成的水上抗日游击队。他们在船头插上一根雁翎作为标志,并据

---

[1] 穆青. 难忘的清凉岁月[J]. 中国记者,2001,(6):17.

此给自己的武装取了个响亮的名字——雁翎队。在白洋淀方圆几百里的湖面上,他们凭借密密丛丛的芦苇,神出鬼没地打击敌人……

他饱含激情,讲得有声有色;穆青也为白洋淀那如诗如画的景色,为雁翎队那传奇般的斗争故事深深吸引了,心想,这些头裹白毛巾、撑船如履平地的游击队员简直就像《水浒传》中的阮氏兄弟。当时心情的激动,实在难以言表。

他一口气讲了一两个小时,穆青也拼命记了一两个小时。分手时,这位同志把有关雁翎队的几页油印材料送给他作为参考,还连声嘱咐我:"记者同志,把它写出来吧,看看我们的人民是怎样同敌人作战的!"

穆青兴冲冲地赶回报社,当晚就构思这篇报道。他觉得雁翎队的事迹实在太生动,太感人了,无论如何一定要把它写好。可是写着写着,就感到材料不够用了。采访本上记录的大多是雁翎队的群体形象和他们的斗争方法斗争智慧,还缺乏一些突出的人物和具体的事例。为此,两天以后,穆青又匆匆赶往中央党校,想做些补充采访,没想到那位同志已经结束学习返回前线去了。

这件事给穆青的教训很深,他多次对新闻界的同仁说,这是他记者生涯中的一件难忘的憾事。那时,他到《解放日报》当记者还不到一年,各方面都很幼稚,更缺乏采访经验,加上雁翎队的故事太精彩了,以至使他完全沉浸在采访对象的叙述之中,忘记了记者职责。结果,一些从新闻报道角度来看应该问的问题没问,应该进一步发掘的材料没有发掘,这就必然给他的写作带来了极大的困难。幸亏穆青在冀中打游击的时候,曾多次在大清河、子牙河、滹沱河两岸穿插,也曾在黎明或日暮时分从白洋淀附近穿行过。那一带纵横的河流、明净的湖水、如飞的小船,以及雪白的芦花和团团的荷叶,仍鲜活地映现在他的脑海里。

为了弥补材料的不足,穆青决定以抒情的笔法,通过对白洋淀景物的描写,烘托气氛,着重反映水上游击战争的特色。为此,他把油印材料中雁翎队员唱的两句歌谣:"鱼儿,游开吧,我们的船要去作战了。——雁呵,飞去吧,我们的枪要去射杀敌人了。"作为开头引语,重新写下去。奠定了整个文章的抒情基调。这样反反复复,改了又改,终于写出了三千多字的文稿,题目就叫《雁翎队》。

可是对着文稿,他又有些疑惑:"这是通讯还是特写? 倒像是抒情散文,这样的文章适合报纸采用吗?"穆青没敢把稿子交出去,生怕它不符合新闻通讯的要求而受到批评。

到了八月中旬,别人采写的报道一篇篇都发完了,他仍然一点把握都没有,但又舍不得浪费这么重要的题材,就把稿子交给了报社副刊部主任舒群。他看后说:"这是篇好东西,写得多美啊,给我们副刊用吧。"穆青听了很高兴,但考虑到从"七·七"拖到八月,时间太久了,便在稿件最后加了一句:"让我们遥向雁翎队的弟兄们致敬吧,如今又是芦苇丛密的时候了。"

文章在《解放日报》副刊上刊登出来后,引起的反响出乎穆青的预料。许多认识他的人对穆青说:文章写得优美,富有诗意,反映了冀中群众的创造,充满了浪漫主义的英雄气概。有些人还把这篇文章从报纸上剪下来,贴到自己的本子或窑洞的墙壁上。从此,富有传奇色彩的雁翎队的名字便传向了各敌后根据地。

抗战胜利以后,《雁翎队》被选入了许多版本的通讯、散文、报告文学作品集,甚至被选入了中学课本。粉碎"四人帮"后不久,当时主编《人民文学》的作家李季,还向穆青索要这篇稿子,他说:"你当年写的《雁翎队》给大家的印象太深了,是不是再找出来重新发表一下?"穆青答应了他的要求,结果李季加了按语,便在《人民文学》上又重新发表了一次。

穆青生前回忆说,尽管《雁翎队》曾在较长的一段时间产生过一定影响,但是今天回过头看,这篇作品仍有一些缺憾。当时由于采访不深入,骨干材料不多,尽管用了散文式的抒情笔法加以渲染,但作品仍显得不够丰满厚重,文中的一些欧化句子有些冗长拗口,也削弱了感染力。另外,个别地名是按讲述者的口音记下的,在当时的情况下,缺乏认真核实,造成了一些错误,如把村名"郭里口"错成了"葛利口"。

甚至文中唯一提到的雁翎队领导人殷金芬的名字,事后核实也是不对的。作为记者,这是决不该有的错误,但这些遗憾都已经成为历史,无法弥补了。①

和毛主席共进晚餐

1943年,延安整风后期发生了一场"抢救失足者"的运动。

这年年初,由于在"审干"中发现了个别特务,一些人便夸大敌情,错误地认为陕甘宁边区党内、政府、军队里钻进了大量国民党特务、日本特务和托派分子。于是,把一些从陕甘宁边区以外来的干部、知识分子和许多白区来的党员都看成嫌疑犯,进行审查。这股风很快也刮进了解放日报社。

报社最先受到审查的是从大后方来的年龄比较大的同志。当时穆青到报社工作才一年左右,也弄不明白这些同志究竟有没有问题。但不久就扩大到他熟悉的同志身上了,甚至和穆青最亲近的两位"鲁艺"同学,也被当成了抢救对象,这不能不引起穆青的怀疑。后来,运动越来越升级,一些人被抓走了,一些人被停止工作,专门检查交代。严重时编辑部几乎百分之七八十的人都受到审查,弄得连值班编报、采访的人都安排不开了。

没想到,审查最后竟又落到了穆青的头上,怀疑他历史上也有什么问题。其实穆青的经历很简单,初中毕业后就从河南跑出来参加八路军,在敌后打了两年仗,入了党,然后由部队送到延安进了"鲁艺"。既没有在旧社会工作过,也没有国民党和海外关系。许多了解穆青的同志都纷纷为他写证明材料,可是问题似乎没有得到解决,仍让穆青一边工作一边接受审查。这件事使穆青很不理解,抵触情绪很大。心想:如果像他这样的中学生也要怀疑,那外来的知识分子还有可信任的人吗?

---

① 穆青.难忘的清凉岁月[J].中国记者,2001,(3):14~15.

就这样，穆青在委屈和怨愤的折磨中，痛苦地度过了一个多月。

有一天，报社采访通讯部的裴孟飞部长忽然通知穆青去采访，但采访谁，采访什么，他都没有明说，只告诉穆青去找三五九旅的王震同志，由王旅长带他一同去。穆青来到抗大找到王震将军，王震让警卫员给穆青牵来一匹马说："走吧。"穆青问："去哪儿?"他说："去见毛主席。我们南泥湾有个劳动模范，毛主席今天要接见他。"

陡然间听说要去见毛主席，穆青禁不住又激动又很紧张。激动的是能见到毛主席，采访主席的活动，实在是难得的荣幸。而一想到当时的政治气氛和自己仍然被审查的处境，心里就不免紧张起来，生怕在主席面前再发生什么失误。

那时候，毛主席住在枣园。他们走进主席的住处，毛主席已经在窑洞外面的院子里等着他们了。院子很宽敞，在一棵大树下，有一个石桌，几个石凳。他们就坐在石凳上和主席谈话。当时那位劳动模范还没有赶到，王震同志又被人叫走商量别的事去了。一时，院子里只剩下毛主席和穆青两个人，本来穆青就很紧张，面对这情景，就更加坐立不安了。

毛主席见穆青很拘束，便亲切地问："你是《解放日报》的记者?"

穆青说："是的。"

毛主席又问："你叫什么名字?"

穆青说："我叫穆青。"

主席又问："是不是左昭右穆的穆，青春的青?"

穆青说："是的。"

主席说："我们党内有个与你同名同姓的同志，他从广东去法国勤工俭学，回国后不久就被国民党杀害了。他是一个很好的同志。"

停顿了片刻，话题又转到了报社的生活和工作。

主席很关心地问："报社伙食怎么样啊?"

穆青说："还可以，一个星期可以吃到一两顿馒头和肉。"

主席点点头，说："报社工作很辛苦，伙食应该搞好啊!"

随后，主席又问："你们那儿整风运动搞得怎么样，审查了多少人啊?"

穆青我说:"大概有百分之七八十的人受到了审查。"

主席有点惊诧地问道:"有那么多人受到审查?"

穆青说:"是的,有那么多。光我们采访通讯部十七八个人中,就只有三四个人未被审查。"这时候,穆青不知哪来的勇气,竟在主席面前把心里话都说了出来。穆青说:"我也不大理解,不大相信会有那么多特务。我有个同学,在河南开封时,我们就一起搞救亡运动,后来到了延安又一道上了'鲁艺',一道在报社工作,怎么一下变成了特务了?"

主席问:"你怎么看啊?"

穆青说:"延安是进步青年向往的地方,那么多的青年和知识分子从全国各地汇集到延安,主要是投奔党和参加革命的。当然可能会有个别坏人乘机混进来,但大多数人可能没什么问题。"

主席严肃地说:"如果大多数人都不可靠,共产党还有什么伟大可言,革命还有什么凝聚力。整顿党的作风,同时审查一下每个人的历史,这是可以的,但不能扩大化。更不能搞逼供。现在已有不少同志向中央反映这个问题。我说搞错了的,要平反;戴错了帽子的,要把帽子摘下来。要脱帽鞠躬。你回去跟博古同志讲一下,搞错了的,一定要平反,要赔礼道歉。"

听了毛主席的话,穆青深受感动,心里热乎乎的。原来满脑子的困惑和不解,一下子似乎都烟消云散了。

不一会儿,那位劳动模范来了,主席和他谈话,穆青便坐在一旁边听边记。吃晚饭时,毛主席留王震同志、那位劳模和穆青一道吃饭。为此,特意杀了一只鸡。饭桌上,主席还给穆青和劳模夹了许多菜。

临走时,穆青问毛主席今天接见劳模的事报不报道。主席说:"不用报道了。"

回到报社,穆青没有找到博古同志,就将毛主席的谈话精神告诉了博古同志的秘书和裴孟飞部长。裴听后笑着说:"这下你可以好好安心工作了,让你到毛主席那里去采访,不就说明党对你的信任吗?"

过后不久,报社传达了毛主席在党内发表的重要讲话,讲到怎样看待投奔延安的青年和知识分子,讲到审查不能扩大化,讲到要为被搞错了的同志脱帽鞠躬。从此,"抢救失足者运动"的错误,迅速得到了纠正。

　　这次经历,给了穆青一次终生难忘的教育。它使穆青深信我们党是实事求是的。作为一个党员、记者,无论在什么情形下,都应该把真实的情况,大胆地及时地向组织上反映,让党能够多方面地掌握下情,考虑决策。这既是党员的义务,更是一个记者对党对人民应尽的职责。①

---

① 穆青.穆青自述一段难忘的经历:毛主席与我的一次谈话[N].经济参考报,2001年4月20日.

第三章　战地记者

挺进东北

1945 年 8 月 15 日,在中国人民坚持了八年英勇抗战之后,加之苏联出兵我国东北,美国在日本广岛、长崎投放了两颗原子弹,日本宣布无条件投降。

遭受到严重战争灾难的中国人民,在抗日战争结束后,迫切要求实现国内和平,实行民主政治,建设一个和平、民主、独立和富强的新中国。

国民党政府在美国的支持下,积极准备发动"剿共"内战,妄图消灭共产党,维持"中华民国"。

中国共产党为了不被消灭,决定派人民军队挺进东北。因为东北地区在经济、军事及政治方面,都具有非常重要的战略地位,对中国共产党壮大发展具有极其重大意义。

据 1943 年的统计,东北煤产量占全国 49.5%,生铁产量占 87.5%,钢铁产量占 93%,水泥产量占 66%,发电能力占 72%,铁路里程占全国 1/2 以上。

东北土质肥沃,有广阔的松辽平原,年产近 2000 万吨粮谷,盛产大豆、高粱、玉米和谷子,是我国当时余粮最多的地区。其中大豆占当时世界总产量的 60% 以上,是我国出口的重要商品粮之一。东北还是我国五大棉产区之一。森林总面积约占全国森林总面积的 75%以上。①

上述数据表明,如果我们控制了东北,就会在经济上占很大的优势,占据一个巨大而可靠的后勤供应地,就能源源不断地以大量的人力、财力、物力支援大规模的解放战争。反之,东北地区如果被国民党统治,它将会利用东北强大的物力、财力进行"围剿"共产党的战争。

为了加强对东北地区工作的领导,9 月中旬,中国共产党决定成立东北局,以彭真为书记,当即启程飞往东北。新华社和《解放日报》按照中央要求,抽调编辑、记者、翻译、印刷等部门骨干共 16 人,由新华社副社长吴文焘任队长,组成挺进东北的先遣小分队,穆青是这支先遣小分队的一员。

从延安到东北,全程几千里,不通铁路,也没有汽车,小分队唯一的代步工具是一匹骡子,刚好吴文焘的妻子是队里唯一的女性,这匹骡子就给她骑了,其余的人则完全靠双脚走到目的地。

经过两个多月的长途跋涉,小分队到达奉天②阜新。

东北的气温此时已零下 30 摄氏度左右,他们穿的棉衣根本挡不住这种严寒,不少人的手脚都给冻伤了。驻守在这一地区的林彪、黄克诚得知后,立刻派人给他们每人发了一顶皮帽子,一件皮大衣,还有一双皮靴子。他们总算有了充足的御寒装备,得以继续前进③。

辽西丘陵地带遍地冰雪,每天早上起来看到的都是白茫茫的一片,积雪常常深到膝盖,风刮在脸上像刀子割一样疼。有一天,雪下得特别大,一步一个深深的雪窝,每走一步都要花很大的力气才能把脚从雪窝里拔出来,裤子上的雪越沾越多,最后结成了冰疙瘩,腿像棍子似的完全失去了知觉。好不容易走到宿营的村子,天已经完全黑了。

① 王魁喜等.近代东北人民革命斗争史[M].吉林:吉林人民出版社,1984,第 169 页.

② 后改称辽宁.

③ 张严平.穆青传[M].北京:新华出版社,2005,第 85 页.

穆青和王揖住的那户人家,屋里只有一对老夫妇,得知他们是关内过来的抗日队伍,两位老人高兴得团团转。老妇人赶紧生火烧水,老汉则忙着招呼他们上炕取暖。看着王揖已经脱掉靴子上了炕,穆青也急忙拽住靴子往下脱,没想到靴子和腿已经冻在一起,怎么也脱不下来,他急得便让王揖帮忙拽,老汉连忙上前制止:"孩子,千万不能硬拽,也不能拿热水猛浇,你的腿脚已经和靴子冻在一起,成了冰砣砣,硬拽连皮肉都要撕下来。要是用热水浇,肉就要烂,一烂恐怕连腿脚都难保住。"

老汉端来一盆冷水,把穆青的双脚连同靴子一起浸在冷水里,过了一会儿,冰碴渐渐化开了,他又小心地拽下靴子,然后解开自己身上的棉袄,把穆青两只冰凉的脚搂在胸前,用两只手慢慢地揉搓、按摩。过了好久,穆青麻木的双脚开始感到发痛,又过了一会儿,逐渐发热,最后终于恢复了知觉。那一瞬间,穆青能清楚地感受到老人胸怀间的温热透过双脚传到全身,一直传到他的心里。

老汉介绍说,日寇在山区搜索围剿抗日联军时,他们穿的靴子也是不耐冻的。有的村庄一见日本鬼子的部队开进村来宿夜,就为他们烧热水烫脚,以示关切,实际上,谁都知道,脚已冻僵,再加热水一烫,立即肿胀、溃烂。①

很多年后,穆青回忆这段往事时,是鼻子发酸,喉头哽咽,说不出话来,泪水顺着脸颊淌下……他深情地写道:

多少年过去了,这个雪原上的小屋,这个如慈父般的老人,一直深印在我的脑海里,我常告诫自己,你的这双腿甚至生命都是老百姓保护下来的,今生今世,无论如何也不要忘记他们。②

采访东北抗日联军

穆青到达《东北日报》第三天,就接到任务,采访原东北抗日联军

①　李延禄口述.过去的时代:关于东北抗联四军的回忆.黑龙江:黑龙江出版社,1979,第365页.

②　张严平.穆青传[M].北京:新华出版社,2005,第86~87页.

负责人周保中将军。穆青为什么要采访周保中,已出版的《穆青传》和《穆青评传》的说法是:"随着日军的无条件投降,日寇在东北的关东军全部解除了武装,中国面临着一个谁有权接收东北的问题。过去对日寇侵略者一直消极抵抗的国民党,此时却说'日本投降前,东北没有共产党军队,只有国民党有权接收'。"

"为了批驳国民党的谎言,揭露国民党阴谋独霸东北的行径,《东北日报》遵照中央的指示,决定反击。"

与穆青同时代的记者华山,在一封信中写道:

当时有个名词叫作"创造战场",就是创造人民战争的战场。每个八路军战士打到东北都能理解,没有根据地的解放战争真难打啊。

东北刚刚解放,伪满的残渣余孽恶霸地主都有反动的阶级觉悟,他们欢迎中央军,仇恨八路军;我们的基本群众却还没有发动起来,还不知道八路军就是人民自己的军队。于是部队所到之处,往往受到反动地主武装的袭击,或者关起寨门,不让你进,不给你吃。

战士们打仗可发愁了,负了重伤,谁给抬担架啊,到哪里养伤啊?"兵马未动,粮草先行",在根据地打仗,粮草是用不着先行的,早有各村各寨准备好了,开个条子就行。

可是在东北,国民党军队拼掉了,有飞机兵舰运兵补充,我们可是伤亡一个少一个,新兵都难补充。投降的伪满军队一出事几乎都哗变了。没有东北农村根据地,在东北战胜敌人是不可能的。于是有1500名干部下乡,到农村发动群众反奸除霸,进而大搞土改,把根据地建设起来。这才有了大打人民战争的战场。①

从华山这封信中,我们可以看出,东北人民对共产党还不是很了解。为了发动群众,宣传共产党中央的意见,请周保中将军对当前东

---

① 华山.关于战地通讯的一封信[J].新闻研究资料(总第23辑).北京:中国社会科学出版社,1984.

北的形势发表谈话,同时撰写一篇详尽介绍抗日联军14年斗争史的文章,以正视听。①

这,就要介绍东北抗日联军的历史:东北抗日联军的前身是东北抗日义勇军余部、东北反日游击队和东北人民革命军。是20世纪三四十年代中国人民抵抗日本帝国主义侵略的伟大的民族解放战争的重要组成部分,在中国革命史上有不可磨灭的伟大功绩。在日本侵略者的大后方,他们14年的艰苦斗争牵制了数十万日伪正规军,有力地支援了全国的抗日战争,他们可歌可泣、英勇无畏的牺牲精神,是中华民族争取独立宁死不屈精神的集中体现。

东北抗日联军共有11个军,杨靖宇任司令。杨靖宇被日本人杀害后,周保中与兄弟部队力挽狂澜,他说:

"目前是中国人上历史考场的时候。我们不要被日本帝国主义的暂时猖狂所吓倒。我们应该在考卷上堂堂正正地写上'中国人'三个字,而不要写上'亡国奴'三个字。我们现在处于几十倍敌人的包围中,形势十分危急。这次突围是否成功,没有完全把握,因此,我们必须时刻准备上刺刀和敌人短兵相接,作最后的肉搏。临到我们牺牲的关头,就应该慷慨就义。我们决心用自己的鲜血来浇灌被压迫的民族解放之花。"②

穆青接到任务的当天,赶赴梅河口。驻扎在梅河口的东北宣传部为穆青派了一个班的战士护送。他们乘坐一辆卡车,冒着零下30摄氏度的严寒,走了三天三夜,深入到吉林的深山老林,采访抗日联军将领周保中将军和其他将士,写了《抗日联军十四年斗争史略》,③文章用大量的事实称颂了坚持在敌后抗日14年的东北抗日联军的光辉业绩,揭露了蒋介石不抵抗主义,彰显共产党员大无畏的革命精神。

发表时配发了访问记《访周保中将军》,毛泽东同志亲自做了修改,发表在《东北日报》上,《解放日报》发表时作了删节,冯牧为此写

---

① 张严平.穆青传[M].北京:新华出版社,2005,第89页.

② 胡华主编.中共党史人物传·第11卷[M].西安:陕西人民出版社,1983,第195页.

③ 穆青发表时笔名"关寄晨"。

了评论员文章。中共中央东北局将《抗日联军十四年斗争史略》印了几十万册单行本,广为散发。①

穆青恍然大悟:新闻就是宣传工具。

新闻的主角是群众

通过一段时间的新闻实践,穆青发现一个朴实的真理:写群众。

他认为,新闻报道就在于坚定不移的群众观点和为群众服务的方针。因此,他在任《东北日报》编委兼通采部部长时说:

我们报纸的大量篇幅,必须为群众生活、群众活动所占据。反映群众的要求,发扬群众的创造,解决群众的困难,并经常不断地报道群众活动中涌现的英雄人物的英雄事迹,借以教育群众,推动工作。②

一个人的成长史,离不开他所处的时代。穆青的群众新闻观,得益于无情的战争,让他学会感恩。他常说:"抗战时期若不是人民群众掩护,我早就没命了。没有人民群众,我哪能活到今天!"③

穆青怎能忘得了抗战时期在冀中工作时,日本鬼子冬天扫荡,人们都在白洋淀芦苇丛里,老百姓为了掩护抗日游击队,不让又冻又饿的孩子哭出声来,便用毛巾狠狠塞住孩子嘴巴,有的孩子硬是被活活闷死了;鬼子逼近了,有的干脆把自己的孩子丢进冰窟里。——这些,就是穆青群众新闻观的直接源头。

与穆青新闻观相同的,还有战地记者华山。

华山是1946年底从《冀热辽日报》,调到哈尔滨《东北日报》和新华社东北总分社工作。穆青负责采访部,华山分工报道军事,大部分时间都随部队采访。那时,前方记者没有条件配备电台,发稿一般是邮寄。但在当时的战争环境下,邮件往往延误丢失。若是有一段时间,

① 王中义、洪文军.穆青评传[M].北京:中国广播电视出版社,2004,第28页.

② 穆青.穆青论新闻[M].北京:新华出版社,第1页.

③ 崔葆章.勿忘人民——学习穆青同志新闻实践[A].徐人仲等主编.穆青新闻作品研讨文集[C].北京:新华出版社,1998.

收不到华山的来稿,穆青就通过军队指挥系统打听到华山的行踪,派报社通讯员到部队去找他。这样,一月左右去一次,每次都能带回两三篇稿件。所以当时华山的一些稿件,大多是通过穆青编发出去的。

华山常说:"不是我亲自采访来的材料,我是从来不写的。"他常常到前线战斗部队中去,与战士们滚在一条战壕里,接受战火的洗礼。为了全面地立体地反映一次战役或一次战斗,他除了采访主力部队,还要采访搞情报的,打掩护的,打配合的,打钳制的。1947年冬季,他顶风冒雪,从松花江到辽河,与作战部队一道穿插于敌人后方,亲自体验了我军南北满部队会师的欢乐;辽沈战役期间,他随先遣团强渡大凌河,参加攻锦会战,而后又直下辽西,强渡巨流河,歼灭国民党廖耀湘兵团,奔入沈阳。如果没有这样的经历和亲身感受,他是写不出《踏破辽河千里雪》、《英雄的十月》这样不朽的锦绣篇章的。

新中国成立后,华山又转入河南林县去体验生活。这期间他走遍了林县的山山水水,先后写出了颂扬红旗渠的长篇报告文学《旱井世界》、《劈山太行侧》,以磅礴的气势,生动的群众语言,淋漓尽致地反映了林县人民战天斗地的事业。

有一次,穆青专门到林县去看望他,并给华山带去了治疗肝病的药品。穆青发现他住在离县城不远的胡家庄的小村里,两间石砌的小屋,用石灰粉刷的墙壁显得很洁净。屋里生着煤炉,平时他一个人住在那里,吃饭自己做,生活相当清苦,肝病也经常发作。穆青劝他回郑州或北京治病,却怎么也说不通。华山说:"和老百姓在一起,我才活得痛快。"穆青理解华山的心情,在他们相处的几十年过程中,作为一名记者,华山从没有离开过群众。战斗年代他长年累月随军作战,一直生活在战士中间;新中国成立后,他蹲鞍钢、访大连,直到在三门峡一住五年,又结交了不少工人朋友;在林县山区的农家小屋,更成了他同农民朝夕相处的家。他常说,做记者决不能高高在上,脱离实际、脱离群众,一旦脱离了,记者的职业生命也就完结了。①

---

① 穆青. 难忘华山[J]. 中国记者. 1998,(9):10.

实际上,华山说的,就是穆青在25岁时所强调的:"只要我们能够深入地发现群众当时所最关心的问题是什么,我们就可以找到新闻。因为没有哪一样群众所关心的事情,不与群众有密切的利害关系。如果我们能根据这些线索去详细调查研究,深入采访,那么就会发现许多有价值的新情况,新问题,写出来就是好新闻。"

穆青是这样说的,也是这样做的。他从一个普通记者,经过一年又一年的探索与实践、拼搏与努力,走向新华通讯社社长岗位,当了中央委员、中共中央顾问委员会委员,正部级官员。年纪大了,官做大了,却还要到人民群众中去跑,去看,去问,去写。他最怕的是不让他下去,他会觉得憋得慌,这是一个人民记者的心态。他这种心态,是一种理论上的认识带来的,也是他坚持不断到人民群众中去接受群众感情上的滋养造成的。他在基层采访,不仅是向群众采访材料,采访知识,还和群众进行情感上的交流,接受群众情感上的滋养。这一点,有点像充电,情感这东西得不到激发和滋养是会淡化的。一个人脱离群众时间长了,群众的喜怒哀乐接触少了,尽管他在理论上仍然讲不要忘了群众的道理,但他对群众的情感仍然不可避免地会变得淡漠起来。穆青同志自觉地不断下去,不间断地到群众中去充电,[①]因为他知道:一旦脱离群众,记者的职业生命也就完结了。

在哈尔滨结婚

穆青是在奉天(沈阳)《东北日报》工作,为何要到哈尔滨结婚呢?这要从《东北日报》的历史说起。

1945年11月1日,《东北日报》在沈阳创刊,报纸是四开两版,报头由吕正操将军题写。在创刊号上的发刊词中明确声明:

本报是东北人民的喉舌,以东北人民的利益为利益,反映人民的要求,表达人民的呼声……一切为东北人民服务,这是我们的宗旨,我

---

① 冯东书. 心系人民——说说穆青[A]. 徐人仲等主编. 穆青新闻作品文集[C]. 北京:新华出版社,2005,第342~343页.

们的天职。最近中国共产党中央委员会所提出的和平民主团结的建国方针,也是本报今后努力的方向。

发刊词里并没有指明这是共产党的机关报,但从"宗旨"、"方向"和发表稿件看,报纸的政治立场十分鲜明,所以就成了敌人的眼中钉。因此,报社的地址对外是保密的,报社人员的活动也采取半公开半秘密的方式。

报纸创刊时为了报纸的安全出版,印在报头的社址假称在"山海关"。这个借用地址一直在报上登到第10期,直到国民党军队向山海关进犯才从报头上取消。

1945年11月23日,由于战局关系和应苏联红军的要求,《东北日报》跟随东北局一道撤出沈阳,向本溪转移。到本溪后,报纸于12月5日复刊,在本溪办到1946年2月2日,共出了40期日报和8期号外。

1946年1月下旬,国民党军队逼近沈阳,并图谋向本溪进犯,报社迫不得已又随东北局向吉林省海龙县转移。

《东北日报》在海龙办报的时间比沈阳、本溪都长。从1946年2月7日起,到4月22止,有两个半月之久。

1946年4月我军解放长春后,报社迁到长春,4月28日《东北日报》在长春复刊,并开始使用毛泽东主席的题字作报头。在长春不到一个月,敌人进犯,报社又被迫进行第四次转移,迁到了哈尔滨。①

穆青夫人续磊到《东北日报》比穆青还早两个月,也是从事记者工作。他俩的感情得益于报社第四次转移。

从长春向哈尔滨撤退时,报社人员分乘一列货车的两个车厢,穆青与续磊在同一个车厢里。途中货车遭遇敌机轰炸,车停下来了,人们纷纷跳下车,拼命地往铁道两旁的高粱地跑。续磊碰到这个阵势,吓坏了,站在车厢门口,不知所措。穆青上前一把拉下她,一路向高粱地狂奔。躲过了这场劫难,他们的感情也升温了。②

---

① 方汉奇.中国新闻事业简史[M].北京:中国人民大学出版社,1983,第197页.

② 张严平.穆青传[M].北京:新华出版社,2005,第105页.

　　续磊的父亲续范亭（1893—1947）出生在山西崞县（现为原平县），是近代抗日名将。曾任国民联军军事政治学校校长，陆军新编第一军中将总参议。

　　1935年，日寇积极窥伺华北。续范亭亲赴南京呼吁抗日。目击国民党政府腼颜卖国，悲愤至极，在中山陵剖腹自杀，在《绝命诗》中写道：

> 赤膊条条任去留，
> 丈夫于世何所求。
> 窃恐民气摧残尽，
> 愿把身躯易自由。

　　续范亭在《我的自杀》里说："当我在中山陵自杀的时候，我深信我这一切，是能够影响到希特勒和日本帝国主义的，并且连中国汉奸之类也给他们点疼痛。①

　　续范亭的悲壮爱国之举，登上各报端，一时震动全国，激励各界人士的抗日斗志。

　　遇救后，续范亭有机会接触了马克思列宁主义，研究中国革命问题，并相信只有共产党才能救中国。②

　　1940年，续磊的母亲带着她与弟弟去晋西北看望父亲，途经延安时，让续磊留在延安上学。次年，续范亭积劳成疾，被党中央派到延安治病，续磊终与父亲重逢。

　　抗日胜利后的1945年，续磊在延安中学毕业，考上了"鲁艺"文学系。同年，她和"鲁艺"文学系的几位同学参加了开赴东北干部团中的"鲁艺"工作队。那年，她刚满17岁。

　　命运终于给他们牵了根看不见的红线，一对俊男少女随着《东北日报》的迁移，迅速产生了爱情的火花，并于1948年元旦，在哈尔滨举

---

① 续范亭同志[A].十老诗选[C].北京：中国青年出版社，1979，第215页.

② 南新宙.续范亭传[M].太原：山西人民出版社，1979，第293页.

行婚礼。参加婚礼的有华君武、刘白羽、白朗夫妇及报社同行。华山在锦州前线采访,没有参加。

目睹郑洞国将军投降

1948 年初秋,东北战场敌强我弱的形势发生根本性变化,随着林彪率领的东北野战军攻克四平和吉林等大中城市,国民党在东北仅据守沈阳、锦州、长春等几座孤城。报社预感到"打硬仗、打恶仗、打大仗"的时刻到了,安排华山去了锦州前线,刘白羽去了沈阳前线,穆青被派往长春前线。

长春,曾经是伪满的首都,也是蒋介石在东北最重要的战略据点。因此,国民党在这里投入了巨大的兵力。驻守长春的是兼任国民党东北剿总副司令的郑洞国将军。他手下的新七军和新三十八师是蒋介石的嫡系精锐部队,全部美式装备。

穆青到了长春之后,只见东北野战军第十二兵团层层包围,并没有发起总攻的意思。穆青看到华山、刘白羽都从前线发回稿子,刊在《东北日报》上,他有些沉不住气,三天两头地往兵团司令部打听情况,政治部主任唐天际看到穆青一副焦急的样子,悄悄地告诉他:"中央决定,先打锦州,而对长春则实行长期围困,不用强攻,一旦打下锦州,长春势必就不战而降。"①

穆青恍然大悟,面对精锐部队,不能硬碰硬,围而不打,消磨国民党军队的锐气。

由于我军采取围而不打,长春城内几乎与外界失去了联系,郑洞国部队的补给完全靠飞机空投。我军则用高射炮阻止飞机空投。一次,国民党给长春补给,由于高射炮密集扫射,国民党飞机只好仓皇空投,降落伞落在了我方阵地上。在这些物质里,除了整包整包的大米、面粉等食品外,还有四捆邮件,里面装满了报纸和公私信件。

---

① 张严平.穆青传[M].北京:新华出版社,2005,第 111 页.

从收信人的身份来看,有东北剿总副司令郑洞国的,有长春市市长尚传道的。寄信人的身份更是五花八门,有郑洞国的妻子,有各位官员的同僚,有他们以前的下属,还有母亲写给儿子的。

穆青敏锐地意识到,把这些信件整理出来,能够起到瓦解国民党士气的作用。他在通讯《空中飞来的哀音》中写道:

同样求上帝保佑郑洞国的,还有他的妻子陈士莲。她的信上一开头就是一连串的惊叹号:"你孤守长春已数月,中央竟不体念顾及! 殊使人心寒! 我只求上天保佑你平安! 得不着你的一切情形,我真焦愁万分!"结尾又说"我心乱极,不知要如何安慰你,更不知要向你说些什么才好。……"

……

在一封写给五十师留守处廖课长的信上,写信人劝他朋友说:"据一般人议论,如队伍往外冲时,千万不可随行,那是很危险的,尤其是此地没有援兵。长春至沈阳,途中全部是共军,不等到沈早已垮了;莫如作俘虏好得多,不至于死。……"

穆青在另一篇通讯《哀音更加低沉》中写道:

9月3日至9月6日,郑洞国的老婆一连给郑写了两封泪痕满纸的航信,用尽了凄凉暮秋的所有形容词,像一片落叶一样,发出无可奈何的轻微的声音"桂庭(记者按:即郑洞国之字),逐人衰弱与憔悴的不是岁月,而是忧愁。数月来我身体坏透了,较前更不知消瘦多少,你们被围在长春孤城,情况紧急,真令人焦急万分。我看中央不给你们设法,你是无可奈何的。……你不顾性命的危险,这是为了那种? 难道中央真的要你死守长春吗? 我想到可怕的一切,真正伤心极了! 苦命的我? 有何言? 惟有上天保佑你平安……"

"南京中央大员之间,对于'戡乱'前途,整个的都失掉了信心,大家都存在五日京兆之念,有的竟在准备往国外汇款,以待共产党打进来那天,好过白俄式的亡命生活。"这是名叫殷为、先逖的两个特务,写给长春军统特务头子项洒光信上的第一段。

……

事实证明穆青的判断是对的,通讯在《东北日报》上刊登后,社会为之大震,街头巷尾人们争说国民党走投无路的困境,消息传到郑洞国部队,官兵士气锐减。

用新闻瓦解敌军的士气,并非穆青首创,但他在这方面的写作,却是开创了军事新闻报道的新时代,他在通讯《月夜寒萧》中,用白描的手法写道:

中秋节那天,在长春城郊的阵地上,我围城部队某部曾向长春孤城,发动了一次空前强大的政治攻势。①

进入 10 月,随着解放军围困战的继续,长春孤城陷入最后的绝境。郑洞国将军外无支援,内无粮草,每日仅靠有限的空投物资苟延残喘。饥饿和惊恐彻底瓦解了他们的斗志。

由于粮食奇缺,长春从 6 月到 9 月仅三个月的时间,粮价就上涨了 700 倍,后来粮价再高,市上已无粮可卖,有价无市,甚至一捆钞票买一捆青草,一个金镏子也只能换一个馒头。城内饿死的人越来越多,不少街道饿殍横陈。敌军从 6 月份开始,正规军每人每日定量 1.5斤,高粱大豆各半;7 月份减少 4%;8 月份除新七军新三十八师每周还能吃一顿大米饭,六十军一八二师用 1/3 高粱米掺大豆吃外,余下的一个师只发粮代金,买到什么吃什么。敌军内部以及广大受害居民与国民党军的矛盾,异常尖锐,人心浮动,朝不保夕。郑洞国后来回忆这段历史时说:“当时最头疼的问题就是缺乏粮食。”②

虽然蒋介石一再电促郑洞国抓紧时间突围,但在解放军重重包围下,郑洞国真是插翅难飞。堡垒终于从内部开始瓦解。10 月 14 日下午,六十军军长曾泽生首先率部起义,并写信给郑洞国,希望他以长春数十万军民的生死安危为重,放弃无谓抵抗,共聚义旗。③

---

① 王中义、洪文军.穆青评传[M].北京:中国广播电视出版社,2004,第 300 页.

② 张健等.长春起义——曾泽生率国民党军第六十起义纪实[A].长舜等编.百万国民党军起义投诚纪实[C].北京:中国文史出版社,1989,第 88 页.

③ 张严平.穆青传[M].北京:新华出版社,2005,第 113 页.

六十军的起义极大地动摇了新七军的军心，面对大势已去的现实，新七军和新三十八师士兵纷纷投降。

郑洞国将军看军心涣散，大势已去，便派出七位谈判代表与我军会谈。经过谈判，他们同意集体缴械投降，惟一要求就是希望保证他们自兵团司令官以下全体官兵生命财产安全。

新七军集体投降后，按照双方的约定，郑洞国将军也应在指定时间缴械出降。为此，穆青同摄影记者早早就等在郑洞国司令部所在地中央银行的大门前，准备亲眼目睹郑洞国将军出降的情景，记录下这一历史性的场面，可是等来等去不见郑洞国的人影。

由于郑洞国坚持不见记者，穆青便以十二兵团政委肖华秘书的身份目睹了郑洞国将军投降。回来后他写下了东北战场上最后一篇长篇通讯《一枪未放的胜利》。

在河南故乡

1949 年 1 月，中央军委发出指示，指出：根据战争的发展，去年 11 月 1 日关于各野战军冠以军区地名已不适合，决定改为按序数排列，西北野战军改称第一野战军，中原野战军改称第二野战军，华东野战军改称第三野战军，东北野战军改称第四野战军。

在国民党统治已处于土崩瓦解的情况下，蒋介石按照美国的旨意，于 1949 年元旦发出"和谈"建议，接着"隐退"幕后，由代理"总统"李宗仁出面和我党谈判，妄图取得喘息时间，然后卷土重来，扑灭革命力量。

当时，国内外有些人对美国支持蒋介石的阴谋认识不清，并对强大的美国存有顾虑，害怕我军渡江南进会引起第三次世界大战，因而主张国共两党划江而治，不要再打了。

针对上述情况，党中央一面指示我军加紧进行渡江和向全国进军的准备；一面由毛泽东主席于 1 月 14 日发表《关于时局的声明》，提出在"惩办战争罪犯"、"废除伪宪法"、"废除伪法统"、"依据民主原则改编一切反动军队"等八项条件的基础上，可以接受李宗仁代表团来北平进行和平谈判的主张。

从 4 月 1 日到 15 日,国共双方代表经过紧张谈判,拟定了国内和平协定。但国民党政府却于 20 日拒绝这个协定,这就在国内外人民面前彻底暴露了他们叫喊的"和谈"只不过是一个骗局。21 日,毛泽东主席、朱德总司令发布《向全国进军的命令》,号召全军指战员:"奋勇前进,坚决、彻底、干净、全部地歼灭中国境内一切敢于抵抗的国民党反动派,解放全国人民,保卫中国领土主权的独立和完整。"①

就是在这样的背景下,穆青和刘白羽作为新华社特派记者随四野南下。

刚刚由《东北日报》调入新华总社的穆青,第一面见到总编辑胡乔木,便接到了战地采访的新任务。

列车进入河南境内,由于这段铁路塌毁,需要改乘汽车。几乎就在同时,穆青做出决定,借这个机会回家看看,经过部队批准,他带着通讯员小王直奔河南周口。通过书信他已得知,自杞县沦陷后,他的父母逃难到周口老家。

打听到周口德华镇穆家住址,穆青飞奔回家,父母见到穆青真是又惊又喜。

在家里几日,穆青慢慢了解了这些年家人所遭受的苦难。那年杞县沦陷,姐姐跟着姐夫王毅斋去了开封,父母带着两个弟弟和两个妹妹逃到老家周口,一家人寄住在大姑姥姥家三间靠房搭建的简易平房里。全家六口人的生活仅靠 17 岁的三妹去农村教书每月挣一点口粮回来维持……

在家乡几天,穆青通过走访发现与自己家一样遭受日寇和国民党统治多年的众多劳动人民的苦难。他按捺不住心中的愤怒,奋笔写下了反映那个时期生存状态的散文名篇《在河南故乡》。

---

① 中国人民解放军军事科学院编. 中国人民解放军大事记(1927 ~ 1982). 北京:军事出版社,1984,第 296 ~ 297 页.

在河南故乡

我离开河南已经整整十二个年头了,这中间河南一直是在日寇或国民党匪帮的统治之下,水、旱、蝗、汤的灾害,加上敌人残酷的榨取,那种满目荒凉的景象,使我几乎认不得这就是我的故乡了。

我走过开封、郑州等城市,那里早被蒋家匪徒们破坏得不像样子。过去许多高大的建筑,宝贵的古迹,如今只剩下一片瓦砾。我也走过辽阔的豫东平原,穿过无数的城镇和村庄,我看见没有一处不是百孔千疮,呈现着劫后的创伤,流浪着成群的乞丐。特别是在风沙弥天的黄沙区,更是一幅人间惨相的图画。那里像塞外的沙漠一样,一片黄沙几乎是寸草不生。过去被黄河洪水淹没的村镇,至今仍可以看到埋在黄河中间的个别楼房的屋脊。许多无家可归的居民,如今以芦席帐蓬为屋,聚集在一起熬着痛苦的岁月。在家乡十天小住中间,我亲眼看到了也听到了许许多多"血泪仇"的故事,我的两个舅舅被活活饿死,两个姑母在沿门要饭,在亲戚朋友中,被抓丁抓去的青年人不下六七个,其中包括我一个未成年的表弟,至今也没有下落。我的父亲曾三次逃难,至今仍在靠亲友接济过活,这些仅是我个人周围的灾难,整个河南人民的痛苦又何止千万倍。但最使我痛恨的还不在这里,而是经过十二年的分离之后,我看见在匪徒们的统治之下,我亲爱的故乡已濒于毁灭的边缘。社会上一切最黑暗最堕落的行为,在这里都得到繁殖,它们像一把毒剑一样斩去了一些青年的意志,把河南社会弄得乌烟瘴气。在郑州,在漯河,在开封,在周口,我看见许多人堕落得不能自拔,欺骗、贿赂、享受、懒惰、自私,几乎成为人们的处世哲学,许多和我同时读书的青年,甚至我的同学,不少已堕落到吃喝嫖赌,以至吸食毒品的地步,有些甚至完全变成了敌人的爪牙。我有一位表叔曾经告诉我,在周口,三十岁左右的人,百分之八十都有嗜好(指吸食海洛因),而且不少的人在制造和贩卖毒品,这个数字虽不免有些夸张,却揭露了旧社会吃人的罪恶面目。尤其是当我想到老解放区的青壮年正朝气蓬勃参加各种革命工作的情景,我觉得我又一次从现实生活中深刻地了解到,同样一个人在两种不同的社会里成长,所得结果会完全相反。如果蒋家匪徒们的腐败王朝,再苟延两年,我真不敢想象,有多少青年的前途又会被他们毁灭。

这些痛心的事实,仅仅是故乡河南的一面,没落的一面,当河南全部解放,一个新生的强大的力量渗入这块地区的时候,它所产生的变化是相当惊人的。如果说在过去十二年间,我从报纸杂志上所看到的只是故乡苦难的记载,那么如今,当我随军路过家门时,我却看到了河南人民衷心的欢笑。在开封,我看见中原大学的同学们,是那样朝气蓬勃的在学习着革命理论,踊跃地报名南下工作,戏院里上演着进步的戏剧,书店里拥挤着各种各样的人群。在郑州,这个重要的铁路连接点,我更看到了铁路员工们为支援大军南下,而日夜紧张地修车架桥的情景。在频繁的军运过程中,每一个司机、车长大都是整天整月的从没有离开过自己的岗位。但我看得更多的还是故乡朴实的农民,他们在民主政府的领导下面,克服了春荒的严重折磨,而把大量的粮食柴草源源不绝地供给部队的需要。支前司令部,大军招待所这些群众支前的组织,遍布于部队必经之路,为数之多有如满天繁星。我永不能忘记那些令人感动的场面。一路上在锣鼓秧歌声中,农民们男女老幼争抢着为我军抬茶送水,牵马挑担的情景,以及为了使我军夜间寻找方便,而村村悬挂着的红灯。在我们和农民座谈时,我的乡亲们千言万语都反映出一种渴望复仇,渴望胜利,渴望安定生产的心情。

新的社会,新的力量,正在使我的故乡经历着一个脱胎换骨的过程,在家乡十天逗留中,我看见年老的一代在两个不同社会的对照之下,他们谨慎的看上了新的社会,中年的一代则正发愁着如何去改造自己,适应时代的潮流;但二十五岁以下的青年们,像一棵棵枯干的幼苗,得到了雨露,正以惊人的速度,朝气蓬勃地生长起来。我的一个最小的妹妹,当我回去时已是当地最早的新民主主义青年团团员之一了,她那种渴求革命知识,以及埋头在群众中工作的热情和精神,使我非常感动。看见她,我似乎就看到了一种新生的力量。而我年迈的母亲,一位生长在封建制度下面没有文化知识的老太婆,当她把六个亲生的子女一个个交给革命的时候,她没有悲痛,以她自己的话说则是:"应该让孩子们去打天下。"并且认为:"跟着'老八'(即八路军)走是不会学坏的。"我觉得她的心情和行动代表了故乡一般的群众。

河南的变化是显著的,随着全国革命胜利的到来,河南灾难的历史,将永远宣告结束。当我离开河南随军南下的时候,正是故乡紧张麦收的季节,我望着这一望无际的麦田,在我的眼前便自然而然展现了一幅美满生活的图画。使我想起毛主席所说的"中国人民是勇敢而勤劳的……中国的兴盛是可以指日成功的。"是的,我相信不要很久,我亲爱的故乡,便会在共产党和民主政府的领导下面,恢复建设成为一个新社会的乐园。

1949 年 5 月于郑州

告别父母,穆青连夜赶到开封,看望阔别多年的姐姐穆镜涵,他在信中说:"亲爱的姐姐,这些年不得你的消息,你现在在哪里? 做什么呢? 我实在想念你呀! 这封信估计你不一定收到,但由于长期艰苦游击战,我得了胃病,每顿饭只能吃半茶缸稀饭,疼起来非常难受。你能否给我寄点药来? 我身上爬满了小虫子,最好给我做件衣服寄来。"

读完弟弟的信,穆镜涵失声痛哭! 这封信已经到了多日,现在弟弟在哪里呢? 身体啥样? 让穆镜涵牵肠挂肚。她连忙将祖母留下的一件皮衣给穆青改了一件皮背心,又用土布做了两件衣服和一双鞋子给穆青寄去。穆镜涵又跑了 100 多里的山路,到嵩县河大医学院去买药。谁想到,等她买好药去寄时,邮政不通了。穆镜涵心急如焚,但毫无办法。从此,她终日处在担心、揪心、想弟弟念弟弟的痛苦中。①

深夜 12 点穆镜涵听到有人敲门,并连声叫"姐姐,姐姐"。穆镜涵感觉是弟弟穆青,连忙穿衣开门,那一刻姐弟俩激动得泪流满面……

---

① 穆镜涵.忆我亲爱的弟弟穆青[A].郑德金、穆晓枫主编.难忘穆青[C].北京:新华出版社, 2005,第 113~117 页.

见证程潜将军起义投诚

穆青从开封赶到汉口与刘白羽汇合时,汉口刚刚解放,他们暂时住在新华社汉口分社,一时无事干,穆青就向刘白羽请教做记者的诀窍,刘白羽谦虚地说:[1]

我不会做记者,首先是学,学的方法是把别人写得好的新闻报道都剪下来贴成一册,这里有国内的也有国外的,如像斯诺、斯特朗等,每篇后面都写下我的分析笔记。我穿过狂风暴雪,战火硝烟,都把它带在身边,不断学,不断用。

我不是为了打仗,访问什么才记什么,而是投入战争之初,随时随地,一语一词,一场景,一感受,我往往在行军途中停下几步,掏出小本,匆匆记下几个字。而这些观察,这些细节有如闪电,你不立刻把它捕捉到,它就瞬息即逝了。而它们最逼真、最动人,对我写通讯有很大帮助,它们往往给文章增加了生动、鲜明的特色。此外我还训练自己随时随地透过生活现象,深入思考生活问题,从一件小事看到全局的本质,摸到时代的脉搏,我认为观察事物的敏感是一个新闻记者最重要的本事。比如在东北战局最困难的那个严冬,我投宿在松花江边一家农户,半夜里听到两个人映着灶火的一席谈话,我感到千千万万东北人民已经决然站起来支持我们了,我透过眼前低迷的冬云,看见即将到来的胜利曙光,我写了《人民战争》。一个记者必须训练自己观察生活的敏感,而敏感是从现实生活中来的,因为我在东北战场上参加了每一次作战,从无到有、由小到大,有亲身的感受、鲜明的比较,就容易保持新鲜事物感。

穆青与刘白羽这样有事无事地"闲聊"着,一晃一个月过去了,一天他们突然收到胡乔木的电报,电报里胡乔木总编辑言辞激烈:"已经去了一个多月,怎么还不见一篇东西,你们究竟在干什么?马上把情

---

① 刘白羽. 记者生活漫谈. 新闻战线.1979,(1):17.

况汇报一下。"①

这一下他们再也坐不住了,立即给总社写了份检讨,刘白羽认为,此处暂无行动,申请让他到上海参加报道,他的申请被批准了,刘白羽一走,四野新华社特派记者就剩穆青一个人。

记者无新闻可报,这不是穆青的性格,他直接找四野政治部副主任陶铸。陶铸给一篇文章让穆青读,穆青接过一看,这是一位随军记者写的报道,文章写到:

这是一次艰难的行军。正是南方盛夏炎热而多雨的季节,时而暴日当空,时而大雨滂沱,暑气蒸人,道路泥泞。这些来自东北的部队,经过平津战役,迅即南下,途中解放了新乡,又急速前进,一直没有得到很好的休整,部队十分疲惫。他们虽然在襄阳、樊城一带的汉水之中,进行过短时间的渡江作战训练,但对水网稻田地区和山地作战非常生疏,尤其不习惯南方潮湿的气候,部队又没有及时配发雨具、蚊帐,病员不断增加。记者在行军途中,不时可以看到躺着生病的干部战士。有的严重中暑,口吐白沫;有的发疟疾,浑身哆嗦;有的身患痢疾,又烧又拉。战士们往往是走着走着,就一头栽下,倒在路旁。但当他们从昏迷中清醒过来,立即就挣扎着爬起来,要求追赶部队。对于南方的炎热气候,人不适应,来自东北的骡马更受不了。这些曾经拉过辎重驰骋疆场的大骡大马,在南方的恶劣气候下一批批病死,剩下的也走不了崎岖的山路。炮兵战士们不得不把山炮拆下来,几个人合起来背一个部件。在狭长的羊肠小道上艰难行进。有的战士掉进河里,有的战士摔进深谷,连人带炮一起消失了。

敌人在大路上没命地逃跑,部队插近路从小道上急速追击。南方的山路狭小而崎岖,时而升上云雾缭绕的高山,时而降到河水咆哮的谷底,不少战士脚走肿了,脚扭伤了,一拐一扭地跋山涉水。军政治部主任杨中行是个胖子,走不动路,过去行军打仗,从松辽平原到汉水之

① 张严平.穆青传[M].北京:新华出版社,2005,第121页.

滨,几乎没有离过马鞍。现在不得不弃马步行。他步履沉重,走不了几步得拄着拐杖停下来喘喘气。一支部队沿着沮漳河前进。沮漳河蜿蜒在深山峡谷之间,羊肠小道开凿在沿岸岩壁之上,有一段不过几十里的路程,就要从河中穿过四十八次,人们称为四十八道湾。部队打这里经过,正值连日暴雨,这条平日深不及膝的溪流,现在却是山洪咆哮的宽阔河道,水深过腰,流速湍急。在不少河段,战士们不得不把腿上的绑带解下来,连接起来,捆到会水的战士身上拉过河去,系到对岸的树上,然后战士们拽住绑带渡河。即使这样,有的战士还是连枪带人被激流冲走。

南方山区长期遭受国民党反动派蹂躏压榨,山穷水穷人更穷。当时正值夏荒,新谷尚未登场,群众早已断粮,有的人家即使有一点口粮,也由于对解放军不了解,早已坚壁埋藏。部队急速前进,粮草接济不上,在当地筹粮有时连人影也找不到。①

陶铸见穆青看完,笑着说,近段时间,部队饱受酷暑、饥饿、疾病、疲劳的轮番袭击,伤病日多,非战斗减员直线上升,战士体质急剧下降。中央军委指示,加强策反力度,部队停止追击,进行休整。

面对国民党王牌——华中军政长官白崇禧将军,我军采取的是釜底抽薪的办法,一面对他们佯攻,一面抓紧时间策反驻长沙的程潜和陈明仁将军。

程潜本来就主张先起义,后谈判,对起义不提任何条件,因而对他来说早已不成问题。而关键是陈明仁的态度。

考虑到陈明仁怕算旧账,患得患失的思想作祟。四野和谈代表团经过缜密的研究,理解陈明仁的思想转变的长期性和复杂性,从和平大局出发,尽量满足了陈明仁的要求。这样,双方终于达成了和平起义的协议。②

① 少华.百年林彪[M].呼和浩特:远方出版社,2009,第268～269页.
② 李佑军.策反英雄——争取程潜、陈明仁起义纪实[M].北京:解放军出版社,2008,第242页.

7月22日，穆青随四野和谈代表团，在暮色中渡过长江，沿着湘鄂公路，乘车赶到平江，参加了四野与程、陈谈判的全过程。

8月4日，程潜、陈明仁领衔发表了起义通电。8月5日，长沙城四门大开，第四野战军渡过浏阳河正式进城，长沙和平解放。

穆青激情洋溢地写了《狂欢之夜——长沙市民欢迎解放军入城速记》。

在武汉出版个人专著

年轻人都有自己的梦想，时年29岁的穆青就想出版个人战地通讯集。他在给妻子信中写道：①

续磊：

在汉口停留一周多，又给《生活报》写了四篇稿子，约一万字。如此，南征散记就够它登两个月了。另外还写了一篇《革命又回来了》，是反映湖南老苏区情况的，自己认为还相当精彩，不知总社用不用。从8月初到现在，我一共写了10篇稿子（《生活报》在内），两篇情况报告，加起来约3万余字。多写的目的是初步达到了，似乎写起来也不那么吃力了，这是一个好现象。如果这样继续下去不要一年，我就可以搞出些名堂了。但请放心，我绝不会骄傲的，不要批评我。你还记得我说30岁开始搞事业的话吗？现在已经开始了。祝我成功。

……

穆青

9月24日

穆青在信中说"可以搞出些名堂"是张铁夫、黎辛都支持他在武汉出版《南征散记》。

张铁夫、黎辛又是如何到武汉的呢？这要从筹办《长江日报》说起。

---

① 张严平.穆青传[M].北京:新华出版社,2005,第124页.

1949年2月,中共中央东北局根据中央指示,决定从东北日报社抽调一部分同志随第四野战军南下,到武汉办报。4月下旬,东北日报社社长廖井丹、副社长兼总编辑陈楚等同志到达天津。他们商量到武汉办报叫什么名字,陈楚建议叫长江日报,大家同意。

同年4月,中共中央决定在郑州的中原日报社的部分同志南下武汉办报。中原局宣传部副部长兼中原日报社社长熊复报告南下办报的准备工作,宣布李普、张铁夫、黎辛共同领导,李普负责。他们研究了报道内容的分工,决定初到汉口要报道反破坏和接管工作。张铁夫、黎辛同编辑人员搜集了中国共产党七届二中全会以来党的有关城市政策文件、文章和党的领导人的讲话,并编辑了一些稿件。5月14日,张铁夫率领中原日报社十几人南下,22日到达汉口,住在璇宫饭店。①

有了新闻界同行的支持,穆青干劲十足,着手编辑整理自己的旧作,并写信给续磊帮他收集资料。续磊在回信中写道:

穆青:

你着急了吧?向东北要的稿子还没有寄来,我先把《生活报》上登的《在河南故乡》一文寄给你,你可以尽先编好。那两篇都是很早以前的文章,如果赶不上寄给你的话,不编进去也可以的,或者我随后寄给黎辛同志。

这几天北京真热闹极了,十月一日的开国典礼更是狂欢异常,晚上我去看了游行的队伍,毛主席在天安门不住地兴奋地喊口号,会场上到处都是红灯、火炮和口号声,那情景不看真是冤枉,是想象不出来的。

……

望来信,并望多告诉我一些你身体的近况,但务必保持报道的真实性,否则要整你的"客里空"(一笑)。

续磊
10月3日晚

---

① 王惠超.长江日报的诞生[A].夏武全等.品读长江日报[C].武汉:武汉出版社,2009,第4页.

有了朋友的支持,妻子的鼓励,穆青在编选《南征散记》时,善于选取充满矛盾,有情趣的场景、片断,捕捉到一个镜头,描绘出一幅漫画,着墨不多,极为传神的通讯。

《五峰山上的俘虏图》由一个个生动的场面构成,勾画出敌人的狼狈相,文中写有搜山的场面,抢饭的场面,押送俘虏的场面,穆青是这样写他们抢饭的:"当我军把饭筐送到俘虏面前时,他们争先恐后地争抢,他们有的用钢盔,有的用毛巾,有的用衣服,有的甚至干脆用手远远瞅准目标,挖一下就跑,后面的人挤不上就拼命往前押,许多年轻的小伙子甚至被挤倒在地上,挤倒在饭筐里,沾得满脸满身都是饭粒,烫得哇哇直叫,但却也不肯退后一步。"还有些俘虏军官也和俘虏兵一起吃饭,"结果抢来抢去饭筐也抢破了,饭盆也抢打了。有些俘虏就在拼命地抢掉在地上的饭粒。"通过这个场面写出敌人饥不择食,乱作一团的狼狈相。

穆青的战地通讯善于捕捉典型,使报道充分深刻,更有说服力。《"革命又回来了!"》中选取一个典型事实,反映出革命人民的英勇斗争的精神和必胜的信念。文章中描写了一个七十多岁的老农协会员,前年染病在床,他怕自己快要死了,便嘱咐家里人说:"我死了把我埋在大路旁边,我睡在地下也要看着红军队伍回来。"《良田镇的无名英雄》谱写了一曲刘胡兰式的英雄赞歌。她年仅十八岁并美貌善良,不幸被"剿共队"捉去,队长见她长得丰满漂亮,采用种种手段,妄图使她屈服。敌人把她带去陪斩,当周围血泊满地、人头乱滚,她妈妈惨叫着倒在她身上时,匪徒队长挡着刽子手的钢刀,狞笑着站在她的身旁,向她说:"只要你肯嫁给我!……"话未说完,这个活泼勇敢的女共产党员却站出来,向敌人痛骂起来。牺牲后,她的头颅也被悬挂在良田镇的墙上。她就义前高唱国际歌,高呼共产党万岁,并且向群众大声高呼:"革命一定要胜利!红军一定会回来的!"选取典型、有新闻冲击力的新闻事实,这使作品产生了震撼人心的力量。①

① 王中义、洪文军.穆青评传.北京:中国广播出版社,2004,第222～223页.

　　新闻要用事实说话,筛选事实是新闻写作中很重要的一环。新闻采访扎实,材料准备充分,才有选择的余地,才能鲜明的表达主题,穆青深谙此理。他的战地通讯做到了选材围绕一定的报道宣传的主题来处理,很集中,把敌人的残忍,人民的苦难及反抗,我军必胜的信心都表现出来。

　　《南征散记》在武汉出版后,销量不错,穆青又一鼓作气出版战地通讯集《湘中的红旗》,此书也受到了业界的好评。

第四章 探索与创新

奉命回到北京

1949 年 11 月 6 日,第四野战军六个军和第二野战军三个军共 40 万人,由湖南、广东、贵州地区分三路向广西进军。以程子华、肖华指挥的第十三兵团为西路,向柳州、百色进军,截断敌军逃往云南的道路;以陈赓指挥的第四兵团和邓华、赖传珠指挥的十五兵团为南路,进军到广东信宜、廉江地区,断敌海上逃路,伺机歼敌;以肖劲光指挥的第十二兵团为中路,由北向南围歼敌人,夺取桂林,直取梧州。

12 月 1 日,在博白、廉江地区将白崇禧集团主力大部分歼灭。第四野战军乘胜追击,国民党军队除了两万余人逃到越南外,全部被歼,广西战役结束了中南大陆作战。

1949 年的最后一天,中共中央发表《告全线战士和全国同胞书》指出:中国人民解放军在全军将士忘我的努力和全国人民积极的支援下,在 1949 年内已经解放除了西藏以外的全部中国大陆,歼灭了敌军 260 万人。国民党在中国的反动统治已被永远推翻,中华人民共和国已被巩固地建立起来。①

---

① 李默主编. 新中国大博览[A]. 中共中央:告前线战士和全国同胞书. 广州:广东旅游出版社, 1993,第 17 页.

　　战地记者穆青奉命回到北京,在新华通讯社总社从事农村新闻报道工作,并忙里偷闲研究伊里亚·格里戈里耶维奇·爱伦堡(1891—1967)——苏联的著名记者和作家,第二次世界大战期间,他站在反法西斯主义斗争的前列,拿起笔作刀枪,通过他一篇篇火辣辣的政论文章,剖析法西斯的虚伪与歹毒,给了德国法西斯狠狠的打击。从此他的声名远播,受到世界人民的敬爱,也受到中国同行的尊敬。

　　作家丁玲在一篇文章中深情地写道:"当我们的国家还处在最艰难的岁月——抗日战争时代,……我们的印刷条件很困难,可是我们却印了你——爱伦堡先生在战争时期所写的报道。在我们的行囊里,常常连换洗的衣服都没有,但却带着你的匕首一样的政论文章。我们爱读你那些文章,你那些热情的语言,号召了许多人行动起来……"[①]就是在那个中国人民拿起枪杆子保卫自己的祖国,打击日本法西斯的年代,中国报刊刊登了大量爱伦堡的政论通讯,穆青工作过的《解放日报》刊登了近三十篇。穆青早年受他的影响较大。

　　爱伦堡的最大成就,是他作为一个新闻记者,从苏联反法西斯卫国战争开始,始终和红军一起战斗在最前线,冒着生命危险,不分昼夜地在战斗,几乎每天都发表那种充满战斗精神的政论文,后来搜集成《战争》一书,厚厚三大卷。第二次世界大战结束后,他从事文学创作,写成《巴黎的陷落》、《暴风雨》、《巨浪》三部长篇小说,前两部曾获斯大林奖金。

　　穆青对他的研究生王庚虎说:"爱伦堡这个人知识渊博,他的文章很有文采。虽然他晚年思想上有些问题,但我们应当全面评价。我感到,我们有些记者写文章,总是写不开,拘泥于一定的模式,死板板的几条筋,不生动,不深刻,知识也少。不能纵横论时事。读读他的政论文,很有好处。"[②]

---

① 蓝鸿文.范长江与爱伦堡[N].中华新闻报,2008年9月24日第2版.

② 王庚虎.我的导师穆青[A].童宗盛主编.中国百位名人学者忆名师[C].延边:延边大学出版社,1990,第664~665页.

1951 年国庆节前夕,爱伦堡和智利诗人聂鲁达应中国人民保卫世界和平、反对美国侵略委员会主席郭沫若的邀请,前来北京。他们此行的一个重要使命是:代表"加强国际和平"斯大林国际奖金委员会,把奖金授予世界和平理事会执行局委员宋庆龄。

爱伦堡在华期间,有关方面除安排他与文艺界人士见面外,还安排他与新闻界人士见面,因而穆青有机会与他接触。①

爱伦堡说:"人物的诞生——这是作家工作中最重要的也是最困难的一环。也是复杂的过程,对待它,决不能像对待机械的生产一样。"因此,在创作过程中必须努力挖掘、再挖掘人物的心灵奥秘,使读者在翻开小说时,能更深刻地认识他的同志、同时代的人、朋友、敌人,从而激发强烈的爱憎感情。

在《暴风雨》这部长篇巨著中,爱伦堡没有直接描写战争场面,也没有中心人物,而是通过许许多多普普通通的人物在战争期间的感受和活动,来揭示民主力量同法西斯主义的尖锐斗争。来展现不同民族、不同阶层的人们在战争考验面前的种种表现和心理活动,歌颂了法国人民和苏联人民的英勇斗争精神。

例如:出身于资产阶级家庭的美达姑娘,热爱绘画,喜欢幻想,曾一度整天沉浸在绘画艺术里面,严酷的现实迫使她重新选择了直接的生活道路,投入了反法西斯的战斗,当她听说由于她的丈夫的告发而枪毙了 16 个抵抗运动的人员之后,便向地下组织负责人请求,让她去惩罚这个"德国走狗",负责人考虑她作为妻子,执行任务太冒险,准备让一个小伙子去执行这个任务。美达坚持要去,她写信约了丈夫贝蒂到一家饭店,当贝蒂见到她后问道:"在这一个时期你经历了一些什么……"美达立即回答道:"很多,在这很多之中有 16 条活生生的生命死于非命。"贝蒂还不明白什么意思时,美达的枪声就结束了他的生命……美达大义灭亲,爱祖国、爱人民的崇高思想,在她的行为中得到

① 张严平.穆青传[M].北京:新华出版社,2005,第131～138页.

了充分的体现和升华。①

穆青为这种情节的安排叫好，并沉浸在小说的构思中，那时他的志向是做个作家。

安排到上海工作

时任新华社总编辑吴冷西找穆青谈话，开宗明义，说总社打算调他到上海华东总分社暨上海分社任第一副社长。

穆青一听，大为一惊，立即表示没有思想准备。

吴冷西态度严肃，说这是组织上的决定，要穆青服从。

穆青别无选择，只好告别妻儿，来到上海。

1951年11月26日，穆青从上海火车站出来，直奔南京西路1376号。这里原是汇丰银行高级职员的宿舍，现在是新华社华东总分社的驻地。院子不大，但非常精致，进门便是一片草坪，几棵法国梧桐散落在边边角角，四座造型典雅的小洋楼错落有致地排开去。

穆青走进中间一座被称作业务楼的第二层，华东总分社几位负责人已经在那里等候他了。这一年，他刚满30岁。

过去战争年代，为适应被敌人分割包围的状况，各解放区采取分散管理的办法，新华社作为地方报纸的通讯部，带有浓厚的分散性、地方性。1951年新华社从组织上、业务上开始集中统一，总编辑吴冷西在新华社工作发展规划中第一次提出"全国观点"。新华社的报道进入一个新的历史时期。

转变是痛苦的。华东总分社最初还无法理解什么是"全国观点"，往往是地方上做什么就报道什么，从来不考虑它在全国的意义。结果经常是稿子传到总社被"枪毙"掉了。

分社的记者和编辑面对这种转变很不适应，感觉新华社没干头了，不少人想转到报社和学校去，一时人心浮动。

---

① 黄群文、张志猛.外国名记者成才之路[M].北京:长征出版社,1983,第87~88页.

另外,总分社领导班子不团结也令穆青头痛。常常是这个人的意见,那个人到底下去散布反对观点;那个人的意见,这个人又到上面去说不同的看法。有一次穆青主持会议,研究"三反"、"五反"的报道,参加会议的都是分管领导和记者,既然是谈报道,不可避免地要涉及一些内部政策和精神,而且会议也按惯例对大家提出了保密要求。但会后不久,分社有人向上海市委告状,说穆青在公开的会议上透露机密。为此,总社和上海市委都对穆青提出批评,让他觉得很委屈。

躺在冰凉的床上,穆青感觉上海这个冬季的黄昏出奇的冷。回想在分社的这些日子,样样事不顺心,好像走进了一个本不属于自己的世界。那个在战火纷飞的年代不怕牺牲的干劲没有了,那个一天能跑上百里山路的勇气没有了……

不!不,穆青并不是一个畏惧艰难的人。战争年代他经历了无数的艰难困苦,甚至生死考验,但他从没有退缩。只是面对着与自己的同志打交道,他不善于交际,不善于应酬。他感觉到自己不适合上海这片繁华与喧嚣,和他长期经历的战争与农村生活相比,完全是两个世界,他感觉陌生甚至有一点胆怯。他还是觉得像爱伦堡那样,从记者转型到作家,比较适合自己的个性。

不久,穆青回总社向吴冷西汇报工作,工作汇报完后,他提出自己的要求:离开记者岗位去当作家。

吴冷西当即回绝:"这事你连想都别想!你现在的任务,就是把上海的报道尽快搞上去!"

穆青经过一段时间的痛苦挣扎,决定还是在新闻行业干出点名堂来。

这一年,穆青把妻子和3岁的儿子大东接到上海,续磊这时正怀着老二。时隔不久,穆青把父母也接来上海小住。

1954年,穆青参加了新华社组织的赴莫斯科学习塔斯社工作代表团,他在莫斯科给妻子续磊写了封信,从信中我们可以看出穆青钻研业务的干劲。其中一封信写道:

续磊：

……

现在我们住在红场附近的一个古老的旅馆里,楼下便是繁华的大街,汽车川流不息地来来往往,四周高大的建筑显得非常雄伟,下午四点以后,全市灯光如画,但却没有在上海那样吵闹。塔斯社对我们这次访问,早已做好了安排,现已决定的节目是上午听报告,下午座谈和参观游览。塔斯社这次共准备了46个报告,从通讯社的任务作用,一直讲到一些细小的技术问题,内容十分丰富,而且他们表示愿把塔斯社所有的经验全部都告诉我们,充分满足我们的要求。当然我们对这样的老师是感激的,因此也决心努力学习,不解决问题不回去。

……

穆青后来回忆这段往事时说,"那时候,就是觉得非要把这个上海分社搞上去不可!"

这就是穆青,只要是组织上安排的,他都要铆着一股劲把它做好。

在分社领导岗位上

1955年,中央决定撤销大区,华东总分社暨上海分社机构也相应做了调整,撤销华东总分社,穆青被任命为上海分社社长。

穆青后来的总结材料——《在分社领导岗位上》写道:

上海分社可以说是在一条坎坷的道路上摸索着前进。由于我们本身水平低,加上缺乏经验,分社工作在很长一个时期没有走上轨道。我们曾多次检查领导工作,但每次检查的内容,大多偏重于领导者的思想意识和作风问题,很少研究过领导思想和领导方法。因此,分社领导究竟应该如何工作? 领导人主要抓什么? 怎样才能发挥记者的积极性,做到上下团结,工作带劲? 这一系列问题,都没有得到很好的解决。①

根据过去教训及在工作实践中摸索的经验,穆青认为从以下几点着手,能提高领导效能。

第一,思想工作要和业务工作结合起来。培养记者高度事业心,是思想工作最根本的一条。注意发挥记者的积极性,是思想工作的第二个重要方面。培养集体主义精神,发扬事业上的集体荣誉感,是分社思想工作的第三个重要方面。

第二,加强分社业务基本建设,调查研究掌握情况。培养骨干,新闻写作的基础训练。树立新闻机关灵活机动的战斗作风。改善和做好为报纸服务工作。

第三,根据当时当地的具体情况,从实际出发组织指挥报道。

第四,分社领导人要把自己的位置放在记者之中,千万不要把自己看作是高出记者之上的人。

穆青强调,培养记者高度的事业心,是思想工作最根本的一条。但要解决这一问题,不能仅仅空洞地谈论新闻工作的重要意义,而必须让记者在实际工作中能够真正看到工作中的成绩和作用。做不到这一点,正像记者常常说的那样:"我们的工作是重要的,但我们的稿子都在空中飞掉了。"应该说,这是思想问题,同时也是实际工作中极其重要的问题;要彻底解决它,就必须首先在工作上做出成绩,打开一条出路。

因此,从1955年开始,穆青便集中一切力量来提高分社的业务水平,打开稿件出路。在这方面,他紧紧掌握提高稿件质量一环,埋头钻研业务。稿件质量上去,见报率就提高了,这样有助于提升记者做好新闻工作的信心。

穆青认为,这样做只能让记者们了解自己的光荣职责,还不能从根本上解决记者事业心的问题,因为认识到自己工作的意义和作用,对每一个记者来说,是最起码的要求,他们绝不应该满足于此。记者

---

① 穆青.穆青论新闻[A].穆青.在分社领导岗位上.北京:新华出版社,2003,第50页.

不仅要求能够看到自己劳动的作用,更要求在工作中自己不断地得到提高,而后一点倒是更为重要的。

事实上,记者们在工作中经常考虑到自己的前途问题也是必然现象,有记者说:"老是这样三五百字,实在没干头。"或者说:"四五十岁以后,跑不动了,怎么办?"这些看法多少反映了记者们要求提高的迫切心情。

针对记者"三五百字,没干头"的思想,穆青开展提高采写效率,提高稿件时效,写好短新闻竞赛活动。脍炙人口的新闻名篇《上海把最后两辆人力车送交博物馆》就这样诞生了,原文如下:

(新华社上海 1956 年 2 月 25 日电)上海市交通局今天把上海的最后两辆人力车送给了博物馆。原来的人力车工人曾为此自动集会庆祝,感谢政府替他们挖了穷根,帮助他们走上新的生活。

人力车最早出现在日本,远在 1874 年,上海也有了这种交通工具。解放前夕,上海约有五千多辆人力车,七千多人力车工人。解放后,政府在发展公共交通建设的同时,有计划地帮助人力车工人分批转业。有些人力车工人已经被训练成为汽车驾驶员或技术工人。有的回农村参加农业生产,没有劳动力又没有依靠的老年工人进了养老院,63 岁的姜威祥,拉了五十多年人力车,穷得一直不能结婚,现在他正在养老院里安静地度着晚年。①

这是一篇精练的好新闻,通过一个事例,读者可以清楚地看到上海市飞速变化的一个侧面。从 1874 年上海就有人力车了,80 年来,在旧的、罪恶的城市,多少人力车工人在这种劳动中流尽了最后一滴血汗。而新中国刚成立的几年中,这种情况已改变了。有些人力车工人成为汽车司机,一些汽车代替了人力车。"把最后两辆人力车送进博物馆",这就意味着人力车将一去不复返了,这是多么令人兴奋的事

① 丁世义编著.中国社会新闻选评[M].北京:中国工人出版社,1993,第 171 页.

实,给人的印象是多么的强烈。

这条新闻简练及时,全文只有 280 字,而且导语是用"今天"两字来标明时间的。

消息受到总社表扬后,穆青又带领着记者在新闻写作上下功夫。在一两百个记者的相互竞赛中,如何写得又快又好,便是这次考试的主要要求。

竞赛开始后,穆青就十分注意稿件质量,强调用生动的事实,新闻角度,形象的现场描写和一些能充分体现政策思想的材料来写。因为他知道,不这样便不能在全国一片报喜声中,反映出上海的特点和深度,但应该承认,写的又快又好不是件容易的事。

为了做到尽可能写好,虽然时间紧迫,记者们急得满头大汗,但穆青还是反复进行了修改或重新改写。有些重要的稿件,穆青总是采取集体写稿的办法,由三四个记者一起逐段逐句研究着写出来。这种办法看起来费事,实际上的确可以做到又快又好。因为所有稿件的主题、内容,事先都讨论过,每个记者都心中有数,现场材料也是集体采访,为了争取时间,大家围拢来你想一句我想一句,相互比较研究,遇到废话和陈词滥调就马上砍掉,而选择最好的事实、最好的词句和表现方法,这样比一人苦苦思索要容易得多。特别是在时间紧迫的情况下,一个记者往往会愈急愈写不出新闻来,大家在一起,就无形中增加了智慧的力量,困难减少了,信心就会增强,稿件就自然写得比较顺利了。

穆青认为,"过去,我们往往把写稿看得比较简单,所谓集体创作,就是记者把采访来的材料交给执笔人就算完事了。事实证明这不是一个好办法,因为它没有真正发挥集体的智慧。执笔人有着他自己的看法,别人的材料往往用上的不多,非执笔人交了材料完事,仅仅起了材料员的作用,没有责任感,对稿件写好写坏帮助不大。这次我们用集体写稿的方法,一般来说保证了稿件的质量。"

经过这次新闻写作比赛,上海分社发表了一些有影响的稿件,如《访问荣毅仁》、《工人文化宫的新客人》、《书店里的新顾客》等稿,都从不同的角度反映了上海的实际,宣传了党的政策。

人还是那些人,事还是那些事,只是管理者参与其中,记者们的信心就大增。在他看来,像上海这样的大城市里,多想些新闻点子,把报道质量进一步提高是有可能的。

这就是穆青,在一定的阶段提出一定的奋斗目标,使大家方向明确,总感到前面有奔头。这样一步一步地朝前走,走了一程又一程,使记者永远保持一股前进的朝气,看到新闻工作的道路不是愈走愈窄,而是愈走愈宽。

寻找新闻报道的奥秘

作为分社领导人,穆青把自己"永远放在记者之中",从不把自己看作是"高出记者之上的人"。他和记者一起摸索、讨论,一起采访,写稿,其目的是为了寻找新闻报道的奥秘。

穆青在《发稿手记》中写道:

写新闻最基本的一条就是要用事实说话,最忌满纸抽象的概念和议论。一般来说,这种概念加例子的写法,只能用之于论文或工作报告,如果拿来写新闻,不妥。新闻本身就是事实,它的最大特点就是通过各种事实,来表达一定的主题思想,根本不需要再附加任何例子来证明。如果例子本身是很能说明问题的事实,那么就应直截了当地把它写出来,甚至写在最前面,更不应该把它当作例子摆在次要的从属地位,而让那些概念压在它的头上。[1]

在新闻写作中,穆青反复阐述吴冷西对新闻写作的八条要求:

第一,用事实说话。用充分的事实来体现一定的政策思想,而不是用记者的口吻去大发议论。

第二,事实要精炼。新闻所报道的事实是经过分析、挑选综合起来的事实,去掉了次要的不完全能说明问题的材料,采用了精炼的、最

---

① 穆青.穆青论新闻[A].穆青,发稿手记.北京:新华出版社,2003,第23页.

典型的、有说服力的、能体现党的政策思想的事实。

第三,事实安排要"开门见山",即将最重要、最新鲜、最吸引人的事实放在最前面。这样才能中心突出,才会给人以鲜明的印象。

第四,逻辑清晰,条理分明。不是杂乱无章,漏洞百出。如果仅仅注意把最重要的事实放在最前面,而后面堆砌了一大堆杂乱的材料,互相矛盾,那就是一篇坏新闻。

第五,交代背景,说明意义。新闻要交代背景,以事实说明意义,使读者看了新闻之后,感觉新闻中事物不是孤立的和不可理解的,而是能看出这一事物周围环境的关系。

第六,生动活泼,饶有风趣,为群众喜闻乐见。所谓生动活泼是指内容有很生动的事实,使读者能够在我们的新闻中得到更多的知识,并能培养读者的高尚的情操。

第七,文字简洁、确切、优美。反对陈词滥调,废句废词,僻词僻字。所谓确切、优美,就是表达意思确切,文体优美。

第八,迅速及时,要写得快,写得及时。如果只注意讲究上面7条,而结果一篇新闻写一两个月,那就不成其为新闻了。①

提高了记者写作方面的技巧,接下来就探讨新闻线索的问题,穆青是从以下三个方面着手:

首先,在分社采编人员中发起了"关系大排队"的业务活动,重点是一项项排出最近党的有关方针政策,排出上海的实际情况,分析记者所采访的各行业、各项工作之间有什么样的相互关系和相互作用,从中指出近期的报道思想和具体线索、题目。

其次,倡导举办不定期的"问题晚会",是记者以非正式的会议形式聚在一起,相互交谈讨论最近分工报道范围内出现的新问题,通过讨论,选择出最有现实意义的重要问题组织报道。

此外,还有一种形式叫"点子会"。就是运用群众力量帮助记者的有效形式。某个行业报道平平淡淡,某个记者遇到困难,就开个点子

---

① 吴冷西.吴冷西论新闻报道[M].北京:新华出版社,2005,第67页.

会,大家出主意,使遇到困难的记者茅塞顿开,大受其益。①

在与记者反复探讨交流中,穆青一旦发现"值得经营"的稿件,往往没日没夜不厌其烦地,从报道角度到遣词造句细细推敲、修改。一篇稿件修改三五遍甚至六七遍是常有的事,记者也不含糊,常常和他"只字必争"。渐渐地,分社发出的稿件成了总社编辑部的"名牌",不少稿件被中央和上海的多家报纸争相采用。

于是,记者的工作热情越来越高,报道思路日趋活跃、开阔,不再局限于报道党的中心工作和重要政策的宣传、阐释,而把眼光放在了更加广阔的社会层面上,放在千千万万个普通群众身上,写他们所思所想所关心的人和事;写对一些新问题、新事物的分析、评论和综合报道。过去不敢或者很少涉及的社会新闻,他们也做了有益的尝试,先后采写了《"梁山伯"结婚了》、《大姐们的婚事》、《被旧社会遗弃的人》、《恶媳妇逼死婆婆》、《四千多个遗失东西的人在上海领回了失物》等脍炙人口的稿件。人们从这些平凡小事和普通群众身上看到了新社会的惊人变化,从中受到启迪和教益,在全国引起强烈的反响。有的稿件在发表时同时配发了评论,有的被读者所称颂。这些成功的尝试,无疑是得到了穆青的鼓励和支持。分社报道工作的沉闷空气从此一扫而光。

随着稿件采用率提高,报道思想活跃,记者的心情开朗了,干劲越来越大。那时的上海分社办公室几乎成了"不夜城"。大家不约而同,不管有家的和没有成家的,吃罢晚饭都往办公室跑,或写稿、改稿,或研究报道。有了好的题目巴不得连夜赶写赶发,经常一天工作十来个小时,没有人叫苦叫累。

作为分社领导的穆青也和大家一样,寒冬腊月,上海的天气有时滴水成冰。办公室里没有火炉,没有暖气,大家穿着厚棉袄、皮大衣,戴着棉手套,晚间照样到办公室写稿不止。②

---

① 穆青.穆青论新闻[A].北京:新华出版社,2003,第36~40页.

② 高洁.送穆青同志远行[A].郑德金主编.难忘穆青[C].北京:新华出版社,2005,第206页.

培养记者独特的风格

在总结分社的成功经验时,穆青认为,思想工作是一切工作的基础;没有这一基础,不管分社的工作条件和干部条件怎样优越,要想做好分社报道工作,发挥记者的积极性创造性,是根本不可能的。

那么,什么是思想工作呢?穆青的解释是:所谓思想工作,范围很广,内容也极为复杂。根据实践结果来看,通过日常工作抓住以下三个方面,经常地进行思想教育,是有好处的。

首先,培养记者的高度事业心。这是思想工作最根本的一条。但要解决这一问题,不能仅仅空洞地谈论新闻工作的重要意义,而必须让记者在实际工作中能够真正看到工作的成绩和作用。做不到这一点,正像记者常常说的那样:"我们的工作是重要的,但我们的稿子是没有人要的。"

为了解决这个问题,穆青集中一切力量来提高稿子质量,让大家埋头钻业务,与兄弟媒体比差距,在差距中寻找自己的不足,通过举一反三的评新闻,改新闻稿,提高了稿件的见报率。他通过这些具体业务的指导,让记者们了解自己的光荣职责,有助于坚定大家做好新闻工作的信心。

其次是发挥记者的积极性。穆青认为,要发挥记者的积极性,重要问题之一在于全面地了解记者,并能够做到正确地放手使用他们。一般地说,经过多年长期的共同工作,对记者的了解虽不能说了如指掌,但他们的长处、短处以及性格上的特点,大致都能掌握得住。这样就有可能根据每个人的长处,来放手地使用他们。在工作中尽量地发挥他们的长处,并帮助他们克服自己的缺点。从记者的培养提拔、分工等大的方面,到一个具体任务分配,都要考虑这些方面。有时候我们根据记者的长处去分配工作,使其得心应手,任务完成得很好,情绪非常高。但有时候,我们也有意根据记者的短处,交给他比较困难的任务,然后,再派人去帮助他共同完成,使其在苦难中得到锻炼,逐步克服自己的缺点。这样就会使记者们亲切地感觉到领导重其所长、补其所短,了解他们,重视他们。

　　当记者们有了一定的事业心,发挥出积极性之后,穆青思想工作第三个重要方面,便是如何在这一有利的条件下,培养大家的集体主义精神,发扬事业上的集体荣誉感。①

　　在上海分社,穆青试行合作互助来培养集体主义精神,让大家在合作的过程中,更容易了解彼此的长处,一遇到问题,就会主动找合作伙伴商量,在商量的过程中增进友谊。这样久而久之,大家便自然地感觉到互助的好处,感觉到每个人的背后,都有一个集体的力量在支持着自己,而这个力量,可以克服一切自己所不能克服的困难,推动自己在工作中很快提高。

　　在谈到分社基本业务建设时,穆青强调要培养骨干记者,他说:"几年来,上海分社调出了大批老记者,形势迫使我们不能不迅速地培养业务骨干。我觉得一个较大的分社,如果没有一批骨干独当一面地考虑问题和带头实践,那么再有本领的社长,也必然难于应付,甚至往往会顾此失彼,不能冷静地考虑一些重要的问题。因此,在干部经常变动的情况下,我们始终没有忽视过培养骨干的工作。除去现有的骨干之外,在每一个报道方面都注意做好必要的人才配备。"

　　穆青认为,培养骨干不同于培养一个新的记者,他们需要更高的水平和更多的锻炼。特别重要的是,他们必须熟悉情况,熟悉他们所负责的报道业务。因此,除一般的政治和业务上的提高外,还必须注意以下三点:

　　其一,分工要比较固定,不要经常调来调去。这样可以使其长期熟悉某方面的情况和报道业务,逐步成为内行。有了这种本钱,他才可以"熟能生巧",掌握一个方面。

　　其二,领导对他们必须放手使用,大胆信任。在日常工作中只要没有什么大的问题,应放手让他们独立负责,发挥他们的积极性和创造性。他们做对的应予以支持,做不好的再具体帮助。这样才能树立

_____

① 穆青.穆青论新闻[A].北京:新华出版社,2003,第67页.

他们的责任心,培养他们独立思考的能力。

其三,应适当地加重他们的责任,多给他们一些锻炼的机会。这一点非常重要。平常我们总是鼓励一些记者大胆挑担子,能挑 80 斤的往往给他 90 斤或 100 斤的重担。这样,他们虽然挑起来十分吃力,但会因此而兢兢业业,很快地锻炼出本领。

在培养骨干记者的同时,他平时也很注重对记者进行新闻写作的基础训练。他说,新闻写得好不好,直接关系到我们工作的成败。我们要集中力量埋头研究短新闻的写作问题,研究新闻的特点和新闻的表现方法,从成功与失败之中吸取经验教训,端正大家对新闻的认识,锻炼记者写作的能力。

他采取的方法:一是集体研究,比较重要的稿件都经过大家认真推敲,找出最好的表现方法。二是破除一切写作上不应有的清规戒律,放手让大家发挥创造性,大胆尝试各种各样的写法,即便是十分不成熟的或者失败了,也决不灰心丧气。三是学习中外一些写得好的新闻通讯,目的在于掌握新闻武器的性能和它的特殊规律,然后去运用它,发展它,反对机械地模仿别人,或仅仅学其表皮。

这样,不仅让记者会写新闻,而且还要会写评论、通讯、特写、小品文、游记,等等,十八般武艺,至少都要略知一二。这些都是做记者的看家本领,只有把这一套技术训练好了,才有可能在此基础上去树立各自独特的风格,也才会有灿烂的文采。

厘清领导和记者的关系[1]

作为分社的领导人,穆青清楚地知道分社社长无论任何时候,都应该和记者打成一片,做到同甘共苦,这样领导和记者之间才会有共同的感情。在日常工作中,记者的欢乐和困难,领导人应有同样的感受,记者所感触到的问题,也必须是领导者正在考虑的,而领导人所想

---

[1] 穆青.穆青论新闻[A].北京:新华出版社,2003,第 68 页.

的问题,也正是记者普遍关心的。这种心心相印,上下一致,对于克服领导上的主观片面和贯彻群众路线的领导方法,都有着极其重要的意义。

穆青认为,分社的领导工作,都是依靠群众来领导群众的。所谓依靠群众,也就是领导要善于集中群众的智慧和一些萌芽状态的正确要求,经过研究、分析加以系统和提高,然后再贯彻到群众中去,变成群众共同努力的方向。而不是任凭领导人一时的心血来潮,就指手画脚,发号施令。分社过去的六条倡议,及业务上其他许多措施,大多是由群众提出,并首先在群众中酝酿成熟,然后,经领导加以研究提高,付诸实施的。有些虽然来自领导,但因它代表了记者的希望和利益,所以才能得到记者的拥护,执行起来劲头很足。因此,分社领导应该认真倾听记者的意见和要求,遇事多和记者商量。如果领导能够把所有记者的头脑开动起来,那就会比一个社长强上十倍。

在领导和记者的关系问题上,穆青认为,领导必须在日常工作中,关心记者,体贴记者。一个记者,如果领导长期不找他谈谈心,不问他的工作情况,他就会很苦闷。相反地,假若记者觉得领导时刻关心着自己的工作,眼睛在看着自己,那么他就会感到有一种无形的力量在推动着自己前进。因此,领导应该尽可能知道所有的记者每天都在干些什么,他们搞到些什么精彩的线索,碰到了什么具体的困难,而不要把精力只是放在看稿上。事实上看稿改稿,只是分社社长比较简单的职责,重要的任务还在于如何帮助记者克服采写工作中的种种困难,启发他们的思想,让他们写出好稿来。领导在没有重要事的时候,最好多找记者谈谈,哪怕天南海北闲扯也是好的。特别是当记者在外面碰了钉子,受了委屈,领导应及时予以安慰和支持。遇到某些稿件引起当事人的责难,或掀起更大的社会风波,记者十分紧张的时候,领导更应该以冷静的态度,实事求是地分析问题。如果确是记者报道本身有错误,领导应首先承担责任,同时指出记者的责任所在,吸取教训,警示将来,并将错误的报道作适当的更正和处理。相反,如果记者是正确的,那就应该支持记者,保护记者的积极性,大胆地为记者进行辩护。

穆青清楚地知道,领导真正和记者同甘共苦,决不是简单的关心和体贴而已。更重要的是,当记者工作获得成绩的时候,作为领导决不能归功于自己;而当工作发生困难的时候,更不应责备任何记者。否则,都会脱离群众。多少次的事实证明,考验领导人最严峻的关头,往往不是在工作顺利的时候,而是在困难的面前。假若领导人在困难面前采取消极退缩的态度,责怪记者这也不好,那也不好,好像工作搞不好全是记者的责任,这样不仅无助于困难的解决,且更会增加记者的精神负担,增加上下级之间的隔阂。正确的做法应该是,愈当困难的时候,愈要领导人亲自带头打开局面,鼓舞士气。他曾有这样的例子:有次分社的报道工作遇到很多困难,好稿很少,记者愁眉苦脸焦虑不安。开始时,穆青也一样不够冷静,后来觉得这样不是办法,他便集中了分社主要骨干带头去打开局面。果然,经过一个时期的努力,记者首先写出了《被旧社会遗弃的人》,接着又在报道问题方面摸出了一条道路。这样,才完全扭转了当时不景气的局面。

如何才能做到这一点呢? 穆青认为,领导首先要不离开业务。自己必须抽出些时间,采写稿件;不要只动口,不动手。你不参加采写,你就无法了解记者在实践过程中的许多具体问题,难以体会记者的要求和感情。记者向你要办法,而你一不了解情况,二没有实际摸索,除去几条原则之外,别无他物。这样,就不能满足记者,久而久之,必然要脱离群众,无法领导下去。

领导者的任务主要是出主意、用干部,只要真正做好了这两点,就算尽到了领导的职责。

"反右"时期彰显人格魅力

1957 年 4 月 27 日,中共中央发布《关于整风运动的指示》。《指示》指出,为了适应我国由革命时期转入建设时期的新形势,为了克服近几年来党内新滋长的脱离群众和脱离实际的官僚主义,有必要在全党进行一次普遍深入的整风运动,以提高全党马克思主义的思想水平,改进作风,适应社会主义改造和社会主义建设的需要,更好地调动一切积极力量,团结一切可能团结的人,为建设一个伟大的社会主义祖国而奋斗。

《指示》下达后,毛泽东邀集民主党派人士进行座谈,讲明整风的意义,表明共产党的真诚态度,欢迎民主党派和无党派民主人士帮助共产党整风。

尔后,中共中央统战部广泛向民主党派负责人和无党派人士征求意见。张奚若坦陈批评党内滋长了骄傲情绪,表现出好大喜功,急功近利,鄙视既往,迷信将来。

陈叔通提出:"矫枉必须过正"是否永远是金科玉律,值得怀疑!希望领导上认真总结一下。

刘斐、杨明轩提出,党政应该分开,不能以党代政。

熊克武等提出,发扬民主,健全法制,抓紧制定民法、刑法和各种单行法规,等等。

但在征求意见中,也有极少数人攻击说共产党已经进退失措,社会主义制度不如资本主义制度,历次政治活动失败的居多,要为反革命"平反"……

特别是在"轮流坐庄"、"海德公园"等言论出来后,毛泽东说:他们这样搞,将来会整到他们自己头上,决定把会上放出来的言论在《人民日报》发表,并指出:要硬着头皮听,不要反驳,让他们放。有知识分子说,现在是马列主义小知识分子领导小资产阶级大知识分子、外行领导内行。毛泽东听了颇为愤怒,下了"反击右派"的决心。①

于是,中共中央主席毛泽东为中共中央起草党内指示《组织力量反击右派分子的猖狂进攻》。《指示》要求各省市机关、高等学校和各级党报都要积极准备反右进攻。《指示》认为:"这是一场大战(战场既在党内,又在党外),不打胜这一仗,社会主义是建不成的,并且有出'匈牙利事件'的某些危险。"

1957 年 7 月 9 日,毛泽东在上海干部会议上作《打退资产阶级右

---

① 李默主编. 新中国大博览［A］. 广州:广东旅游出版社,1993,第 218 页.

派的进攻》的讲话。他说:"这次反右派斗争的性质,主要是政治斗争,右派的老祖宗就是章伯钧、罗隆基、章乃器,发源地都是在北京。"他认为:"大字报是个好东西,我看要传下去。"

随后,中共中央转发北京市委《关于反右派斗争情况的报告》。《报告》反映,到8月7日止,北京市已发现右派分子7511人,已在大小不同的范围内重点批判3529人,占右派总数的47%。北京各高等学校共发现右派分子4230人,占高校总人数113213人的3.74%。教授中右派分子192人,占教授总数1390人的13.8%,其中重点批判108人,占教授总数的8%。①

面对单位自查"右派"的指标,穆青感觉到前所未有的压力。他在给上海市委宣传部的报告中说:"总社也曾指示,如果有一些分社没有右派分子或资产阶级右倾思想不严重,为了集中思想搞好报道,可推迟整风时间。故编委会决定先集中力量完成报道任务,然后在报道任务稍稍缓和时再动员全社召开进一步的整风运动,彻底批判右倾思想。"②

这样,上海分社暂时获得平静,记者们的全部精力放在运动的报道上。

事情是不以人的意志为转移的。9月2日,中共中央发出《关于严肃对待党内右派分子问题的指示》。《指示》批判了一些同志在反对党内右派分子斗争中的严重温情主义,说他们对同党外右派分子政治面貌完全相同的"党员",往往姑息宽容,不愿意把他们划为右派,特别是对一些应该划为右派的老党员,更加惋惜,心软,下不了手,这是完全错误的。

次日,中共中央上海市委第一书记柯庆施在上海人代会上强调:辨明大是大非,锻炼大智大勇,摆事实讲道理是教育群众、打击右派的有效方法。③

---

① 李默主编. 新中国大博览[A]. 广州:广东旅游出版社,1993,第223页.

② 张严平. 穆青传[M]. 北京:新华出版社,2005,第150页.

③ 李默主编. 新中国大博览[A]. 广州:广东旅游出版社,1993,第228页.

迫于形势的变化,上海分社不得不召开编委会和支部委员会联席会议,成立了上海分社整风领导小组,穆青任组长。

9月11日分社召开全体人员大会,穆青做动员报告。会后开始"鸣放",到10月上旬,分社院内共贴出大字报281张,意见726条。

大字报对分社张家炽发难。张家炽早年曾是清华大学学生运动的领袖之一,1948年被国民党逮捕入狱。北平解放后,他从监狱出来,到《人民日报》工作,1951年调入新华社采访部。穆青来上海后,点名他与同在新华社做记者的高洁双双调入上海分社。

大字报揭发的事实是:张家炽早年与胡风很熟悉,曾在胡风家住过一晚上,必与"胡风集团"有联系。

大字报还对分社记者徐中尼发难,理由是他的那篇通讯《访上海资本家荣毅仁》对"资本家的美化"。

大字报还对工业组的一位记者进行揭发,说他对"江湖医生"做过不当的宣传,与他同样做了错误宣传的还有《上海新闻报》一位记者,反右开始不久那位记者就被打成右派;而分社这位记者,穆青请大家反复讨论,认为他是工人出身,党培养他当了记者,对党没有仇恨,犯错误是一时糊涂,是认识问题,不属于右派。

进入汇报阶段,穆青放下手头的一切工作,把分社整理出来的三个人的材料拿来,从头到尾一字一句反复推敲,他尽量把可能引起注意的词句统统处理得没有歧义。

材料报到上海宣传部,宣传部专门召开会议,讨论各单位的上报材料。当讨论到上海分社时,副部长白彦说:"这三个人都不够条件。"

部长石西民接话:"新华社上海分社没有(右派)就算了。"

穆青多少年之后都忘不了石西民的那句话。恩若救急,一芥千金。

石西民,1928年参加革命、曾任新华社副总编辑,在危难时机不落井下石,让穆青一生感动。

时任新华社广东分社社长的杜导正在晚年回忆说:刚开始打右派,我也想不通,等到铺天盖地的大字报一上来,说:"杜导正,广东分社没有右派就因为你是右派。"我就动摇了,被逼下去了。这里面有个人利害问题,我不划他,别人就要划你。结果我签字划了四个右派,四个最优秀的记者。我佩服穆青,他是冒着个人被打成右派的风险,而我没有顶住。①

　　这就是穆青,在 1957 年那场风暴中,全国上上下下高唱左调的时候,他能如此冷静、正确地处理问题,顶住逆潮,并获得上级的认可,从而保护了大批险遭厄运的同志,这种不顾个人前途命运,勇于担当责任的行为,彰显他的人格魅力。

---

① 　张严平.穆青传[M].北京:新华出版社,2005,第 153～154 页.

第五章　激情与理智

清醒面对"浮夸新闻"

为了领导社会主义建设的全面展开,党中央于1958年正式制定了社会主义建设总路线。具体内容是:"鼓足干劲,力争上游,多快好省地建设社会主义。"而"大跃进"和"人民公社"则是贯彻总路线的具体方略。

1958年4月,穆青由上海分社调回新华总社任国内部主任。

穆青从上海回到北京不久,河南遂平县嵖岈山卫星农业社成立,这是我国最早成立的农业社。6月12日,《人民日报》刊登了由新华社播发的河南省遂平县嵖岈山2亩9分地小麦,总产10238斤,亩产3530斤7两5钱。这是新中国成立以来的第一个"浮夸新闻"。

所谓"浮夸新闻"是指伴随"大跃进"时期"浮夸风"产生的特殊的新闻报道现象,报道不按新闻真实性要求,不按客观实际,歪曲客观事实的报道。当时以《人民日报》为代表的各种报刊争相报道"浮夸风",吹出的粮食亩产万斤、超万斤,大放"卫星",连出"状元"的"新闻"报道,违背了新闻真实性的两个基本方面即客观性和准确性。

采写这篇消息的新华社记者方徨在许多年之后的一篇文章中写到:

1958年6月初,我当时在新华社河南分社当记者,突然接到信阳地区地委秘书赵光打来的电话。在电话中他说:"嵖岈山夏季小麦大丰收,出现奇迹啦!"

接到电话的第二天,我就匆匆乘火车赶往遂平县。下车后找到县委,可县委机关只留了几个留守人员,其余的人都下乡参加麦收去了。我原想在县里了解一些面上的情况,然后再去嵖岈山,看来计划落空了,就决定直接去嵖岈山。嵖岈山农业社离县城有将近六十里路,通往嵖岈山的还都是崎岖山道,我一个女同志背着行李又无人领路,独自一人走这么远的路,实在有点胆怯。我请县里的同志帮忙找一辆顺路车或找个同路人相伴去嵖岈山。可是县里同志为难地说:"哎呀,现在各机关的人大半都下乡了,到哪里去找车找人呀。"我一听,心想求人不如求己,歇息一夜,第二天一早就踏着露水一个人上路了。

在我来之前,嵖岈山农业社有五亩多小麦平均单产两千多斤,也够高的了,这次赵光打电话让我来,是因为又发现了一处两亩九分地高产试验田,平均单产可能超过三千多斤,这在当时全省已发现的小麦高产纪录中是最高的,是了不起的奇迹,要我好好宣传报道一下。

我听到这个消息确实也很兴奋,但我也摸不准一亩小麦最高产量究竟能达到多少,按照我过去采访农业新闻时所获得的知识,解放前小麦平均亩产百十来斤就算是很好的了,解放初期平均水平是二三百斤,能达到五百斤左右就是大丰收了。如今一亩麦田产量在三千斤以上,相当于500斤水平的麦田有七八亩,这是多么令人兴奋的消息呀!盲目的兴奋感和幼稚的荣誉感几乎使我一夜未眠……

我到达嵖岈山,小麦已从地里割下来,宽大的打麦场四周,高高地垛着好几大堆金字塔形的麦垛,在阳光直射下发出耀眼的金光;靠麦垛一溜边排列着装满麦粒的鼓鼓囊囊的大麻袋;场地中央还铺着厚厚一层等待复打的麦秸……偌大的打麦场与附近已收割还未收割的田野、甚至整个村庄的上空,都弥漫着一阵阵熏人欲醉的麦香,确实是壮观,让我激动。

当天晚上,社员们高悬着的几盏汽油灯,把打麦场照耀得如同白昼,开始脱粒。我也奉陪了一夜,在场上找干部、找社员谈,等待最后的数字。第二天上午,脱粒的最后结果公布了:二亩九分地小麦总产10238斤,平均亩产3530斤7两5钱。这是当时全省小麦单产最高纪录。我当时就发了一条消息,随后通过新华总社在《人民日报》上刊登了。①

随后,全国报刊报道粮食高产的"浮夸新闻"令人目不暇接。

湖北孝感县长风农业社刚刚创造了1.21亩早稻15361斤的世界高产纪录,比它更高的纪录又不断涌现出来了。湖南陵县鳌仙农业社的1.43亩试验田亩产早稻15665斤,安徽枞阳县高丰农业社的1.042亩试验田亩产16227斤,湖北麻城县平靖乡第二农业社的1.01亩试验田亩产16260斤……

8月13日,新华社报道,湖北麻城县建国一社出现"天下第一田",早稻亩产36956斤。福建省花生亩产10500斤。《人民日报》为此发表社论《祝早稻花生双星高照》。

8月17日,《人民日报》报道,福建英湖社花生亩产13241斤。

8月18日,新华社报道,河南火箭一社玉米亩产12875斤。

8月29日,新华社报道,湖北长春社中稻亩产43869斤。

9月5日,《人民日报》报道,广东省北部山区连县1.73亩中稻平均亩产60437斤。

9月6日,新华社报道,山东光明农业社玉米亩产27312斤。

至9月25日,见诸报道的小麦亩产最高的是青海柴达木盆地赛什克农场第一生产队,为8586斤。稻谷亩产最高的为广西环江县红旗人民公社的130435斤。此间,《人民日报》连续发表社论,批判"条件论",指出"没有万斤的思想,就没有万斤的收获"。②

当时的新闻界,已经不讲新闻的真实性,他们首要的任务是讲政

---

① 张严平.穆青传[M].北京:新华出版社,2005,第161~163页.

② 李默主编.新中国大博览[A].广州:广东旅游出版社,1993,第263页.

治,相信各级党委所说的一切话,这种"从众效应"让大多数人失去了理性。从众效应是指个体受到群体的影响,会怀疑并改变自己的观点、判断和行为,朝着与群体大多数一致的方向变化。

穆青作为国内部主任,也签发了许多"浮夸新闻"。忽然有一天,他在报纸上看到一张新华社发的图片,一个小孩子站在地里已经结穗的稻子上。图片说明水稻密不透风。穆青突然感觉有点不对劲,那只在脑海中一闪而过,他并没有去深究。

直到有一天,广西分社发来一篇稿子,报道广西鹿寨县日生产二十多万吨铁,国内部一位工业编辑有所怀疑,把这篇稿子送到了穆青手上。穆青看到稿子,也感觉这个数字太高了,让人无法相信,他决定去请示当时分管生产的副总理。

这时已是晚上 11 点钟,他和国内部的编辑一起坐车,直奔薄一波驻地。

薄一波还没休息。穆青说明来意,并表明自己的看法,他说:"不能再发了! 再发,没人相信了!?"

薄一波看过稿子,皱着眉头在屋子里走来走去,足足有 20 多分钟没有说话。最后他说:"我也没权,这篇稿子你们先发,以后的稿子我请示中央后答复你们。"这篇稿子当晚发出。[①]

从这以后穆青开始冷静下来,他要求国内编辑开始扣压来自基层的浮夸的稿子,但是省里的稿子还是不敢压。

此时的穆青心情极为痛苦、内疚,他意识到自己包括新闻界在这个问题上犯了错,甚至从某个角度讲是不可饶恕的罪。他曾痛心疾首地说,这是他干下的一件坏事。

反思并不能解决温饱问题。这个时候,新华社每一个人包括他和他的家庭也正在吞噬着"浮夸风"之后的恶果。

社里的食堂,现在已是巧妇难为无米之炊,缺米少面。很多人闹浮肿病,腿上、脸上一按一个坑。无奈之下,总社号召全社人员自力更

---

① 张严平.穆青传[M].北京:新华出版社,2005,第 165 页.

生,搞粮食的代用品,打树叶子交给食堂,制作一种据称是高级营养品的"叶蛋白"。

穆青和大家一样经常背着一个麻袋,拿着一根竹竿去外面打树叶。这样的感觉常让他回想起小时候拿着竹竿在春季里采摘槐花的情景,不过,现在他可没有小时候的那般无忧无虑。

城里的树叶打光了,他们就跑到几十里路外的郊区去打。有一次,他和国内部的编辑跑到广安门外,一连去了两天,走了很远的路,沿途的叶子都被人打光了,最后好不容易打了一麻袋,拿回去一试根本不能吃,苦得很。就这样大家辛辛苦苦地忙碌着,"叶蛋白"始终也没做出来。

正值中年的穆青,有一家子张口吃饭的人。四个正在长身体的孩子,他的父亲、母亲,一个保姆,加上他和续磊共有九张嘴。尽管这时候他已经是新华社副社长,一个月有28.5斤口粮,几斤鸡蛋,几斤黄豆,一斤糖,算是特殊待遇了,但日子依然艰难。一天三顿常常就是水煮萝卜缨子。有一段时间,续磊在中央党校学习,享受大学生待遇,每月粮食定量32斤,比穆青还多3.5斤,她就省吃省喝把余下的粮票补贴给家里。母亲也是顿顿舍不得吃饱,从自己的嘴里省给四个孙子。穆青看着这一家老小,一到吃饭就觉得喉咙发堵。那时上夜班,食堂会给每个人供应一个小馒头或一片面包当夜宵,他从来也舍不得吃,总是把这份夜宵包起来,带回家悄悄放在母亲的床头,母亲又悄悄给了孙儿们。

穆青还带着孩子们在自家窗前的一小块空地上种了玉米、花生,到了秋天,还真收获了好几脸盆的果实,那些天,孩子们把肚子撑得像个小面鼓。

有一次是意外收获。一个星期天,穆青带着孩子去北海划船,划着划着船里突然跳进一条小鱼,这下可把大家乐坏了。等带回家把鱼做熟,全家犯了难:这条小鱼该给谁吃呢? 大家你推我让,最后母亲执意给孩子们一人分了两口。

这期间最让穆青心疼的是他的父亲。老人患重病,到医院做了许多检查不能确诊,只说要加强营养。可那时谈营养根本就是奢侈,老人的病情日益严重。穆青四处给父亲寻药，又托人从香港买来血浆输血，一天的花费就是80元。为此，他不得不借债。母亲看在眼里，心里不忍，有一天拉着穆青的手说："乖乖，别再花这钱了，这一家大大小小不易啊！"

穆青含着泪对母亲说："妈，您让我花吧，80元我就有个爹啊！"①

可怜的父亲终于没有逃脱病魔，于1959年底病逝。去世前老人想吃一口羊肉，全家人跑遍大小肉铺、饭馆，竟然找不到半点肉星。很多年以后，穆青一提到父亲这口没吃上的羊肉，便止不住流泪。

甘为他人作嫁衣

穆青认为，一篇有思想性的报道必须跳出就事论事的圈子，它不但应该告诉读者国家正在做什么，而且应该说明为什么要这样做，这样做有什么重要意义。也就是说，通过新闻报道的事实，要能够使读者在思想上有所启发，在认识上有所提高。如果新闻报道，不能够透过现象说明事物的本质，不能从思想上政治上突出事物的重要意义，那么它只能是我们现实生活的日常流水账。因此，如何从政治上思想上着眼来选择新闻题材，如何善于从一个大的时代背景来提出问题，反映出事物的时代意义，是提高我们新闻报道思想性的一个关键。②

正当穆青为提高新闻的思想性发愁时，北京分社的记者李峰和余辉音合写的通讯《"一厘钱"精神》让穆青为之一振，他认为这是一篇体现新闻思想性的力作，但需要精心打磨。

这篇通讯前三段写的是有关工厂重视节约一厘钱、一根火柴和一分钟的故事。最后一段，原稿写的是工人们重视点滴节约，是由于他们具有爱国主义和主人翁的思想觉悟。作者认为，这样写已经由物质升华到了精神，文字也充满了激情。穆青认为太单薄了，他说："写新闻就怕孤立地记录一些现象，我们有些报道所以言不及义，就在于我

---

① 张严平.穆青传[M].北京:新华出版社,2005,第169页.

② 穆青.穆青论新闻[M].北京:新华出版社,2005,第73页.

们没有透过现象揭示它的本质,不善于把它放在一个大时代的背景下突出它新的特点和价值,也不善于通过事物彼此之间错综复杂的关系,加以分析比较来阐述它的意义,这样写出的新闻,那就只能就事论事的。这和作画一样,如果美术家离开了衬托、对比等手法,就只能画出一个平面图。写新闻没有衬托和对比,没有研究和分析,也只能是一堆孤立的现象。"

李峰经过穆青的指点,经过三天的苦思冥想,终于悟出穆青所说的孤立现象。原稿说的是爱国主义和主人翁思想,写的是作为工人们重视点滴节约的思想原因,对"一厘钱精神"的本质根本没有入题。它的本质终于被穆青点拨出来:"一厘钱精神"显示了一个颠扑不破的真理,伟大的事业要从最小的事做起。①

于是李峰又重新改写,最后将成稿一厘钱、一根火柴、一分钟、一个真理这四个小标题构成的通讯送给穆青审定时,他仔细看完后,高兴地站了起来,右手举着稿子对李峰笑着说:"这篇稿件,通过几个平常节约故事,发掘了一个重要的思想,提出了我们要用珍视一厘钱、一分钟的精神,进行社会主义建设的问题。这篇稿件没有停留在事物的现象上,它提出了勤俭治国的真理。读了它,我们得到的不是一厘钱、一分钟、一个技术问题的答案,而是一个很有启发性的思想。"

这篇通讯和《人民日报》配发的社论发表以后,全国报纸在显著位置刊登,二十多个省、市、自治区的领导机关发通知,号召学习贯彻落实。几天之内,"一厘钱精神"还先后上了中央和国务院文件,倡导发扬。在那篇通讯发表 38 年之后,新华社还播发新闻说:"在山东,'一厘钱精神'鼓舞着人们创造出一个大型工业集团。"

这充分验证了穆青的新闻思想,他说:所谓提高新闻报道的思想性,其目的就在于通过报道,来提高群众的马克思列宁主义水平和思想觉悟,激发人们建设社会主义的热情,坚定人们的革命信心,帮助人

---

① 李峰.民主定音、团结聚人——缅怀和学习穆青同志散记.郑德全等主编.难忘穆青[C].北京:新华出版社,2005,第 170~171 页.

们正确理解和贯彻执行党的各项方针政策。一篇新闻思想性高不高，发挥的作用是大是小，主要也是从它的意义上来衡量的。这就要求我们不能满足于一般的日常工作的报道，必须多从政治上思想上开拓更广阔的主题，写出一些真正是有时代色彩又有深刻意义的报道来。有人说，新闻只能有五分钟的生命，这话并不完全正确。新闻既然是时代的纪录，它为什么不能有一部分东西是具有较长时间的保存价值呢？过去有些新闻报道，现在仍有教育意义。

穆青在上海出差时，亲身感受到"一厘钱精神"的反响，他在给续磊的信中写道：

李峰、余辉音写的《一厘钱精神》在上海读者中引起了极大的反响，许多工厂企业把它作为必读文件让全体职工学习，机关干部谈起来也认为很有启发，无疑它在增产节约运动中起了很大的作用。这件事对我来说，足以感到鼓舞，不仅是有我的心血，更重要的是它反映了我前一个时期一直所提倡的业务思想。看来，我们的业务方向是正确的，它坚定了我的信心，鼓舞了我的雄心壮志。亲爱的夫人，你知道当一个人的辛勤劳动得到社会上公认，而且在现实生活中眼看着产生一些哪怕是很小很小的作用的时候，他的心情是多么的不能平静啊。作为新华社的一员，眼看着新华社的新闻在群众中产生如此深远的影响，可以想象它给我的鼓励是多么巨大。我很后悔前两年为什么那么没有精神，简直是浪费生命，现在请放心，我已彻底翻过身来了，不仅是身体上的，更重要的是精神振奋了。[①]

农业学大寨的幕后新闻

对今天许多读者而言，不知道 20 世纪 60 年代毛泽东号召农业学大寨的历史背景。对新闻界而言，目前也只有少数专家学者知道农业

---

① 张严平. 穆青传 [M]. 北京：新华出版社，2005，第 183 页。

学大寨和穆青有关。

事情要从非事件性新闻谈起。1963年,对新闻进行理论探索的穆青发现了一个很值得探讨的问题,就是过去所肯定的一套新闻写作的理论,在实际运用中某些新闻报道不完全适合。如新闻的五个要素(即五个W),把最重要的事情写在前面、在新闻中不能有议论、要用最新的事实作为新闻根据、要有概括性的导语,等等,这些原则从道理上来说,都是对的,用来指导事件性新闻的写作,也是完全适用的。但是穆青感到,还有一类新闻不能完全用这个框框去套。

如一个生产队、一个工厂的工作经验介绍,或关于一个地区某一个方面工作的综合报道、专题报道,以及一些先进人物精神面貌的报道,等等。这一类新闻,都不是以一个独立的事件为中心的,时间、地点的因素对它来说也不具备特别重要的意义。重要的倒是必须对所报道的事实和问题有所分析有所阐述,或者给予必要的形象的描写。对于这一类新闻,如果完全用前面所说的那些新闻写作的理论来要求,就会感到在很多方面往往不能适应,甚至是格格不入的。

如何把非事件性新闻写好呢? 正当穆青冥思苦想,没有理出头绪时。1963年秋,大寨遭受特大洪水灾害之后,在耕地被毁、房屋倒塌的情况下,积极开展了生产自救活动,不要国家救济的粮、钱、物。山西分社记者范银怀采写的《帮的认真,学的劲大——记虎头山下两个生产大队》通讯,被《人民日报》采用时,配发了题为《"学""帮"之间》的评论。记者康英、莎荫等合写的通讯《昔阳干部劳动成风》,歌颂了这个县、社、大队和生产队四级干部,坚持参加集体生产劳动形成经常化制度化的新风尚。《人民日报》在发表这篇通讯时,配发了题为《干部参加劳动的伟大革命意义》的社论。社论号召全国各地认真学习昔阳县的这个经验。

山西省委对分社关于陈永贵和昔阳大寨党组织加强集体主义思想教育、干部带头参加劳动领导生产,发扬自力更生、艰苦奋斗的精神,战胜自然灾害的报道,十分重视。山西省委向全省发出了向大寨人民学习的通知,号召农村、城市各级党组织要把昔阳大寨人民的事迹和经验,作为进行社会主义教育的活教材,在广大社员、干部和职工中组织学习和讨论,并贯彻到实际工作中去。山西分社为了使大寨报道发挥更大的社会效益,向大寨派驻了长期蹲点的记者,深入跟踪连续报道,目的在于增加报道的深度,扩大宣传效果。

但是,对体现什么样的主题思想,一时拿不定主意。经过记者深入采访和大家对照大寨的实际情况与多方面对大寨评论的讨论,认为当时中共中央中南局和国家计委领导同志参观大寨后,提出"大寨是'三大革命'(生产斗争、阶级斗争和科学实验)的缩影,是自力更生、艰苦奋斗的典范"的评价,是切合实际的。经过研讨,大家议定采写一篇大寨坚持"三大革命"的稿件。后来写稿时,记者莎荫把通讯题目定为《大寨之路》。

通讯写好后,寄给时任新华社副社长兼国内部主任穆青一份。

穆青仔细看完《大寨之路》初稿,心中为之一震,自己困惑很久的非事件新闻,终于有了典型案例。从新闻时效性来说,这个事迹已经过了几个月,再刊登有炒剩饭之嫌,他决定从另一个角度将通讯《大寨之路》救活。

1963年12月下旬,穆青从北京赶到太原,亲临指导。他在分社记者会上,肯定了初稿的框架和文字表述后,指出主题思想挖掘得不够深,还得充实体现主题的内容和材料。他深情地说:"只有放在当前的时代背景下认识大寨,才能充分地挖掘深刻的主题,反映大寨具有的时代精神。"他在分析全国面临的形势时,又说:"经过几年调整,国民经济已经全面好转,随着总路线、总政策和自力更生、勤俭建国这一系列路线方针和政策的贯彻执行,积累了丰富的经验,走出了我国经济建设的道路,比、学、赶、帮的运动正在全国兴起,工业战线有了大庆,农业战线还没有典型。为了推动农业战线的比、学、赶、帮运动,一定要把《大寨之路》通讯修改好。"①

---

① 范银怀.穆青指导我们写《大寨之路》.郑德全等主编.难忘穆青[C].北京:新华出版社,
2005,第256～259页.

这时,莎荫重病卧床,无法听取意见,无力动笔修改。穆青就自己动手了,他要范银怀向他提供了有关大寨资料,全部看过之后,对文章的布局、结构,每一部分的取舍提出具体意见。这时,又感到材料不足,范银怀又通过电话向昔阳县委驻大寨干部李锦荣补充了"三战狼窝掌"贾进财扫开雪地,第一个进工地的感人情节。根据穆青意见,为保留原来的写作风格,范银怀在莎荫病床前,和他一起逐段、逐句修改,写到深夜,才拿出修改稿。①

修改稿贯穿着两种思想斗争,深化了主题思想。第三部分原来是写勤俭办社,后来主要通过写农田基本建设,反映先进和保守思想斗争。在"三战狼窝掌"突出了贾进财的热爱集体、辛勤劳动的形象,在同自然灾害作斗争中反映了陈永贵的英雄气概。

穆青把记者重新修改后的《大寨之路》通讯带回北京,又和国内部一些编辑一起加工润色后,丰富了内容,突出了主题,体现了时代精神,可读性更强了。1964年2月9日,新华社播发了《大寨之路》长篇通讯后,《人民日报》在头版重要位置刊出的同时,配发了题为《用革命精神建设山区的榜样》的社论,中央人民广播电台和全国许多报纸采用了这篇通讯。新华社在"业务通报"中,对这篇通讯的评语是:"这是一篇思想性很强的稿子,它以大量的事实,反映出山西昔阳大寨大队的艰苦奋斗、自力更生的革命精神。它对广大读者起着很好的思想教育作用,在全国人民面前树立了一个学习的榜样。"此后,经过中共山西省委原第一书记陶鲁笳的推荐,毛泽东主席看过这篇通讯,让农业部长进行了调查后,作出了"农业学大寨"的指示。

从此,参观学习大寨的人潮水般涌向大寨。

从1964年全国开展"农业学大寨"运动以后,到1978年党的十一届三中全会前后,全国有记录到这里参观学习的达700多万人次,世界134个国家的25470多名外宾到大寨参观。它对全国乃至世界产生过广泛影响。

---

① 范银怀.“农业学大寨”的由来.财经.2009年第11期.

学大寨运动对于推动全国农村依靠自己力量开展农田基本建设，起过积极作用。大寨人勇于向大自然开战的英雄形象也激励和鼓舞过全国农民。党的十一届三中全会前后，大寨和全国农民一起，实行了家庭联产承包责任制。①

历史又翻开了新的一页，但人们不会忘记深入群众采访、精心写作、真实记载历史的穆青和众多的新闻工作者。

报纸是人民群众的教科书

作为新华社分管国内宣传的副社长，看到雷锋的宣传已在全国引起了巨大的反响，穆青又一次感受到新闻和报纸的威力，感觉到我们国家里学习先进人物先进思想已成为鲜明的时代风尚。穆青在工作日志上写道：

报纸是党的思想武器，是人民群众的教科书。新闻工作者的职责，就是要善于在现实斗争中，为人民群众提供丰富的教材，特别是先进人物先进思想的报道更是人民群众不可缺少的精神食粮。

雷锋的宣传启示我们，人民需要像雷锋这样宝贵的教材，需要从一些先进的活生生的形象中，吸取营养，寻找动力。因此新闻工作必须是活动的思想工作，必须善于根据一定时期的形势任务，在群众中树立先进的榜样，为人们提出前进的方向。

新闻报道不论何时何地都应该以提高群众的政治觉悟，坚定群众的革命意志，鼓舞群众的斗争热情为目的。新闻报道有没有思想性、指导性，这是一个最基本的标志。

好的新闻报道，必须在思想上对群众有所启发，精神上有所鼓舞，因此它必然是群众良好的思想教材。②

---

① 范银怀.《大寨之路》和"农业学大寨". http://hi.baidu.com/fnxdaj/item/40e561a94d3a1172 6cd455cf.

② 穆青.穆青论新闻[M].北京:新华出版社,2005,第85页.

　　到哪里去寻找群众良好的思想教材呢？穆青决定回河南老家去寻找,陪同他的还有新华社记者冯健。冯健比他小 4 岁,原名樊煦义,1925 年 2 月 25 日,生于河南新野县樊营村。父亲是乡村小学教师。1944 年,19 岁的冯健,考上了中央大学政治系。他探索救国之路,成为学生领袖,反饥饿,反内战,加入了地下党。大学毕业前夕,他到安徽采石矶镇中学教书,以开展党的工作。"樊煦义"的名字被列入国民党的通缉名单,他只好连夜北上,从此改名冯健。那是 1948 年 8 月,他到达豫西解放区后,就进入新华社中原总分社,开始了新闻生涯。冯健参加过江西分社和《江西日报》的筹建工作。50 年代,穆青在上海分社任社长,冯健在武汉新华社中南总分社当了六年多记者,1958 年他们几乎同时进入新华社国内部,穆青任主任,冯健是资深编辑、记者,他们合作很默契。

　　穆青在新华社河南分社会议室坐下,全体记者都到齐了。穆青听记者们谈采访线索和基层情况。

　　大家先后讲完了,会场内一片沉静。穆青见周原坐在角落一言不发。他深知这里的"奥秘"。

　　周原,原名乔元庆,烈士的遗孤。1928 年出生于河南偃师县一个书香世家。周原的父亲乔冠生,30 年代曾在河南《民国日报》做主笔,抗日战争时期赴延安,受到朱德的接见,参加了范长江领导的国际新闻社。他作为特派记者,参加过台儿庄、徐州大会战。1942 年在太行山区采访中被日本鬼子杀害,年仅 36 岁。他牺牲时被敌人砍去头颅,鬼子一坑埋了八具尸体。周原家几代忠烈。祖父乔竹坡,是抗日英雄吉鸿昌的至交。听说日军快要进村的消息,他不愿当亡国奴,就含恨自缢了。

　　1944 年,只有 16 岁的周原被皮定均派人接到解放区,从此周原就以部队为家,以党为亲人。1948 年开封解放后,组织上派他当区委书记,周原却选择了新闻工作,随军南下,到海南岛分社当记者。尔后,他携妻带子回到河南分社,一头扎在三门峡水利枢纽工地,风风雨雨,却不料获罪。1957 年他被开除党籍,留党察看。①

1962 年,周原被摘掉了右派帽子。恢复了记者工作,积累的力量就爆发出来,先是写出了《刘庄的道路》,在《人民日报》头版头条配社论发表。1963 年,周原又与冯健一起采访了舞阳县湾马村,写出了颂扬集体主义精神的《管得宽》,在全国引起强烈反响,被选进中小学教材。

穆青佩服周原是条硬汉子,欣赏他深入群众,善于在基层采访,并掌握着丰富生动的群众语言。当然,周原与他们有一个共同特点:对先进人物和新事物充满激情。散会后,穆青和冯健要到西安筹备分社工作会议,临走时,交给周原一个任务,叫他先到豫东灾区摸摸情况。巧妙的是,穆青没直接告诉周原,而是交代给当时的分社领导。

在兰考泪流满面

周原按照分社领导安排到豫东采访时,心里也没底儿。往哪儿寻找新闻线索?

第一站到穆青的老家杞县,一无所获;天蒙蒙亮他就跑到汽车站,登上即将启动的一辆车。车走出好远,他才问:"这车是去哪儿?"售票员莫名其妙地扫了他一眼,冷冷答道:"兰考。"

"兰考就兰考。"周原心想。

看似盲目,谁也不知这偶然中他会给中国千百万人找到什么,他也浑然不觉正走向新闻事业的一个巅峰。

周原走进兰考县委大院,迎面碰上县委新闻干事刘俊生。

刘俊生立即热情地把他领到办公室。周原喝着茶,说明来意:"我们想写一篇改变灾区面貌的报道,领导让我先探探路,打个前站,摸摸线索……"

刘俊生抢过话头就说:"兰考开展除'三害'斗争,把县委书记都

---

① 张惠芳等. 人民记者穆青[M]. 郑州:河南人民出版社,2003,第 89 页.

活活累死了!"

周原一怔,忙问:"是谁?"

刘俊生口气重重地回答:"我们的县委书记焦裕禄!"

1965 年 12 月 17 日上午,穆青他们走进了兰考县委大院。

首先映入眼帘的是县委会议室门口那颗石榴树。白花花的盐碱爬上墙头,爬上窗台,红砖墙被碱蚀得斑斑驳驳,有的地方成了白粉。而这颗石榴树却顽强地挺立着,透出昂扬的生机,叶子虽已凋落,但枝干如铁,站立寒风中,表现出一种大无畏的风骨。

会议室墙上挂着马、恩、列、斯、毛的相片,西面山墙上挂着一面老式钟,钟摆"滴答、滴答"在走动。长方形的桌子已很破旧,四面放着破旧的条椅。

此时穆青心里还平静。他已从周原口中了解到,《人民日报》已于1964 年 11 月 20 日发了新华社记者张应先等写的焦裕禄的人物消息,《河南日报》转载了这个消息,还配发了《学习焦裕禄为人民服务的革命精神》的社论。

县委副书记、县长张钦礼因主抓除"三害",常陪焦裕禄下乡,对焦裕禄了解最多;还有县委新闻干事刘俊生、焦裕禄的秘书李忠修等,一说起焦裕禄都声泪俱下。

穆青看到了焦裕禄在花生地里披衣拔草、锄地的照片;看到他披衣与刚栽下的小桐树苗儿微笑合影。穆青望着他那深沉的充满自信和希望的目光,心里感叹:这是一位普通劳动者的形象啊!

刘俊生说:"焦书记不爱照相,并指令镜头要对着群众。这是给他拍下的仅有的照片。焦书记与群众同甘苦,共患难,群众栽树他培土,群众挖河他挥锨,群众身上有多少泥,他身上也有多少泥⋯⋯"

刘俊生又从箱子里取出用报纸包着的一双鞋、袜,说:"焦书记穿了多年的一双破棉鞋,已经不能再穿了,可他系上鞋带,又穿了一冬;这双袜子是他亲自补的补丁⋯⋯他还说,咱穿的鞋袜和群众的一比就不错了。穿这样的鞋袜干起活来踏实,和群众贴得近。"

一把破藤椅是焦裕禄留下的又一件遗物。刘俊生说:"兰考除'三害'高潮时,正是焦书记肝病严重的时候,他就是坐在这把藤椅上带病工作的。肝疼得厉害时,他就用硬物顶着肝区,天长日久,藤椅顶破个大窟窿……"说着,说着,刘俊生竟像孩子一样,呜呜哭泣。

穆青抚摸着焦裕禄亲手在破袜子上缝的补丁,抚摸着那把破藤椅,和右边被老焦用硬物顶破的大窟窿,他心里不禁发颤,这不正是老焦为人民殚精竭虑、鞠躬尽瘁、死而后已的见证吗? 这是怎样一个人啊!

……每当风沙最大的时候,就是焦裕禄查风口,探流沙的时候;雨最大的时候,也是他带头冒雨涉水,查看洪水流向的时候……

穆青听着听着,眼前出现了一个个画面。他心里发热,两眼发潮。他欣赏这种乐观、幽默和战胜困难的实干精神,特别记上了这样的对话:有人问焦裕禄:"一片汪洋大水,您是咋来的?"焦裕禄抡着手里的棍子说:"就坐这条船来的!"他还十分喜欢焦裕禄生动深刻富于哲理的语言:"榜样的力量是无穷的","吃别人嚼过的馍没味道"……

一位活生生的共产党员形象越来越鲜明。

……鹅毛大雪下了一夜。焦裕禄房子里的灯光也亮了一夜。天刚亮,焦裕禄就挨门把县委干部叫醒,说:"这场雪越下越大,会给群众带来很多困难,在大雪封门的时候,我们不能等在屋里烤火,共产党员在群众最困难的时候,应该出现在群众面前!"这一天,焦裕禄硬是忍着肝疼,带着救济粮款,在没膝的雪地里转了9个村子,访问了十几户困难的群众。

焦裕禄的秘书李忠修补充说,他跟在焦裕禄身后,走进许楼村一个低矮的茅屋,屋内一对老人,男的叫梁进财,有病躺在床上;老大娘患白内障,看不见。焦裕禄一进屋就坐在床头询问病情。老人问:"你是谁?"焦裕禄说:"我是你的儿子。"老人又问:"大雪天你来干啥?"焦裕禄回答:"毛主席叫我来看望您老人家!"

"我是你的儿子!"如一道闪电撞击着穆青的心。穆青激动得热泪盈眶,这是与老百姓血肉相连的高度概括啊! 他掏出手帕擦泪,忍不住说:"一个县委书记,与老百姓的关系亲切到这种程度……"穆青想起烽火硝烟的年代,老百姓用生命保护八路军的情景,想起许多大伯大娘把自己当成亲生儿子照顾的难忘经历,一种神圣的感情从心底涌起,他觉得焦裕禄呼出了自己的心声,击中了感情的痛点,泪水一下涌了出来……

看到穆青掉泪,人们心里发热:一个老记者竟然也被感动。冯健平时善于控制自己,此时也为这样的气氛所感动,不由得掏出手帕抹泪。周原已抽泣有声……他们心灵的共振点不就在"人民的儿子"上吗?

悲壮的气氛越来越浓。焦裕禄肝癌后期在医院说出了自己的最后心愿:"我有一个要求,死后,我要求把我运回兰考,埋在沙丘上,活着我没有治好沙丘,死了也要看着你们把沙丘治好!……"

听到这里,穆青再也坐不住了,他站起来,用手帕擦着涌出的泪水,他已控制不住感情的潮水,任凭眼泪纵横……满屋的人都在流泪。他几乎是在发泄满腔的烈火,用沙哑的声音说:"立即写出来!不把焦裕禄写出来,就是咱们的失职!"

"谁写?"

"你写!"

"怎么写?"

"就原原本本地写。咱就是再笨,只要能原原本本把焦裕禄写出来,也会感动千千万万群众的!"

穆青又说:"我参加工作28年了,从没有这样哭过。这次是被焦裕禄的事迹感动了。焦裕禄精神太感人了!这是党的宝贵财富。"

穆青改变原来的报道计划,他说:"从现在起,转为焦裕禄的专题采访。今晚要继续召开座谈会,把县委了解焦裕禄的人召集起来继续谈。"

当晚,参加座谈的除了张钦礼、刘俊生、李忠修,还有除"三害"办公室主任卓兴隆,经常跟焦裕禄下乡的张士义,以及陪焦裕禄看病的赵文选等,哭声常常中断了述说。座谈会一直开到深夜……

穆青一夜难寐。寒风吹打着窗棂,黄沙悄悄落在脸上、被子上,真冷,他蜷缩一团。他想起焦裕禄的一件件动人事迹,泪水竟又打湿了枕头。

七易书稿写《焦裕禄》

在写焦裕禄时,首先遇到一个技术性问题,焦裕禄去世两年了,报纸也报道了,突然写这个县委书记,没个新闻由头……穆青一向不受拘束,他说:"管他由头不由头,事情太感人了,这就是新闻。"

接着又遇到两只"拦路虎":写不写阶级斗争? 写不写自然灾害?

这是两个很敏感的问题。

当时的大背景是,"阶级斗争"的口号喊得山响。自称"哨兵"的江青煽动抓"牛鬼蛇神",一大批文艺作品和优秀的文艺工作者陷入厄运。批判斗争扩大到哲学、政治经济学、史学领域。那时,"阶级斗争必须年年讲、月月讲、天天讲"和"以阶级斗争为纲"经常见诸报端。全国从"四清"发展到"斗争党内走资本主义道路的当权派"。批"阶级斗争熄灭论"的调门越升越高。

对于人们噤若寒蝉的敏感点,穆青表现出一种凛然大气。他有意巧妙地回避了这个问题。

穆青他们不写"阶级斗争",这不是"冒天下之大不韪"吗?

后来他说:"我们不写阶级斗争,是因为当时并没有阶级斗争的事实,你能加上去? 老百姓都没谈阶级斗争呀,相反,不管什么人,在那时都面临逃荒要饭保命的问题,哪还有什么阶级斗争呀! 你要说逃荒的人都是败坏和抹黑社会主义,那人饿死了,就不是抹黑了吗?"

冯健也极其赞同穆青的意见。他说:"当时是群众死活的问题。我们也应该从实际出发,应该尊重实际,我们不能用主观的框框,设想的框框,主观地去套客观,不能这样。"

写不写灾情和贫穷? 这又是一个禁区。不仅是新闻工作者笔下的禁区,而且也是口头谈论的禁区。

但坚持真理,实事求是,正是穆青的党性所在、胆识所在。这也正表现出穆青作为政治家的基本素质。他果断地说:"要具体描写自然灾害的情景。如果不写,就写不出焦裕禄,写不出焦裕禄领导群众艰苦奋斗的精神,看不到灾情,焦裕禄不成了堂吉诃德斗大风车了!"

敢于写自然灾害和贫困,正体现了恩格斯所说的"真实地再现典型环境中的典型性格"。

周原后来说:"没有穆青,焦裕禄这篇东西写不出来。首先是敢于突破禁区。没有人敢写饥饿、逃荒。这是一大突破;敢于不强加阶级斗争,这又是一大突破。这要有政治胆略。从政治上高屋建瓴,驾驭这个题材。"

穆青让周原起初稿。他不停地在几个房间走动,像个监工。他看到周原稿纸上有一句话:"他心里装着全体兰考人民,唯独没有他自己。"不禁击掌叫道:"好! 这样的话多来几句!"

他自己拿出日记本,记日记是他多年的习惯。而此时与其说记日记,毋宁说是写初稿。他采访很少记笔记,他有很好的记忆力。凡是感动他的东西,他都记在头脑里。

他开始写《焦裕禄》。

"我找了多少年,就想找一个典型,真正按照我们共产党的理想、追求、要求做的,那种合格的共产党员的典型,终于找到了一个焦裕禄。写这个人,我真是倾注了全部的精力和感情,我不是在写焦裕禄这个人,我是按照一个共产党员、一个县委书记的榜样在塑造他,是通过他那些事实,把他挖掘出来,表现出来。"这是穆青当时的想法。

他很喜欢这样的情节:

严冬,一个风雪交加的夜晚,焦裕禄召集在家的县委委员到车站开会,他指着外出逃荒的灾民沉重地说:"同志们,你们看,他们绝大多数人,都是我们的好兄弟。是灾荒逼迫他们背井离乡的,不能责怪他们,我们有责任。党把这个县 36 万群众交给我们,我们不能领导他们战胜灾荒,应该感到羞耻和痛心……"

多少年后穆青还说:"我为什么写车站上那么一个场景呀? 为什么焦裕禄到车站去开那么一个会呀? 讲到没有尽到责任,党把 36 万人交给我们,我们没有带着他们致富,而使他们要饭,不是我们的耻辱吗？我觉得没有高度觉悟和高度责任感的共产党员是说不出这样的话来的！"

穆青是借焦裕禄的口，讲给所有共产党员听的！

他写着写着，泪水重新打湿了日记本。

他写到贫下中农哭坟，竟不能自持。在兰考，刘俊生讲到这里，他害怕失态，勉强控制着自己，此时，他再也无法阻挡涌流的泪水……

在开封宾馆，他们写完1.2万字的初稿，随后穆青、冯健带着初稿回到北京。

穆青先向社长吴冷西汇报，吴冷西听后非常激动，决定新华社树立焦裕禄这个典型。

于是，穆青白天正常上班，处理繁杂的事务，夜晚就进入了焦裕禄的世界。正是寒冬腊月，北京的气温降到零下十几度。后半夜他如坠入冰窖里。他干脆坐在床头，用被子盖住腿和胸口，头靠在墙上，拿着稿子一遍又一遍地琢磨，困了，就势合一下眼。床头那盏旧时台灯经夜不息。他的思想感情完全融入了焦裕禄的心灵中，思路日日夜夜在兰考的百姓中间辗转，在风沙、盐碱地里奔波。

初稿写出后，穆青让冯健帮助修改。这样，前后经过七次较大的改动。比如，整段加进焦裕禄教育儿子不要特殊化、不白看戏的情节，表现焦裕禄廉洁自律的精神，说明党的一贯作风："不准任何干部特殊化。"①

原稿以"哭坟"作结尾，情节非常感人。

吴冷西看了稿子，一边流泪，一边对家人说，多少年没有读过这样感人至深的作品了。但他觉得结尾太自然主义了，悲而不壮，建议改得理智点。光有沉痛悲伤还不够，要鼓舞广大人民群众，要加重这方面的分量。

结尾决定着文章的成败，怎样写？

① 寒冰.我拍《穆青》纪录片.郑德全等主编.难忘穆青[C].北京:新华出版社,2005,第87～89页.

这时穆青和冯健颇费了一番脑筋。

穆青经过一番思索,觉得吴冷西的意见是对的,是应把基调定在悲壮上,而不仅是悲痛。哭坟就其感染力来说,可以催人泪下。而我们的主题是要在"困难面前逞英雄",如果只是悲切地一哭,无助于加强主题。激发人们发扬焦裕禄的精神,团结起来,战胜困难,更好地为人民服务,才是我们的目的。

于是作者忍痛割爱,压缩了哭坟的大"悲"。

在文章的最后增加了一部分,"他没有死,他还活着",用了一段铿锵的排比句,歌颂焦裕禄的革命精神在兰考大地生根开花的壮丽景象,使作品的思想性得以进一步提高。[①]

焦裕禄精神感动中国

1966 年 2 月 6 日,新华社向全国播发了长篇通讯《县委书记的榜样——焦裕禄》。

第一个受到震撼的是中央人民广播电台播音员齐越。他过去播录过各种重要的文章,都是一气呵成。而眼前的一万多字的通讯却有如山的重量,他竟然几次读不下去,声音由悲壮变得颤抖、发咽、哭泣,最后索性放声痛哭起来……他实在不能控制自己,只好向玻璃窗外摆摆手,示意暂停。编辑和录音人员透过长方形夹层玻璃看到从没有过的"意外",连平时最不轻易流露感情的老编辑也感动得热泪直流。

此前,齐越曾随着在新华社工作的妻子到新华社听过穆青有关焦裕禄的报告,穆青在台上流着泪激动地讲,齐越在台下热泪纵横地听,一种要播好这篇稿子的强烈愿望在心中奔涌……而眼前,愿望实现了,他必须要用自己的全部感情把《焦裕禄》播好,这是一种神圣的使命。齐越擦了下眼泪,走出播音室,深深换了口气,勉强抑制住自己情

---

① 新华社兰考采访小组.焦裕禄的革命精神教育了我们——采写《县委书记的榜样——焦裕禄》的几点初步体会.蓝鸿文等选编.中外记者经验谈[A].北京:中国人民大学出版社,1983,第 231～236 页.

绪。他重新坐在话筒前,终于以从未有过的激昂、悲壮、沉雄的感情将《焦裕禄》广播出去,传给千山万水,传给亿万听众。

1966年2月7日上午10点,中央人民广播电台向全国全世界播出了长达70分钟的《县委书记的榜样——焦裕禄》。并且多次重播,这在我国广播史上罕见。

与此同时,《人民日报》及全国各大报纸,以头版头条突出发表了《县委书记的榜样——焦裕禄》。

在新闻界,最先受到震动的还有人民日报总编室。值班副总编辑李庄和几个同志争相阅读电稿清样,未及读完,就个个热泪盈眶,一致认为这是一篇好文章,感情深厚,淳朴无华,写出了一个好干部的方方面面,叫人"摸得着"。人和事本身就生动感人。李庄他们立即赶写社论:《向毛泽东同志的好学生——焦裕禄学习》,配通讯发在一版显著位置,焦裕禄的相片就放在文章前面。

李庄还多了一种"雪中送炭"的感觉。《人民日报》自1965年10月开办了《实现县委领导革命化》的讨论专栏,全国2000多个县就有904个县委领导同志写文章,有些问题谈得很深。但为时不久,李庄感到这个专栏越办越难了。原因是姚文元的《评新编历史剧〈海瑞罢官〉》发表了,他所景仰的几位领导人受到严厉批评和处理。"阶级斗争"越来越升级,任意罗织罪名,整人的帽子满天飞。他担心会出什么事,想偃旗息鼓,但又不甘心,正在犹豫之时,《焦裕禄》给他推出个好榜样,有了好题目。

见报的第二天,人民日报总编室就接到许多电话,异口同声称赞《焦裕禄》。《人民日报》就把《实现县委领导革命化》的讨论与学习焦裕禄结合起来,内容更加充实。2月9日至3月3日,《人民日报》又接连发表了《要有更多这样的好干部》、《调查就是解决问题》、《最有力的领导》等7篇社论。

胡乔木在上海读到《县委员记的榜样——焦裕禄》之后,当晚让秘书东生给穆青打电话,表示祝贺。他说,这篇通讯写得很好,非常感人。新华社应该多发这类宣传先进典型,以榜样的力量鼓舞群众前进。他建议新华社要做连续报道。①

　　2月10日,《解放军报》发表社论《向焦裕禄学习,做党的好干部》;2月12日,《工人日报》发表社论《学习焦裕禄,彻底革命化》。与此同时,中央各部委,全国各大中央局,各省、市、自治区,各大军区,乃至各地、市、县都纷纷发文件,做出向焦裕禄学习的决定,要求党员干部学习焦裕禄。全国各省、市、自治区的报纸,各大军区机关报纷纷发表社论。焦裕禄为全国干部、共产党员树立了榜样。人们说:"看了焦裕禄不流泪的就不是共产党员!"许多县委书记都被焦裕禄的事迹深深震撼了。

　　焦裕禄深入人心。读者雪片似的信件飞到新华社、人民日报社、中央人民广播电台。全国都在谈论着焦裕禄。人们在泪水中想看看写《焦裕禄》的作者,穆青和冯健被许多单位邀请去作报告。中央各直属单位,各部委,北京各单位都来邀请。每场台下都密密麻麻坐满了人,连走道都挤满了,台下周围摆满了麦克风。

　　全国人民学习焦裕禄的热潮,由行动到心灵的深化,深深教育着穆青,他又一次感受到新闻的巨大力量。

_____

① 　张严平.穆青传[M].北京:新华出版社,2005,第209页.

第六章　在逆境中

"打倒黑帮分子穆青"

1966年,林县人民劈山太行侧、修建红旗渠的壮举,穆青早有耳闻。这次他是接受老朋友华山的邀请来到林县。华山看了《县委书记的榜样——焦裕禄》后很感动,托人带话给穆青,要他一定到林县一趟,写写林县县委书记杨贵和修建红旗渠的英雄们。①

踏着太行山的冰霜,穆青和华山来到了红旗渠工地。这时,红旗渠主干渠等工程已经修通,并经历了1965年的夏季干旱。这是多年不遇的大旱,190多天无雨,红旗渠灌溉了32万亩秋苗,又浇种了21万亩小麦。穆青来到热火朝天的工地,采访了杨贵和县长马有金,还有修渠劳模。他听到了许多生动壮烈的故事,结识采访了很多忘我劳动、不畏艰险的农民朋友。

穆青从红旗渠回来后,好多细节还来不及梳理,"文革"开始了。造反派们说他是"反革命修正主义分子"、"走资本主义道路的当权派"、"无产阶级反动权威"等。他的头被红卫兵小将扣上用纸糊制的

① 王中义、洪文军.穆青评传[M].北京:中国广播电视出版社,2004,第44页.

高帽子,脖子上挂着写有"打倒黑帮分子穆青"的标语,反剪胳膊,身体向前弯着,成"喷气式飞机"状。同台"登场"的有新华社副社长朱穆之、缪海棱、邓岗、石少华和一批中层领导干部。"文革风暴"的骤起,使他们一夜之间成为"不齿于人类的狗屎堆",被揪出示众。①

穆青很快就想到了当年延安的"抢救运动",只是眼下所发生的一切似乎比那一次来得更激烈,更残酷。

这时的新华社已经是"硝烟弥漫"。楼道里、走廊上、礼堂、食堂、临时搭建的席棚上,到处都糊满了大字报和标语:"揪出新华社内反革命黑帮!""横扫一切牛鬼蛇神!""誓将无产阶级文化大革命进行到底!"

这一天,朱穆之、缪海、邓岗、石少华、穆青等这些新华社的"黑帮"们被连续批斗四小时之久,又围着新华社的院子游街三圈。邓岗年老体弱,经不起这样的折腾,昏倒在地,批斗者们冷眼相看,无人理睬。穆青上前把他扶起来,愤怒令穆青以不低头表达内心的抗争,他立即尝到苦头,脖子上拴着标语牌的细钢丝被人狠狠地勒了几把,脖颈间顿时皮破血流,手腕也被抓扯得鲜血淋漓。

他对批斗者大声说:"这不符合党的政策!"

批斗者冷笑:"你还配要什么政策?"

穆青没有想到,这场风暴不但比延安"抢救运动"更激烈,更残酷,而且黑白颠倒、是非混淆的程度也是空前的。在"穆青是修正主义的吹鼓手、二月逆流的黑干将"的通栏标题下,他的罪状被一一罗织。

其一,他"光抓稿子,不抓脑子",是"白专道路"的典型。

其二,他是贺龙的"二月逆流"的黑干将。因为他早年在贺龙的120 师当过兵;《县委书记的榜样——焦裕禄》又刚好发表在 1966 年的 2 月,这正是与贺龙、彭真的所谓"二月兵变"遥相呼应,密谋策反的有力罪证。

其三,他一手炮制了"焦裕禄"这棵大毒草。稿子避而不谈阶级斗

---

① 张严平.穆青传[M].北京:新华出版社,2005,第 215 页.

争,却大肆描绘自然灾害,借以"攻击党的领导,给社会主义抹黑",等等。

他平时收集的一书柜中外文学名著,也被他们作为"封、资、修"的"黑货"全部拉走。屋里只剩下一张床,两把椅子,一个小饭桌。然而就是这个家也不让他们住了,造反派限令他们24小时内滚出去。

第二天,穆青带着一家人搬进了宿舍区里刚刚给建筑工人临时搭起来的简易工棚,一间半房间,黄土地面泛着潮气和霉味,地面和墙上抹的水泥还没有干。

从此,穆青开始了另一种生活。

他每天到新华社基建队接受"劳动改造",扛水泥,搬砖,挖土,打扫厕所……

他更主要的任务是要随时接受批斗,有时几个战斗组织同一天开批斗会,他就得像赶场一样,这一边被批完了,再接着去那一边继续挨批。碰到批判会密集,他竟会被当成"战利品"由几个战斗队抢来抢去,抢到的便找个小黑屋把他藏起来,以备独自"批斗"。

有次,穆青听说某个"黑帮分子"在批斗时,头皮都被红卫兵扯掉了,他索性剃光了头发,没有头发供批斗者们揪抓,他可以少受一点罪。

第一次失声痛哭

有一天,穆青患感冒发高烧,被几个人强行拉到批斗会场,他站在批斗台上,两腿发软,头上直冒冷汗,不知被批了多长时间,只觉得眼前一黑,晕倒在地。他趴在地上,已经没有一丝力气,但脑子还清楚,小儿子毛弟一身土、一身泥地扑在他怀里哭着说:"爸爸,我不要上幼儿园了,小朋友骂我是'走资派'的小'狗崽子',他们用手推我……"

上小学二年级的三儿子晓枫,因为惧怕同学的嘲讽、侮辱,已经连续三天逃学而被老师追问到家中,这时他也瞪着一双充满疑虑的眼睛问道:"爸爸,'走资派'是坏人吗?你怎么变坏人了?坏人都要死吗?"

穆青抱着两个孩子,全身都在发抖。他心里喊着:"孩子们有什么罪?!他们有什么罪啊?!"钢硬的穆青为幼小的孩子无辜受辱而伤痛,半夜,他用被子蒙住头,第一次失声痛哭……

其子晓枫在《正气千秋忆慈父——记父亲生命的最后一年》一文中写道:

在我记忆中,我和父亲相处时间最多、最快乐的时光是在"文革"期间。那时候,我们还小,不太懂得大人们的苦闷。

在那段时间里,父亲白天在单位挨斗劳改,晚上都还能回家。我们从来也没有听到他唉声叹气,也没有看到他发过脾气。日子虽然清苦,我们却苦中作乐,生活中仍然有很多的乐趣。他常常讲起当年在延安吃小米穿草鞋的情形。在"大生产"的日子里,他也种过辣椒和西红柿。父亲和母亲一起动手在家门前搭起鸡窝,养鸡生蛋,并风趣地说,这叫"自己动手,丰衣足食"。他抽的是7分钱一包的"黄金叶",告诉我们说,当年要是能抽上烟卷,是很奢侈的事情了。

我和弟弟最爱听他讲历史故事,三国、水浒、西游记;岳飞、封神、三侠五义……似乎永远也讲不完,据说很多都是他小时候听他的姑姑和说书的人讲的。父亲讲故事像他写文章一样,也是以生动的人物刻画见长,他对故事中的主人公常常投入了很深的感情让我们听得十分入迷。许多鲜明的人物形象栩栩如生地印刻在我们的脑海中,永远也忘不掉。

听他讲俄罗斯文学,也是我们的一大享受。那时,他爱看的书中有屠格涅夫的《猎人日记》、波列伏依的《真正的人》。有一次,父亲不知从哪里借到一本《远离莫斯科的地方》,读得他心潮澎湃。他对我说,将来要是当不成记者了,他就去写一部小说《远离北京的地方》。我知道,那个地方叫"红旗渠",因为我在他的一个小本子上面,看到过写作大纲和人物构思。多年以后,我才明白,写红旗渠的英雄劳模,一直是他的一个未圆之梦。①

实际上，没有人知道穆青心中的苦。"文革"一开始，造反派就将和他一起生活的母亲打成"封建地主婆"，强制遣送回河南老家，理由是抗战前老家曾经有几十亩地，对此，穆青从感情上一直无法接受。一辈子善良勤劳的母亲，先后将她的五个子女送进了革命的队伍，为什么在晚年又会遭此劫难？"文革"过后，孝顺的穆青，每年都要回河南看望母亲，直到她老人家97岁时去世。

"姐姐你来吧"

秋天，穆青一家又被传令搬到甘家口钓鱼台对面的宿舍，一间半房间，十多个平方米。续磊带着毛弟住里面小半间，穆青带着另外三个儿子住在外间。空间小，住不下，穆青就找来一块木板接在床边上，晚上他和孩子们一个挨一个横着睡在木板床上。

生活的艰难穆青已经习惯，他毕竟是吃过苦的人。最让他揪心的是"文革"运动的不断升级。眼看着从中央到地方一批又一批在他心目中德高望重的老同志被揪出来、被打倒。刘少奇成了最大的"走资派"；陶铸、彭真也成了"黑帮"。他无法接受这样的现实。在他眼里，这些人是共产党人的楷模，连这样的人都被当成对立面，那就注定了这场运动的荒谬。

然而，穆青作为"走资派"，和戴邦、方实被所在的国内部作为重点批斗对象。每次开批斗大会，都要喊出"打倒穆戴方"的口号，大字报铺天盖地。尽管造反派把他们进入新华社大楼的出入证拿走，换成了"坦白从宽、抗拒从严"的牌子挂在身上，这样才能进入新华社的大门；每次批斗大会，都要穆青出来揭发吴冷西、朱穆之等新华社领导的所谓罪行，但是，穆青硬是顶着了，他不但没有给他们贴过一张大字报，

---

① 穆晓枫.正气千秋忆慈父——忆父亲生命最后一年.郑德全等主编.难忘穆青[C].北京:新华出版社,2005,第215页.

而且在挨批斗的大会上,不管压力多大,他都默默挺在那里,一言不发。[1]

身在逆境中,穆青仍然关注新华社的业务。那年夏天,毛主席在武汉横渡长江的稿件发表后,引起了全国轰动。稿件发表后的第二天上午 10 点左右,国内部要召开批斗所谓的"黑帮"大会,会前,穆青在新华社工学楼走廊里等待挨批。当周德广路过他身旁边时,他悄悄叫住周德广。问:"小周,毛主席横渡长江的稿子是谁写的?"(他的意思是指总社记者还是分社记者写的)。周回答说:"是湖北分社记者写的。"穆青听后很有感情地说:"这篇稿件写得不错,写得好具体,也很有气势。"他停顿了一会儿说:"当记者就要站得高,看得远,写出有真知灼见的稿件来,才不会愧对党和人民。"[2]

出于一个记者的职业本能,他决定把这段历史记录下来,以鉴后人。1967 年,他翻开已中断多时的日记本,每当夜深人静,便开始记下他看到的、想到的一切。

有一天,他把自己的做法告诉了在一起劳改的陆拂为,这是国内部的一个记者,因妻子"反革命罪"而受株连。陆拂为佩服他的勇气,同时劝他:"小心,给人抄走,又成罪证了。"他说:"不要紧,我大半用的是隐讳的语言。无论如何,我要给历史留一个见证。"

后来事情的发展,竟不幸被陆拂为言中。

"文革"期间,穆青家经过几度抄家,数次搬迁,藏书越卖越少,惟独舍不得卖掉的是他四处收集来的字帖和碑拓。也就是这个时候,穆青开始练习书法。他找来一大堆旧报纸,每天晚上以床板为桌,挥笔泼墨。他一遍又一遍写下诸葛亮的《出师表》,写续范亭的《绝命诗》。他把他的痛苦,他的愤怒,他的希望……都尽情挥洒在这一横一竖一

---

① 杜导正、方实.思念老朋友老上级穆青同志.郑德全等主编.难忘穆青[C].北京:新华出版社,2005,第 159 页.

② 周德广.一代尊师,人生楷模——忆穆青同志生前二三事.郑德全等主编.难忘穆青[C].北京:新华出版社,2005,第 230 页.

撤一捺之间。

在穆青挨批受整的日子里,他远在开封的姐姐穆镜涵非常关心他的身心状况,写信要到北京来看他。穆青回信说:"姐姐,你千万不要来,他们会打死你的。现在他们每月只给我 15 元生活费。"①穆镜涵收到信后,非常心疼弟弟,连忙将自己的全部工资给他寄去。

在一次批斗中,穆青得知新华社造反派曾经三次到河南找他大姐调查他的历史问题,大姐每次都是痛哭流涕委屈地诉说弟弟历史的清白,说到弟弟所受的苦难,多次悲痛得说不出话来。穆青非常关心大姐的健康情况,他强忍着对造反派的不满与怨恨,给大姐穆镜涵写信说:"姐姐,你来吧,我经常想你,我想见见你。"

穆镜涵接到信后,请假从开封到北京探望弟弟,那时,穆青全家已经搬到甘家口的两间小房内。穆青见到姐姐,欣喜若狂,心情顿时好多了! 穆镜涵见弟弟比以前瘦了、黑了,头发也剃光了,显得苍老了许多。穆镜涵咬破嘴唇强忍泪水,千言万语都在不言之中。穆青每天早出晚归去劳动。每晚回来怕姐姐难受,总是和姐姐说说笑笑,故意做出轻松的样子。掩盖他内心的痛苦和精神上的折磨。

一台照相机惹出的命案②

1968 年的一天,穆青的三弟出差路过北京住在他家里,随身带了一台照相机。穆青的二儿子晓方觉得照相机十分新奇,约了家住五楼顶层的新华社外事部主任李炳泉的儿子李京,顺着天窗爬到楼房的屋顶上拍照。没想到被阶级斗争的弦高度绷紧的公安人员发现,怀疑他们是在偷拍钓鱼台的秘密,于是穆晓方、李京立刻被逮捕,他们的家遭到彻底"查抄"。这一下,歪打正着,穆青的那本日记"落网"了。

日记中"隐讳"的语言,不知道查抄者看懂了多少,但有几句话他

---

① 穆镜涵.忆我亲爱的弟弟的穆青.郑德金等主编.难忘穆青[C].北京:新华出版社,2005,第122 页.

② 张严平.穆青传[M].北京:新华出版社,2005,第 216~226 页.

们的确是看懂了,在他们看来,日记中仅仅12个字:"文化大革命是一代人的悲剧",足以定罪。

穆青被冠以"现行反革命",再次遭受严酷批斗。他的全家也又一次被扫地出门,搬到皇亭子北面一排破旧的工棚里。搬家那天,穆青只因为稍稍表示"半天假搬家,时间太过仓促"而被人用脚踹倒在地。很多天,他的胸口都在疼。

让穆青更疼的是儿子晓方。他和李京拍的照片冲印出来后,被指为"罪证如山",说是前有钓鱼台,后有西山,三点一线,正利于轰炸云云,这个刚满15岁的孩子因此被投进北京海淀公安分局拘留所。在108天的关押中,令晓方终生难忘的感觉就是一个字:饿。他和在押人员每天两顿饭,一顿饭一个小窝窝头,一碗清汤。每到吃饭时,他会学着大人们的样子,在地上铺一块手绢,用来接那些从嘴里掉下来的窝头渣,窝头吃完了,再把手绢里的渣子一点一点送进嘴里。

晓方被释放回到家中,穆青第一面见到瘦成一根麻杆儿似的儿子,呆呆地望着,竟然久久无语。那段日子,是穆青生命中最惨淡的时光。

1970年,新华社的干部陆续下放山西永济干校,朱穆之也去了。穆青却连下放干校的资格也已失去,作为全社最顽固的"黑帮分子"和最具反动性的"反面教材"之一,他被留在总社。没有人敢接近他,更没有人敢和他说话,他的一举一动都被人监视。

这时,新华社已有惨剧接二连三地发生。不时传来有人自杀或被迫害致死的消息。

令穆青最为痛心和震惊的是,5月2日,外事部主任、全国记协书记处书记李炳泉死在他劳动改造的锅炉房地下室。穆青记得,仅仅就在几天之前,他与李炳泉一起劳动时,曾悄悄对李说:"你一定要挺住!当年延安'抢救运动'搞得那么凶都过来了,现在无非是比那一次更凶一些。"李炳泉默默地点点头。

他万万没有想到,几天之后,李炳泉竟然离去。这个为新中国革命解放事业出生入死几十年的优秀战士,没有倒在敌人的枪口下,却死在自己的阵营中。回想他的一生,穆青寒彻心骨。

李炳泉1940年加入中国共产党,长期从事党的地下工作,他为党所做的贡献堪称卓越,其中有两件大事在中国革命的历史上,永入史册。

1948年初,中共中央迁移到河北省平山县西柏坡以后,蒋介石为挽救华北败局,亲自到北平督战,部署傅作义部队偷袭石家庄,进犯我党中央所在地平山县西柏坡。这时,李炳泉正以新闻记者的身份在北平做地下工作,他和他的战友获悉这一情报后,立即报告中央,使中共中央得以转危为安。这就是后来毛泽东在一次讲话中笑谈的"空城计"。他说,当时中央身边部队很少,便唱个"空城计",由新华社发表新闻,说我军已经获悉这个诡计,现正严阵以待云云,说得有鼻子有眼。前来偷袭的蒋系九十四军闻知计谋败露,落荒而逃。

1948年北平和平解放前夕,李炳泉受党指派,作为中共地下党的代表,多次会见国民党华北和北平的最高军政当局首脑傅作义将军,转达中共中央关于北平和平解放的意图,并陪同傅作义的代表前往解放军平津前线指挥部谈判。1949年1月31日,北平这座中国文化古城终于获得和平解放。只是傅作义将军没有想到,中共中央派出的第一位代表,竟然是"剿总"机关报《平民日报》的采访部主任、中共地下党员李炳泉。

1949年,李炳泉调入新华社,先后任国际部副主任、外事部主任、中国记协书记处书记等职务。在上世纪50年代新华社国外事业的创立和发展上,做出了重要贡献。

就是这样一个共产党人,现在,他死了。他是戴着反革命修正主义新闻路线的"黑帮"、"叛徒"、"特嫌分子"的帽子死去的,死在不见天日的地下室,甚至尸骨无存。他被宣布为"畏罪自杀","自绝于党和人民"。

李炳泉的死,让穆青遭受重创。明天、后天、大后天……还会发生什么呢?谁也无法预测。

穆青曾经向他的大姐穆镜涵祖露,他想到过死。然而,他最终否定了这个想法。因为他终究是没有绝望。

在他的脑海里，延安的"抢救运动"是抹不去的；1957 年的"反右"运动也是抹不去的。这一切在他的生命里奠定坚硬的基石。他有一种信念：错误的东西一定不会长久。

有人曾讲，穆青这一辈子内心很苦，每次政治风浪中，他都在努力寻找一个平衡点。其实，这个平衡点就是他对党的信念。

正如新华社原总编辑南振中在《堂堂正正，别无所求——缅怀穆青同志》一文中所写：

穆青是一个性格内向的人，他并不健谈，但是许多同他接触过的人，常常会被他所吸引。他的魅力源于他高尚的人品、崇高的人格和高尚的情操。"为什么我的眼里常含泪水？因为我对这土地爱的深沉。"有了高尚的品格，才会深沉地爱着祖国和人民；有了崇高的理想，才会自觉地把自己的命运与祖国和人民联系在一起。

穆青曾经讲过这样一番话："几十年的风风雨雨，几十年的奋斗、磨炼、再难、再苦，甚至再大的挫折，我始终对党、对人民、对新华社的事业充满着爱，充满着信念。我坚信一点：新华社的事业，是值得为之献身的、庄严豪迈而又充满艰辛的事业，能够为党的新闻事业贡献我的一切，这是我最大的光荣和愿望。"穆青一生激情澎湃、疾恶如仇，正是源于这种坚定的政治信念和堂堂正正的人格力量。这是穆青生命的灵魂。①

穆青没有绝望，除了信念，还因为有另一种支撑：人间真情。

穆青的大姐穆镜涵再次专程从河南老家赶来，只为了让弟弟答应一件事：不管将来事情发展到哪一步，千万不能走绝路、寻短见。大姐声如洪钟："姐姐相信你不是反革命！将来处理你的时候，你哪儿都别

①　南振中. 堂堂正正别无所求. 郑德全等主编. 难忘穆青［C］. 北京：新华出版社，2005，第 10 页.

去,就回咱河南老家当农民。等你老了,穆家的第二代、第三代都会养活你的!"说完,姐弟抱头大哭。穆青说:"姐姐,你放心吧,我都依你!"

重返领导岗位

"九一三事件"发生后,①主持中央日常工作的周恩来总理,开始思考新华社应该交给新闻宣传专业人员来管理。

1972 年,进驻新华社的军管小组在宣传上连连失误受到批评。周恩来明确指定新华社由朱穆之、穆青等 7 人组成业务领导班子。9 月 8 日,中共中央发出关于新华社党的核心小组组长和社长、副社长的配备通知,朱穆之任社长、党的核心小组副组长,穆青恢复副社长的职务,分管国内部。

早在 8 年前,穆青就提出"多从政治思想上考虑报道主题"。他说:在困难岁月里,中国人民艰苦斗争的顽强意志,不畏艰险的英雄气概,蓬蓬勃勃的革命朝气,是值得珍视的。要充分报道这些内容,将有助于改变人民的意识形态,有助于树立一代风尚,有助于把人民的思想提高到一个更高的境界,有助于加强革命战斗力。我们应该满腔热情地来做好这项报道。现在,我们非常需要在工人农民中间、基层干部中间,选择一些先进典型进行报道。特别要注意报道那些先公后私、先国家后自己、大公无私、克勤克俭的农村基层干部或社员;报道工人中爱厂如家、勤俭节约的典型;报道在农村扎根开花、做出了贡献的革命知识分子典型。②

由于"文化大革命"的冲击,穆青的新闻思想无法落实。他恢复副社长身份不久,《安徽日报》发表通讯《白衣红心李月华》,随后,又发了好几个版的李月华的小故事,都十分感人。新华总社国内部政文组认为,这是个好典型,即指示安徽分社作报道,政文组派徐民和、杨惠

---

① "九一三事件"是林彪反革命集团策动武装政变阴谋败露后,于 1971 年 9 月 13 日乘飞机外逃叛国,途中机毁人亡的事件,又称"林彪叛逃事件"。参见:九一三事件百度百科.

② 穆青.穆青论新闻[M].北京:新华出版社,2005,第 88 页.

民负责此稿的编辑工作。

随后，安徽分社记者陪同原作者施培毅、王畅平等一起来到总社。来之前，他们又重新按照总社的要求做了补充采访。原作者先后改写了两稿，都不太理想，最后决定由徐民和作进一步修改。然后送穆青审定。

穆青阅读后，认为通讯从政治上、思想上来看都是一个颇为代表性的典型，只是主题不够集中，建议冯健重新进行修改，经过原作者与编辑的反复修改，最后写出了《人民的好医生李月华》一稿。

《人民的好医生李月华》与《白衣红心李月华》两稿相较，由前者到后者说明：新闻需要发现。《安徽日报》的报道，是一种发现；新华社补充改写后向全国报道，是又一种发现。这两种发现不仅需要一双慧眼、一种文字功夫，而且需要有穆青这样善于从政治上着眼的有心人。在新闻稿件中，提倡什么思想，反对什么思想，说明什么问题，解答什么疑问，必须弄得很明确，很有目的性。这样，才能正确地阐述事物的政治意义，揭示事物的本质。①

穆青在《我写的太少了》中有这样一段话："通过几十年来革命实践与学习，使我深深感到，要当好一个称职记者，我们的目光必须时刻也不能离开人民，特别是生活战斗在第一线的人们。要点燃千百万人心灵中的火把，用他们的精神力量，用他们的追求和理想去推动革命事业胜利前进。"这是他的新闻理想。

穆青的新闻思想让很多人受益终身。新华社原社长田聪明在《履行职责的楷模——深切缅怀穆青同志》一文中写道：

1974 年，我读到引领我进入新华社记者队伍的启蒙教材《我们的经验》一书，认真阅读了此书中穆青同志的几篇文章，给了我很多启发和教育。穆青同志的《在分社领导岗位上》一文，今天仍可说是如何当

---

① 冯健、李峰主编.通讯名作 100 篇(上)[C].北京:新华出版社,2005,第 294 页.

好分社社长的学习教材。①

新华社原总编辑南振中从大学毕业分到新华社山东分社做记者，刚开始，他啥都不懂，他是读了穆青的《新闻记者和调查研究》一文，才知道记者应该做些什么功课。在这篇文章中，穆青详细论述了调查研究的目的、内容、方法和态度。他说："我们培养和训练记者，一开始就应该让他们到实际斗争中去闯，去滚，养成深入群众、深入实际的优良作风。"此后，穆青又强调理论学习的重要性。把"理论学习"和"调查研究"称为记者成才的两个翅膀。这些教诲，为刚进入新华社大门的人指明了前进的方向。②

直到十年后，即1974年夏天，南振中才有机会见到穆青。那是总社从编辑部和国内分社抽调了10名记者，从事国庆25周年重点报道，穆青负责指挥这次战役性报道。南振中从山东分社抽调到总社，有次在讨论稿件过程中，对如何客观评价形势，南振中有些不同的看法。他向穆青如实汇报在基层调研的所见所闻，提出在判断形势时应留有余地。穆青赞成南振中的看法，并说，当记者就是要实事求是，一切从实际出发。"坚持真理、实事求是"，这是做记者最基本的要求。

悲愤的泪水从心底涌出

1975年6月9日，按时令已趋向炎夏，可是穆青心里却冷到冰点。

这天是贺龙元帅的骨灰安放仪式。穆青来到八宝山公墓礼堂，望着贺龙的遗像和挽联，内心充满了悲痛，他的思绪又回到抗日烽火中，仿佛又看到贺龙师长策马扬鞭在战火硝烟中驰骋的雄姿，听着战友们讲述师长传奇般的故事……想到这里，他不禁鼻子一酸，悲愤的泪水

① 田聪明.履行职责的楷模——深切缅怀穆青同志.郑德全等主编.难忘穆青[C].北京:新华出版社,2005,第7页.

② 南振中.堂堂正正别无所求.郑德全等主编.难忘穆青[C].北京:新华出版社,2005,第10页.

从心底涌出……

1976年1月8日,就在这个夜晚,一个不幸的消息传来了:一代伟人,中国人民敬重的总理周恩来于上午9时57分与世长辞!

尽管穆青惶惶然早有种不祥的预感,他仍为这突然而至的噩耗感到震惊、悲怆和忧虑!最后看到的周总理那疲倦而又坚毅的目光清楚地闪现在眼前,总理呀总理,国家正处危难之中,你怎么突然就走了呢?他觉得天塌地陷,不能自持,伏在桌上痛哭失声……

1月9日,穆青赶到北京医院,他要最后再看总理一眼。吊唁的人流从大街小巷、四面八方汇聚而来,人们胸戴白花,臂挽黑纱,排起了长队。穆青汇入这长队中,来到总理面前。此时总理像睡熟了,疲惫得再也不会醒来,那老年斑更加清晰,那面庞更加消瘦。他强忍着泪水,深深地向总理三鞠躬,一步一回头地不忍离去,又不得不离去,因为后面的人潮涌了过来……

他回到办公室,只觉得心里憋得慌,就关起门静静坐在那里。他回忆起周总理平时对新华社工作的关心和支持,从延安到西柏坡,从战火硝烟到和平建设,新华社的发展每一步都连着周总理的心。无论宣传业务、人才培养、设备更新,哪一项周总理不亲自过问、支持解决。由于"四人帮"插手控制新华社宣传报道,大批领导干部和业务骨干被整。不是周总理力挽狂澜,他和朱穆之怎么能恢复工作?特别是在"文革"期间,新华社凡是涉及国际问题和外交工作方面的重要稿件,都由周总理亲自审定。每每凌晨两点左右,总理处理完公务回到办公室,就开始为新华社审稿。穆青在值班室发现,个别人看稿粗心大意就送给总理去审,使总理对每一篇稿件都要逐段逐句推敲修改,连标点符号都不放过。大家看着周总理修改后退回来的稿件,无不深受感动。

为此,穆青心里很不安,又心疼,又气愤,总理那么忙,这些事本不应该麻烦他老人家的啊!从此,轮到他值夜班,凡是自己能够处理的稿件,就不送交总理;送交总理看的稿件,他总要认真推敲,连一个标点符号也不放过,通过自己的努力,减轻总理的负担,为总理腾出多一点睡眠时间。他通宵达旦地守在电话机旁,随时听候总理的指示。后来与总理的秘书有一个默契,每天凌晨4点多钟,与总理办公室通个电话,待他的秘书说:"总理已经休息了。"穆青这才下班放心去睡……

当穆青明白了总理这一睡永远不会再醒来,总理永远不会再审改他们的稿件,他的泪水夺眶而出,他索性打开感情的闸门放声地哭了起来……

1月9日,新华社向分管宣传工作的姚文元送去一份报道计划:拟大量地、及时地组织有关人民群众悼念活动的报道,发表怀念周总理的文章。姚文元说:"悼词尚未发表,现在不组织。悼词发表后是不是组织反映,仍应再请示。"

1月11日是周总理遗体送八宝山火化的日子。这一天,整个北京城沉浸在巨大的悲恸之中。人们不约而同地从四面八方会聚到长安街两侧,默默等候着周总理灵车的到来。此时,穆青驱车从北京医院到八宝山的长街上来回跑了两趟,那悲壮的场面、动人的情景,使他激动万分。他赶忙给摄影部值班的同志打电话,要他们立即派人到十里长街把宝贵的历史镜头拍摄下来。可是,接电话的同志却声音呜咽地说:"上面明确指示,不准记者去拍照。谁拍照,就没收谁的相机!"穆青木然地拿着话筒,半天说不出一句话来。

穆青又想在文字报道上予以补救。考虑到专门把这一场景写成特写或者通讯,姚文元肯定又要把它卡死,就只好在丧事报道的综合消息上动脑筋。当天晚上,国内部把向周总理遗体告别的消息送到穆青手上,他找来几位同志推敲来推敲去,想方设法能通过姚文元审稿的卡子,最后仅在稿件上保留了这样一句话:"从北京医院到八宝山的大道两旁站满了向灵车致敬的群众。"他想,这一句话穿插在消息的内容之中,不太惹眼,也许能通过吧!消息送上去后,他们焦急地等待着。送审稿终于退回来了。穆青连忙抓过来一看,其他地方姚文元一字没动,偏偏删去了他们费尽心思留下的那句话!当时真好像是五雷轰顶,他的眼前一阵漆黑,泪水一下涌了出来。

多少年后每每回忆起此事,穆青还愧恨无穷!"当时党的舆论大权还掌握在'四人帮'手里,我们却只能泪洒稿纸,违心从事,忍辱承受。"

　　分管宣传的姚文元不让报道全国人民悼念周总理的活动,新华社就大量编发国外的唁电。世界各国的政府首脑、社会名流、政党团体的唁电。最后,姚文元下令:"禁止再公开刊登唁电。"

　　不让公开发,就在内部发。穆青和新华社的同事将世界人民悼念周总理的稿件全部转在《参考消息》上。

　　也有读者不知内情,不理解,来信责问:"周总理,中国人的总理,还是外国人的总理? 为什么你们只发国外不发国内人民悼念周总理的报道?"穆青觉得问得太好了! 聪明的读者是有血气的。

　　尔后,姚文元又让《参考消息》停止转发外电悼念周总理的稿件。

　　一天,国内部将内蒙古分社发来的一篇内参送穆青审定。穆青一看,内心一阵激动,稿件中有一段极其重要的话:当地群众希望党中央尽快决定新的国家总理人选。他们认为,邓小平同志复出后的工作业绩证明,他完全胜任国家总理的重任,由他出任总理是众望所归。[①]

　　穆青读到这里非常兴奋,特地对编辑说:"这段要求邓小平同志担任总理的话,不要删掉。"编辑很为难:"如果这样发,肯定会挨批评。"穆青何尝不知道这是扎进"四人帮"心窝里一把刀,他何尝不明白眼前的大局?

　　但是穆青坚决地说:"这段话排上,责任由我承担!"他这时考虑的是,新华社要反映全国人民的要求、愿望。他什么风浪都经历了,还有什么可怕的呢?

　　为了保证不发生纰漏,他在值夜班时,专门跑到印刷厂的车间,调出这篇内参的小样又仔细阅读了一遍,坐等排字工人把这条内参上版,才放心回家。

　　第二天,这一期内部刊物迟迟不见,穆青查问,总编室一位同志好心地说:"你这么写,叫姚文元知道了不得了,我把这期扣下了!"

　　穆青大胆的行为让同志们惊讶,同志们是出于关心爱护他,才这样做的。

---

① 张严平.穆青传[M].北京:新华出版社,2005,第253页.

穆青吩咐,把已经印好的内参统统保存在印刷厂里,总有一天会见天日的!后来,他们把这类内参印成本本,作为资料保存了下来。[①]

停职挨批的日子

历史和民心是不可逆转的。周总理逝世后,天安门广场从来没有断过送花圈的人们。到清明节,花如海,人如潮,人民用诗歌、挽联、花圈作为武器,表达自己的心愿,向"四人帮"发动总攻,爆发了震惊中外的天安门事件,史称"四五"运动。

雪片似的诗词、挽联,体现着中国各界人民的意志、愿望和智慧,出现了不少抒情言志的杰作。其中著名的一首写道:

"欲悲闻鬼叫,我哭豺狼笑,洒泪祭雄杰,扬眉剑出鞘。"

作者都是名不见经传的小人物,他们代表着人民!"中国已不是过去的中国,人民也不是愚不可及,秦皇的封建社会一去不复返了。"他们已破除了迷信,强烈要求实现四个现代化。

4月7日夜晚,天安门广场上空的探照灯光像煞白的利剑在人头上方掠过。整个中国上空,响彻了"关于撤销邓小平党内外一切职务的决议",同时广播了《天安门广场的反革命政治事件》。

此时,穆青骑着自行车特意到天安门广场转了一圈,他为人民的热潮巨浪所感动,但也预料到绝不会任其发展,形势必定会发生逆转,作为新华社的负责人之一,他不愿再干任何违心的事,就和冯健领一批记者到上海"调研"。

离开上海时,他对时任广东分社社长杜导正说:"老杜,我回到北京以后还不知道什么结局,你回到广州也不知道什么结局。在现在的情况下,我们只能有策略地抵制,我有心理准备,第一准备被免职,第

---

① 张惠芳等. 人民记者穆青[M]. 郑州:河南人民出版社,2003,第84~91页.

二准备坐牢。你们也要有这样的心理准备。"

穆青没有马上回到北京,他从上海到了杭州。在杭州,一天之内他接到总社三个电话,催他火速回京。这时,他还不知道,他和朱穆之、李琴状告江青的事已被告发,江青正要拿他归案。新闻史上称之为"朱穆李事件"。

所谓"朱穆李事件",是指朱穆之、穆青、李琴他们三人以个人的名义,向毛主席反映:1975 年 9 月 5 日,中央在山西昔阳召开的全国农业学大寨会议。在会上,主持中央日常工作的邓小平作了整顿农业的重要讲话。江青是个会议参加者,公然扮演会议灵魂的角色,在会上抢着讲话,"代表毛主席向大家问好",亮出特殊的权威身份,接着文不对题大谈《水浒》,反复宣讲什么宋江架空晁盖,明目张胆地影射攻击周总理和邓小平要"架空毛主席"。[1]

当天晚上,记者从大寨打回电话,如实汇报了发生在大寨的情况,穆青听了,顿感震惊,江青的矛头所向是攻击周总理和邓小平。

穆青知道,没有"文化大革命",江青不会获得这么高的职位,这么大的权力,不可能在一次全国性重要会议上这样目空一切。他连忙派国内部记者去大寨了解情况,并让记者把江青在大寨的讲话记录稿火速送回。

穆青看到江青的讲话,非常气愤:篡党夺权之心昭然若揭。他考虑到事关重大,向新华社社长朱穆之反映,朱穆之认为,新华社有责任向中央、毛主席反映。为稳妥起见,朱穆之、穆青联合李琴决定以个人的名义向毛主席反映。我们知道,没有为真理、为人民牺牲一切的精神,大概只能对其侧目而视。"明知山有虎,偏向虎山行"。三位同志在关键问题上表现出的这种人品,确实令人钦佩。

然而,在那个时代,朱穆之、穆青、李琴他们三人为讲真话也付出了代价。

① 李庄.人品与文品.徐人仲主编.穆青新闻作品研讨文集[C].北京:新华出版社,2005,第 53 页.

4 月 16 日,朱穆之、穆青、李琴被停职。

之后,朱、穆、李开始接受新华社各基层单位大会小会的批判。

这是几十次批判会中的一次场景:

"说!谁是主谋?"

朱穆之回答:"我是社长,应负主要责任!"

穆青说:"是我建议写的,一切由我负责!"

"老实交代,谁是后台?"

穆青回答:"没有后台。我是凭党性办事。向党中央反映情况是新华社的责任,是我们的责任!"

"你们的矛头是反对毛主席。"

穆青坦然相对:"不!我们没有反对毛主席。如果是矛头对准毛主席,我们怎么还会向毛主席反映情况呢?"

……

1976 年 7 月 28 日,河北唐山、丰南地区发生了 7.8 级强烈地震,并波及北京、天津。穆青和妻子在马路旁搭起防震棚,一家老小钻进塑料布遮挡的防震棚里,头上戴着"反革命"的帽子,生命如草芥……

1976 年 9 月 9 日,新中国的缔造者毛泽东同志在北京逝世。

身为党中央第一副主席、主持中央工作的华国锋同叶剑英等中央领导人于 10 月 6 日晚一举粉碎作恶多端的"四人帮"。[1]

同一天晚上,国内部军事组组长刘回年悄悄地去穆青的家,告诉他:"'四人帮'完蛋了!"

10 月 8 日,党中央派出郑屏年、李普等五人小组进驻新华社,接管了新华社的领导工作。他们代表党中央向包括朱穆之、穆青、李琴在内的新华社党的核心小组成员宣布:"过去领导你们的那个(姚文元)不再领导你们了。"同时宣布对"朱穆李事件"平反。工作小组同志对他们说:"你们的事中央都清楚,中央认为你们完全正确。"[2]

---

① 中共中央党史研究室.中国共产党历史(第二卷)[M].北京:中共党史出版社,2011,第962页.

② 张惠芳等.人民记者穆青[M].郑州:河南人民出版社 2003,第92页.

穆青在"朱穆李事件"中不仅表现出他作为新华社领导履行职责的坚定性和无所畏惧的勇气,而且表现出他为履行好职责而倾注心血的精神和智慧。穆青虽然再次受到迫害,但他大义凛然、敢作敢为的精神,一直被新闻界传为佳话。亦如他的老上级吴冷西评价的那样:"从这件事可以看出,在这样大风大浪的紧要关头,穆青同志做到了坚持党性原则,不计较个人得失的。我们论断一个人的一生,就是要看他在最紧要关头是不是坚定。穆青同志经受了这个考验,这是很不容易的。"①

---

① 吴冷西.要当这样的好记者——在穆青新闻作品研讨会开幕式上的讲话.徐人仲主编.穆青新闻作品研讨文集[C].北京:新华出版社,2005,第5页.

第七章 走向新时期

"记者思想品质一定要好"

优秀记者是一个具有完美人格的人。如果说焦裕禄心里装的只有人民，没有自己；那么穆青心里装的也只有人民，没有自己。如果说焦裕禄要把党的温暖送进百姓的家里；那么穆青就是把党和政府的声音传递到群众心里。

1977 年，《人民文学》第 11 期发表的短篇小说《班主任》，无情地鞭挞了"文化大革命"中盛行的极"左"思潮给广大青少年心灵上造成的伤害。次年《人民文学》第 1 期发表的报告文学《哥德巴赫猜想》，讴歌了数学家陈景润对祖国科学事业的无限忠诚和艰辛攀登科学高峰的执着精神。这些作品塑造的一个个真实、生动的艺术形象，打破了"文化大革命"以来充斥文坛的政治禁锢，在社会上引起了强烈反响，促使人们对"文化大革命"进行反思，推动了文艺界拨乱反正。①

穆青受此启发，也想在新闻界树立一个对"文革"持否定态度的人物报道。无独有偶，1978 年初，新华社山西分社记者廖由滨写了篇

---

① 中共中央党史研究室.中国共产党历史(第二卷) [M].北京:中共党史出版社,2011,第 1022 页.

《棒打不回头的种棉模范吴吉昌》寄到总社。通讯写的是山西闻喜县一个叫吴吉昌的农民科学家种植棉花的故事。稿子写的技术性很强，而且逻辑是倒过来讲的，说吴吉昌在"文革"中因受到冲击，从而得到教育，所以搞出了成绩等等。不过里面有一点非常感人，那就是这个农民科学家为了完成周总理交给的任务，打成"反革命"也不罢休的那股劲头。

穆青看完稿件后，非常兴奋，决定通知廖由滨连夜从山西赶到北京，向他详细介绍吴吉昌的情况。

廖由滨谈起吴吉昌为了种棉花，偷着在自家院子里育苗；谈起吴吉昌为了种棉花惨遭毒打，腿被打伤、左臂被打成脱臼，成了残疾；还谈起吴吉昌为了种棉花，饱受折磨，身患重病，也不能治病……穆青听后备受感动，他问廖由滨："你为什么不把这些写出来？"①

廖由滨回答，事迹很感人，但处处都涉及"文革"的阴暗面，怎么敢写呀！

穆青沉默着，没有说话，他理解记者的难处。同时他也清楚，做新闻工作，不管水平高低，贡献大小，思想品质一定要好，党性一定要强。不管在任何风浪下，一定要敢于坚持真理，实事求是。这是做新闻工作最重要的品德，没有这个品德，不行。不敢坚持真理，就谈不到解放思想，也做不到实事求是②。

穆青对廖由滨说："记者就是要敢于实事求是。要有面对严酷现实的勇气。即使生活的真实有多么令人痛心疾首，也不应掉过头去，闭目回避。既然现在我们已有了认识，为什么还不理直气壮挺起胸膛呢？要敢于舍得一身剐！"③

于是，穆青派出国内部记者陆拂为与廖由滨一道再赴山西闻喜县采访，他提出：改变报道思想，不写和少写有关种棉花方面的技术问

① 张严平.穆青传[M].北京:新华出版社,2005,第269页.

② 穆青.穆青论新闻[A].新闻要抓新和实.北京:新华出版社,2003,第123页.

③ 张惠芳等.人民记者穆青[M].郑州:河南人民出版社,2003,第178页.

题,实事求是地反映吴吉昌身处逆境的献身精神。

陆拂为到山西采访后,向穆青详细汇报了采访情况。穆青边听边抽烟,激动地一次次站起来,在屋子里来回走动。

当掌握了大量动人的事例和细节之后,穆青进一步意识到:吴吉昌的遭遇具有时代的典型意义,一个共产党员被当做党的"敌人"时,仍然不屈不挠地为科学、为真理奋斗,这不正是在那惊心动魄的年代,许多优秀共产党人精神面貌的写照吗?

此时,面临着两种选择:第一种,后退,平安大吉;第二种,闯关,凶多吉少。对后一种选择,作为一个普通记者,廖由滨不敢写,从山西回来的陆拂为也在犹豫着写不写。

穆青狠命地抽着烟,经过思想较量后,然后大手一挥,坚决地说:"一定要写。不仅要写,而且要通过吴吉昌的遭遇,控诉'文化大革命'对那么多人的迫害! 对吴吉昌不是一个认识问题,而是一个胆识问题。就是你认识到了,敢不敢讲? 只要是事实,是真理,代表了大多数群众的意见,代表了全党大多数干部的思想,这样的东西,我们就敢讲! 当然,这要有一点风险,那就随它去吧。将来要挨整,挨整就是了。"

细节决定通讯影响力

陆拂为开始写作,由于思想上有所顾虑,对"文革"问题绕来绕去。穆青提醒说,我们要"以小见大",要像散文那样生动细致的描写,"一个细节比千言万语生动得多、深刻得多、有力得多。"陆拂为受此启发,在《为了周总理的嘱托》中写了这样的一个细节:

吴吉昌受到了近百次的批斗。在恐吓和辱骂声中,他始终不屈地回答:"我研究棉花,一不图名,二不为利,我是在完成周总理给我的任务!"

那些人见吴吉昌不低头,就撤销了他大队长的职务,进而捏造罪证,诬陷他是反革命。他们对吴吉昌进行令人发指的残酷迫害,用棍打，用火烧，好几次打得他血流满面，昏迷不醒。他的腿给打伤了，左臂一连五次被拧得脱了白，终于成了残废。

当时，吴吉昌想，什么痛苦他都可以忍受，只要能让他搞棉花就行了。哪里知道，那些人偏偏剥夺了他研究棉花的权利，禁止他下地，强令他每天打扫全村的街道。

从此，树影斑驳的村道上，人们每天都看见吴吉昌弯着残废的手，拖着打伤的腿，艰难地跪在地上打扫。人们记得，这街道两旁的白杨树，还是几年前吴吉昌领回来的奖品。那时，县里要奖给他一辆自行车，吴吉昌拒绝了。他说："成绩是大家的！"他要求改为奖一千棵白杨树苗让全村栽种。如今，这些白杨已经有碗口粗了。可是，为全村赢得这些荣誉树的人，却受到这样的折磨。白杨在迎风呼号，那是为老汉在呜咽，还是因不平而愤怒?!

这段细节描写，具有深刻的思想性和强烈的感染力，既揭露了"四人帮"迫害劳动模范、破坏生产的罪行，又表现了吴吉昌高度的责任心和人民群众深厚的感情。

3月13日，《为了周总理的嘱托》新华社播发前，穆青把清样稿送给《人民日报》负责人征求意见。《人民日报》副总编李庄一口气读完，说："写得好！"并告之，报社决定加编者按。

次日，新华社播发的署名穆青、陆拂为、廖由滨的长篇通讯《为了周总理的嘱托》在《人民日报》头版刊用，报社在配发编者按的同时，还刊登了吴吉昌的一幅头扎白毛巾的照片。

这时，五届人大第一次会议刚刚结束，在这次会议上，党中央和国务院的主要负责人仍在说："文化大革命，七八年来一次。"

这篇稿子无疑是犯禁的。

稿子播发后第二天，全国各省市报纸登载的不到一半，因为底下都吃不准，甚至有人说："这样的稿子怎么可以发？"那些没有刊登的报纸，当看到《人民日报》加编者按全文刊登，似乎找到了保险的理由，第三天又纷纷将稿子连同编者按一起补登。

不久,山西传来消息,有人指责"穆青借写吴吉昌发泄自己对'文化大革命'冲击的不满。"

20年后,穆青在《为了周总理的嘱托》结集出版中写道:

1978年年初,十年动乱虽已结束,但历史的惰性力量,仍在阻碍中国人民前进。全国冤假错案堆积如山,连"天安门事件"都未平反。正在这个时候,新华社编辑部收到山西分社一篇稿件,内容主要介绍吴吉昌的植棉经验,只是简略提他在动乱中遭受残酷迫害仍坚持科学实验的情况。这引起了我的注意,遂通知记者来总社详谈。那位记者介绍了吴吉昌的遭遇后说:"事迹很感人,但处处都涉及'文革'的阴暗面,无法写公开报道。"我想,记者应该有敢于面对严酷现实的勇气,即使生活的真实是那么令人痛心疾首,也不应该回避。于是,我决定重新组织力量,去山西深入采访。

当掌握了大量动人的事例和细节之后,我们进一步意识到:吴吉昌的遭遇具有时代的典型意义。一个共产党员,被当做党的"敌人"时,仍然不屈不挠地为科学、为真理而奋斗,这不正是在那惊心动魄的年代,许多优秀共产党员面貌的写照吗?但是,要表达这种革命精神,就无法避开当时的典型环境,还必须冲破政治上的"禁区",作出不同与当时流行提法的新论断,这就难了!我们经过反复研究,决定采用白描法,实事求是地去反映当时的典型环境,运用事实和形象来表达思想,加强作品的感染力量。我们相信,读者通过作品提供的事实和形象,会理解作者没有明确说出来的含义,得出应有的结论。

这篇报道经多次推敲,五易其稿,发表在五届人大第一次会议结束后不久。就在那次会上,党中央和国务院的主要负责人还在说:"文化大革命,七八年一次。"但在文章的结尾处,我们却大胆地写了这样一句话:"历史揭开了新的一页,像吴吉昌这样的遭遇,连同产生它的时代背景,都一去不复返了。"尽管在表达的方式上比较含蓄,敏感的读者,还是能听懂话中的"潜台词"的。

通讯见报后,在读者中引起了强烈反响。批评者有之,甚至有打匿名电话质问稿件是经谁审的。还传来了一些流言蜚语,攻击作者是因受"文革"的冲击,借写吴吉昌来发泄自己对"文革"的不满。在一些机关和大学课堂里,人们就这篇文章究竟是香花还是毒草展开了激烈的争论。但与此同时,雪花似的电报和信件,从各地涌向吴吉昌那里,向这位老人表示敬仰和慰问。还有许多读者写信向我们表示"十分感激",说我们写出了大家不吐不快而又无法表达的心里话。这些热情洋溢的来信,都是对作者有力的鼓舞和支持。

当然,囿于当时的历史背景,现在回过头来看这篇文章,还能发现其中残留一些那时难以避免的痕迹。不过,这篇被人称之为"最早公开发表的对'文革'持否定态度的人物通讯",无论是在政治倾向和基本观点上,都是经受了历史检验的。由此,我深深体会到:报告文学贵在表现时代精神,难在预示历史趋势。既要及时反映迅速发展的现实生活,又要不使作品只具有短暂的生命而最终被历史所否定,这就要求作者面对现实,高瞻远瞩,勇于坚持真理。只有这样,才能表达人民群众的思想感情,掌握时代脉搏,推动社会前进。①

239 个字的消息震撼世界

虽然有人说新闻宣传机关是党的喉舌,但是新闻作为政治服务的衍生工具,新闻工作者总是在政治与大众之间寻求平衡点。穆青作为新华社的领军人物,他就是在这个平衡点上荡秋千。

1976 年 12 月 5 日,中共中央发出通知,规定:"凡纯属反对'四人帮'的人,已拘捕的应予释放;已立案的应予撤销;正在审查的解除审查;已判刑的取消刑期,予以释放。"但同时又规定:"凡不是纯属反对'四人帮'而反对伟大领袖毛泽东、反对党中央、反对无产阶级文化大革命或其他反革命罪行的人,决不允许翻案。"这样一来,被定性为把矛头指向毛泽东、党中央的"天安门事件",自然属于"决不允许翻案"

---

① 冯健等.通讯名作100篇(修订本)[A].北京:新华出版社,2009,第330页.

之列。

"天安门事件"是指:1976年3月底到4月5日,在北京天安门广场发生的人民群众大规模悼念周恩来,声讨"四人帮"。广场放满了花圈,灯柱上吊满了条幅、花篮,人们自发地举行宣誓、默哀、朗诵诗歌等活动,来哀悼周恩来总理。

4月6日,部分在京政治局委员开会听取北京市委关于事件的汇报,认为群众的行为已构成反革命暴乱,应该镇压。次日,中央政治局开会一致通过《关于华国锋同志任中央第一副主席、国务院总理的决议》和《关于撤销邓小平党内外一切职务的决议》。随后,《人民日报》发表了《天安门广场的反革命政治事件》的新闻报道。

1976年9月,随着毛泽东主席的逝世,中央高层发生了微妙的变化。中国共产党第十届中央委员会第三次会议通过决定:追认华国锋为中共中央主席;恢复邓小平中央政治委员、常委、中共中央副主席。中央军委副主席、中国人民解放军总参谋长等职务。

1978年11月,中共中央召开工作会议,对华国锋所犯的错误展开了批评。[1] 中央政治局常委陈云在东北组发言时指出:"天安门事件是北京几百万人悼念周总理,反对'四人帮',中央应该肯定这次运动。"[2]

与此同时,北京市常委扩大会议上,北京市委第三书记贾庭三讲话时,他移开讲稿,从桌边拿起一张纸,念了一段话,大意说:"1976年清明节,广大群众到天安门悼念我们敬爱的周恩来总理,完全是出于对周总理的爱戴,无限怀念和深切哀悼的心境;完全是出于对'四人帮'祸国殃民的滔天罪行深切的痛恨,它反映了全国亿万人民的心声,广大群众沉痛悼念敬爱的总理,愤怒声讨'四人帮',完全是革命行动。对于因悼念周总理,反对'四人帮'而受到迫害的同志一律平反,恢复

---

① 李默.新中国大博览[A].广州:广东旅游出版社,1993,第872页.

② 陈云.在中央工作会议东北组发言.中共中央文献研究室编.三中全会以来重要文献选编.北京:人民出版社,1982,第18页.

名誉。"列席会议的新华社北京分社副社长周鸿书听后非常振奋,决定写一个2000多字的稿子,来报道这个重大的新闻。

穆青看到周鸿书的稿件中提到为天安门事件平反,他心中一亮。出于宣传纪律的考虑,他连忙在电话中向时任新华社通讯社社长曾涛汇报,曾涛当天没有表态,直到《北京日报》刊发了北京市委会常委扩大会议的消息,文章中提到为天安门事件平反,新华总社国内部的同志才通知周鸿书赶到总社,要求重写消息,重点是突出"天安门事件"。

15日晚上,新华社向全国播发消息:

中共北京市委宣布
"天安门事件"完全是革命行动

新华社北京1978年11月15日电　中共北京市委在最近举行的常委扩大会议上宣布,1976年清明节广大群众到天安门广场沉痛悼念敬爱的周总理,愤怒声讨"四人帮",完全是革命行动。

会上宣布:1976年清明节,广大群众到天安门广场悼念我们敬爱的周总理,完全是出于对周总理的无限爱戴、无限怀念和深切哀悼的心情;完全是出于对"四人帮"祸国殃民的滔天罪行深切痛恨,它反映了全国亿万人民的心愿。广大群众沉痛悼念敬爱的周总理、愤怒声讨"四人帮",完全是革命行动。对于因悼念周总理、反对"四人帮"而受到迫害的同志要一律平反,恢复名誉。

第二天,全中国震撼了!全世界震撼了!这条只有239个字的新闻,让中国人民更加相信:历史已经翻开了新的一页。

穆青后来回忆说:

当时新华社北京分社副社长周鸿书参加了市委常委扩大会议,11月14日晚上他拿了一个稿子,里面提到了天安门事件的问题。国内部的同志觉得应该突出天安门事件的平反,搞成一个短新闻。当年我是副社长兼总编辑,主管国内部。他们向我请示。我把这东西看了以后,很赞成他们的想法。我说,你们摘,现在就摘出个两三百字的短新闻,其余的统统不要。我当时想,这是个大事,这样做有点风险。但是,这是全国人民都非常关心的事情,我们从政治上来考虑应该这么做。方案就这么定下来了。

本来,我是主持工作的,稿子我定了也就可以发了。但是,涉及为天安门平反这么件大事,为慎重起见,我必须与曾涛同志商量,他是一把手。当时曾涛正在京西宾馆参加中央工作会议,我把这个意见通过电话告诉了他,并说,你现在正好在会上,可以征求其他同志的意见,听听可不可以这么做。

电讯稿的标题是再三斟酌的。国内部曾定过一个长标题,这个标题是确切的,但不醒目,几经反复,最后确定了这个标题。这个标题加上后,把这件事情的政治意义完全突出了。我们决定后,把稿子送给了曾涛。此后,我和曾涛通了十多次电话。曾涛也跟我提到,他和杨西光、胡绩伟、于光远等同志商量过这件事情。曾涛同志还给我透了个底,这次中央工作会议上,陈云和很多同志都提出来应该为"天安门事件"平反。看到这么多老同志这么高的呼声,我们想这么做没有错。

到 15 日晚上 7 点钟左右,临发稿了,曾涛同志又打电话给我,说:怎么样?穆青,下决心就这么发好不好?我说:好啊,我们大家都同意这么发。

曾涛像是半开玩笑地对我说:如果这稿子出了问题要坐牢,你可得陪着我一块去。我说:行,我跟你一块去。

那天,我整整担心了一夜。但是,第二天也没有什么事,而且是一片欢呼。11 月 19 日,华国锋为人民文学出版社即将出版的《天安门诗抄》题写了书名发表后,我们心中的一块石头掉了地。①

不难看出,为播发这篇 239 字的消息,穆青是承担了一定风险的。

---

① 张严平. 穆青传[M]. 北京:新华出版社,2005,第 291~292 页.

永远的遗憾

出于宣传纪律的要求,穆青并不是每一次在风口浪尖上都能冲锋陷阵。那时,虽然"四人帮"被粉碎,但党内"左"倾思想还没有完全解除,穆青也不例外。在某些重大报道领域,他有自己的生死线。

1979年,辽宁省委决定:为张志新平反昭雪,并追认为革命烈士。

今天的读者也许不知道张志新的壮举:张志新(1930年12月5日—1975年4月4日),女,天津人。因在"文化大革命"中批评对毛泽东的个人崇拜和极"左"路线,因此被定为"现行反革命犯"判刑15年。

后来,张志新说:这次"文化大革命"的路线斗争是建国后,1958年以来,党内"左"倾路线错误的继续和发展。并由党内扩大到党外,波及社会主义的经济基础和上层建筑的各个领域、多个环节。这次路线斗争,错误路线伴随了罕见的宗派主义和资产阶级家族式的人身攻击,借助群众运动形式、群众专政的方法,以决战的壮志,实行了规模空前的残酷斗争,无情打击。造成了严重的恶果——它破坏了党的团结,国家的统一;混淆了两类不同性质的矛盾;削弱了党的领导;影响社会主义革命、建设事业的正常进行……①

张志新再次因言获罪,她被认定"仍顽固坚持反动立场",被提请加刑;当时辽宁省委认为"张志新在服刑期间,这么嚣张,继续进行反革命活动。多活一天多搞一天反革命,杀了算了。"1975年4月4日,张志新在沈阳市东陵区大洼刑场被执行死刑。

新华社辽宁分社征得省委同意,给总社寄来有关张志新约30万字的原始材料,请总社派人采写这个重大冤案典型。

此时中央对一些大案要案的平反调子还是相当低的,包括原国家主席刘少奇案、"薄一波等61人叛徒集团案"在内的一批冤假错案还未平反,加上这时对"文化大革命"还没有彻底否定,因此,张志新虽然

---

① 张志新维基百科,http://zh.wikipedia.org/wiki.

平反昭雪,穆青看完材料后,认为在报道上不好把握其政治尺度,建议
"这个稿子不写了"。

当《光明日报》在一版刊发长篇通讯《一份血写的报告》,报道张
志新的冤案时,穆青看后非常后悔。他设想如果新华社组织人采写,
一定报道的更加完美,肯定会对那一时期的思想解放运动产生不小的
推动作用。可这已经成为一种永远的遗憾。

真正的勇士是敢于直面人生的,穆青在回顾新华社历史上犯的一
些报道错误时,他沉痛地说:"究其原因,多少情况下固然是因为我们
的理论水平政治水平低,没有识别出来;但也有一些时候却是因为虽
有觉察,不敢挺身而出斗争,忍气吞声,做了违心的事。"①

穆青强调,坚持真理,实事求是,是我们党的新闻工作者长期形成
的优良传统,也是党赋予我们无产阶级新闻战士的神圣职责。多年的
实践证明,凡是我们这样做了,我们的报道就受到人民群众的欢迎,对
实际工作就能起到推动作用。反之,我们的报道跟着错误的路线推波
助澜,颠倒黑白,就要损害党和人民的利益,就要遭到群众的唾骂。

坚持真理,必须坚持无产阶级党性,发扬"五不怕"精神即:一不怕
撤职,二不怕开除党籍,三不怕老婆离婚,四不怕坐牢,五不怕杀头。②
如果没有这种责任感和使命感,就不配当一名革命战士;又怎么能当
好一名记者。

多年以后,穆青与中国新闻学院的学生座谈时,谈到新华社没有
组织力量报道张志新事迹时深表遗憾。

一篇没写完的报道

穆青之所以在当代新闻史上占有很高的地位,是因为他坚持群众

---

① 穆青.穆青论新闻[A].新闻记者要坚持真理联系实际.北京:新华出版社,2003,第133页.

② 1957年6月13日,毛泽东约见吴冷西说:"你到人民日报工作,要有充分的思想准备,要准
备遇到最坏的情况,要有'五不怕'的精神准备。这'五不怕'就是:一不怕撤职,二不怕开除
党籍,三不怕老婆离婚,四不怕坐牢,五不怕杀头。有了这'五不怕'的准备,就敢于实事求
是,敢于坚持真理了。"这一谈话在新华社传达后,对穆青影响较大。

观点,走群众路线。他说:

我们的报纸,不同于一般资产阶级的报纸,就在于我们坚定不移的群众观点,和为群众服务的方针。因此,我们的报纸必须用大量的篇幅反映群众的要求,发扬群众的创造,解决群众的困难;并经常不断地报道群众中涌现的英雄人物和英雄事迹,借以教育群众,推动工作。这是我们新闻工作中的一个基本任务。①

穆青是这样说的,也是这样做的。穆青和陆佛为采写的长篇通讯《一篇没有写完的报道》就是最好的佐证。

这篇通讯的采访要追溯到 1965 年 12 月的一天,穆青从同行口中得到这样一个线索:潘从正被上级领导派到被称作"万碧风口"的荒漠,那里是连茅草也留不住的地方,经常是风卷黄沙,天昏地暗。这位被人称"老坚决"的潘从正硬是在这片不毛之地上栽起泡桐、大官杨、柏树、白蜡条,组成了灌木的绿墙,改造出 700 多亩良田。

穆青慕名去采访,在采访中,他了解到潘从正自建国初以来,用愚公移山的精神治沙栽树所取得的成果,所以也产生了许多生动的故事。穆青也了解到 1958 年"共产风"中他所栽的树全被砍伐的情景,可潘从正以"毁了头一茬,再种第二茬"的精神,在沙荒地继续栽树。

穆青在计划动笔写作时,"文化大革命"的恶浪掀起了,遭受批斗的穆青,被关进"牛棚"时还发誓:"总有一天我会把他写出来!"②

经过了 14 个年头后,1979 年 4 月初,此时已是新华社总编辑的穆青,为了兑现当初的誓言,再次前往采访潘从正。

"老坚决"潘从正谈起他和树苗的遭遇:

1967 年的一天,几个自称"造反战士"的人挑着旗子闯进苗圃,动手就拔树苗。平常行动迟缓的老汉,这时突然像雄狮样敏捷地蹿出

---

① 陈巧云.穆青新闻学观点摘要.丁诠林等主编.聚焦与扫描:20 世纪中国新闻与传播学研究[A].北京:新华出版社,2005,第 363 页.

② 王中义、洪文军.穆青评传[M].北京:中国广播电视出版社,2004,第 65 页.

来,拦住他们怒吼:"树苗犯啥错误了? 你们要造反?"造反派批斗他,还赶他回村。老汉不顾"勒令",坚决回苗圃,"造反战士"们就用停发他口粮、不给工分的办法,想迫使他低头。老人只好摘树叶、挖野菜,仍支撑着苗圃;1976 年"四人帮"大反所谓"回潮"、"复辟",防护林带又一次大遭砍伐……继 1958 年那次,苗圃和防护林三起三落了。

"他毁,俺栽。他再毁,俺再栽。俺是为了国家,为了子孙后代!"俺不怕穷,只怕乱。今后不能再折腾了! 越折腾越穷,将来国家靠什么? 只有大家齐心协力搞建设,国家才能富起来。

穆青从潘从正口中听出了群众的心声:"今后不能再折腾了!"他和陆佛为再也抑制不住内心的激情,很快写出了通讯《一篇没有写完的报道》。1979 年 4 月 25 日,《人民日报》头版显著位置发表了这篇通讯,在全国引起强烈的反响。

《一篇没有写完的报道》发表以后,许多读者和新闻界的朋友写信给穆青,希望他联系过去写焦裕禄、吴吉昌等先进人物,谈谈写这类人物通讯录的体会。穆青在《谈谈人物通讯录写作中的几个问题》一文中写道:

人物通讯的力量在于真实。要在矛盾冲突中表现人物。在严格遵守新闻必须真实这一原则的前提下,采用一切可用的表现形式和表现手法——文学的政治的乃至电影艺术的某些表现手法,来感染读者。

悲壮沉雄的风格[①]

穆青是如何通过人物通讯思想上的启示和感情上的共鸣来打动读者的呢? 曾任解放军报社社长的杨子才认为,穆青的作品以悲壮沉雄的风格见长,并在四个方面极为凸显:

---

① 杨子才.慷慨悲歌奔战场——试论穆青作品中的人物风格.徐人仲、李年贵主编[A].穆青新闻作品研讨文集.北京:新华出版社,1998,第 68 ~ 74 页.

　　一是背景烘托。高手写人物,都长于用背景烘托人物的思想感情,寓情于景,以景抒情,做到情景交融,相得益彰。穆青同志同样长于此道。试举例如下:

　　在《县委书记的榜样——焦裕禄》中,作者一开头就写道:"1962年冬天,正是豫东兰考县遭受内涝、风沙、盐碱三害最严重的时刻……展现在焦裕禄面前的兰考大地,是一幅多么严重的灾荒的景象啊! 横贯全境的两条黄河故道,是一眼看不到边的黄沙;片片内涝的洼窝里,结着青色的冰凌;白茫茫的盐碱地上,枯草在寒风中抖动。"

　　在人物出场之时作这样的描述,不用多说一句,就画出了焦裕禄"受命于危难之际"的特定历史背景,并为他决心在兰考改天换地调好了"底色"。而且,此种背景的着色,也与焦裕禄悲壮的人生结局格调一致。

　　二是思想感情。穆青笔下人物的思想感情,可以用救亡图存(和平年代是振兴中华)、拼死奋斗、以身殉国、死而后已16个字概括。如实描写这些英雄的思想言行和不朽业绩,就必然形成悲壮沉雄的风格。通讯中写思想感情的精彩笔墨甚多,选说二例:

　　例一:文革中潘从正"四年没有口粮,没有工分",靠着"摘树叶、采野菜,掺和着老伴省给他的口粮调成糊糊"活命,依旧植树不已。"好心人劝他说:'算了,常言说,五十不种树,六十不盖房。你都快七十岁啦! 还守着苗圃干啥?'老汉激动地回答说:'俺哪是为自己,俺是为国家,为子孙后代!'"老汉为植树一再被造反派批斗,又气又急,双眼一度失明。经医治"能影影绰绰地看见人影了,他急着要返回茁圃,儿子难过地说:'爹,你多大岁数了。落到这步田地还不回家!'这话触动了老汉的满腹心事,他哇的一声哭道:'树苗就是俺的儿子,俺扶着它们一个一个向上长,要不守着,准要给全毁了!'"(《一篇没有写完的报道》)

　　在这里,作者写出了潘从正的博大心胸及其对造福后人的执着与深情,读来催人泪下。

　　例二:在写焦裕禄的通讯中,作者写了焦裕禄最后的遗言:"我死后只有一个要求,要求组织上把我运回兰考,埋在沙堆上,活着我没有治好沙丘,死了也要看着你们把沙丘治好!"

每次读到这里,亦会想起陆游的绝笔诗:"死去元知万事空,但悲不见九州同,王师北定中原日,家祭无忘告乃翁。"(《示儿》)诸葛亮"死而后已",而焦裕禄这个共产党员却是"死犹未已"死了也要埋在异乡兰考,用忠骨激励后人治好沙丘。

三是细节描摹。有文学色彩的篇章,细节往往决定作品的成败。古今许多不朽的名篇使人历久不忘,被代代传诵,除了有深刻的人生感悟之外,就因为细节描摹出神入化。"不加雕琢,曲写毫芥"(刘勰《文心雕龙》),穆青堪称里手。他的通讯作品感人至深,风格凸显,每每得力于细节的生动描摹。凡是读过焦裕禄的长篇通讯的人,都不会忘怀焦裕禄的那把椅子,以及他在一个大雪封门的夜晚去看望两位孤苦无靠的老人等细节。正是这些感人肺腑的细节,使焦裕禄的形象得以在神州大地屹立。

穆青同志还善于通过典型人物身上某种典型特征的细节描摹,把主人公的情怀展示无遗。在《两张闪光的照片》一文中,作者这样写道:"除险英雄任羊成,阎王殿里报了名。"担任工地除险队长的他,"整天腰里系着一根粗绳,手拿撬杠和铁锤,让别人把他从山顶送到悬崖峭壁间凌空作业,打炮眼,排险石。长年累月地在崖间飞来荡去,他腰部被绳子勒出一条条血痕,经常血肉模糊地粘在身上连衣服都脱不下来。妻子帮他脱衣服时,常常心疼得流泪。"

看罢任羊成这个典型人物身上的典型特征的描述,让人想起儿时看《三国演义》留在脑中的一个细节:东吴战将周泰救孙权突围,"被枪数十,肤如刻画",战后孙权在宴席间令周泰脱衣向众将展示,并手指其伤痕一一细问。(见第68回)周泰的浑身伤疤,换得的是高官厚禄。而共产党人任羊成的一身伤痕,则是把他为人民造福的意志锤炼得更加坚定。他"虽九死其犹未悔",65岁了,还依然"腰系精绳,手执撬杠,攀援在悬崖峭壁排除险石。"这个英雄的形象何等感人!

四是语言功力。草本无花,不足动人。言之无文,行而不远。然而,下笔文采昭然,而又苍劲厚重,气象浓郁,才能形成悲壮沉雄的风

格。穆青厚积薄发,在这方面极具功力。仅举二例:

例一:"过去一起逃荒要饭,受压迫受剥削,一起打日本打老蒋,提着脑袋闹革命。现在胜利了,你们坐上小汽车了,我们山区还是肩挑人抬,连个小推车都进不了山。难道毛主席、共产党就光解放你们吗?""再干不出个模样,我这个书记还有什么脸面去见老百姓啊!""修不成北干渠,我死有遗憾,死难瞑目啊!"(《情系人民》)主人公的心志是壮怀激烈的,这些自剖肝胆的语言也是壮怀激烈的,而且真挚、质朴,句句厚重而又生动。无此等语言,作品的特定风格便难形成。

例二:"从抗战到现在,老百姓豁出命来保护咱,图个啥? 不就是看咱是个姓共的,指望咱带着大伙过上好日子? 共产党几十年前赴后继又是为的啥? 还不是想让大伙都富起来? 依我看,共产党的目的就是共富,共产党员要永远姓共。"(《改革大潮中的老支书》)

这则叙述语言,虽然是在把重大理论问题作通俗解释,字里行间却巧妙自然地展示了共产党人过去浴血奋战疆场、如今描绘锦绣神州的豪情壮志,并从宗旨上艺术地揭示了两者的一致性。

悲壮沉雄的风格虽然是时代的旋律,是表现时代英雄人物的必然要求但这种风格并非唾手可得。穆青早年投笔从戎,在长期战争中经受了血与火的洗礼。他热爱党、热爱人民、热爱祖国,对先进人物一往情深,和他们心心相印,而且常常有一种"负债感"。他在一首《金缕曲》中写道:"文章不为千金,沥肝胆,青史巍巍,冰雪皑皑。光明顶上啸长风,著我炎黄气概。对群峦,心潮澎湃。赤子深情终未改,欠多少父老相思债。鬓难霜,丹心在。"正因为具有这样的赤子情怀,所以下笔成文,就真实、自然地表达出英雄人物的思想感情,在作品中形成悲壮沉雄的风格。

在散文领域进行探索

新闻记者们谈起穆青,总会津津乐道他那些不同凡响的新闻作品:如《县委书记的榜样——焦裕禄》、《为了周总理的嘱托》,等等。

但有些记者和读者并不知道穆青还是一个富有人情味的散文家。他那支笔,既善于刻画时代巨人,也擅长用优美和抒情的笔调,叙述凡人小事,描绘异国风情与大自然的美景,并抒发个人情怀。①

1979 年至 1980 年,正当一场新的思想解放运动在中国大地狂飙突起的时候,穆青写下了《十月的罗马》、《最后的晚餐》、《佛罗伦萨的启示》等散文名篇。这些作品讴歌了文艺复兴时代的巨人们在绘画、雕刻和建筑等方面创造的辉煌成就,揭示了一条颠扑不破的真理:"当禁锢人们思想的精神枷锁一旦被砸烂,人,解放了思想的人,有着多么丰富的创造力,多么神奇的才能啊!"作者从意大利文艺复兴联想到中国的思想解放运动,以坚定的信心去迎接"一个崭新的群星灿烂的时代的到来"。在《斯卡拉大剧院》、《维也纳的旋律》、《西西里木偶》等文章中,作者反映了西欧国家广大民众对艺术的执著追求,对艺术家的景仰和热爱。

穆青的这些国际题材散文,有对自然的大段描写,文笔优美,又很质朴。这质朴的本质就是没有矫揉造作,看不到雕琢的痕迹,与读者就像谈家常那样亲切自然。他的山水散文,尤其是描写瀑布的作品,常常透射出大气磅礴的气势、壮怀激烈的美感。他在《霹雳雨雾》中写道:

从高空向下猛扑的瀑布,从四处汇合起来的滚滚激流,在这个狭窄的锅底突然被阻,就像千万头愤怒的困兽,暴跳狂吼,猛冲猛撞,发出震天撼地的霹雳,激起漫天的雨雾。整个峡谷天翻地覆,一片沸腾。而那些岩石山壁,虽然早已是裸筋露骨,遍体鳞伤,但仍然顽强地阻挡,不肯后退一步。这是一场进攻与抵抗、夺路与挡路的斗争,也是宇宙间一切力量最壮观、最集中的一场激战。大自然几乎把所有的风、雨、雷、电和声、光、色彩都集中到这条狭长的山谷里,让他们各施神威,进行着力的较量,生的搏斗。

---

① 樊云芳.一个别具一格的新闻领域——读穆青的国际题材散文有感[J].长江文艺.1989,(11):21.

　　面对这翻江倒海、海鸣电闪的宇宙之战,不仅冲开了他情感的闸门,而且激发了他深邃的思考,使他哲思泉涌,妙语连珠。在维多利亚大瀑布,穆青情不自禁地想到,"这大自然沸腾的山谷正像沸腾的人生一样,这里面有欢乐,也有痛苦;有炽热的追求,豪迈的激情,也有殊死的战斗","时代的潮流,人类几千年的进步史,总是经过许多曲折、回旋、阻碍和较量,而开拓前进的,正像眼前这奔腾的激流,一旦冲破'沸腾锅'最坚固的障碍,前面就会豁然出现一条宽阔浩荡的大江,展开一个全新的天地。"

　　穆青的其他一些山水作品,如《在"瀑布之乡"》、《亚速尔漫笔》等,在写景抒情方面都不同程度地与《霹雳雨雾》有异曲同工之妙。《金字塔夕照》、《古文明前的沉思》等文章,则营造出了一种雄浑而略带苍凉的意境,表达了作者对现代文明的忧思之情。这些作品虽在情韵上有差别,但都辐射出了一股开阔跌宕、粗犷的阳刚之气。而另一些作品,如《水城威尼斯》、《鲜花的海洋》、《马德拉之夜》、《大地之肺》、《神秘的马丘比丘》、《芬兰白夜》等,则弥散着一缕缕清新明丽、淳朴自然、恬静旷远的气息,给人一种阴柔之美。在《大地之肺》一文中,作者是这样描述亚马逊大森林的静谧的:

　　白云在深蓝的天幕上悠悠的漂浮,苍鹰在林莽上空随意的盘旋,周围的树叶也没有一点儿声响,风也好像躲到哪里酣睡去了。一只蓝色的大蜻蜓悄悄地落在船桨上,两只透明的翅膀扇了几扇,似乎觉得落错了地方,又无声地飞走了……整个大森林都像睡着了,唯有这些动物家族中的小精灵们还醒着。……偶尔,一声泼刺刺的水响,一条红色的大鱼跃出水面。……引起了大家一阵欢笑,但随之很快就趋于平静。……静啊,静啊,静得那么醇美.那么神秘,静得简直令人陶醉。此时此地,我仿佛觉得自己的灵魂已脱离开混沌的大地,变得更加的纯净,更加轻盈,什么人间的烦恼,尘世的喧闹,都不知道跑到哪里去了。

　　穆青的文字是十足的中国式的、民族风格的,无论写人写景、叙事言物,所呈现的画面决不是西洋的油画,而是中国传统的水墨画,素雅而明丽。读着这段清新优美的文字,我们仿佛在啜饮一杯甘甜清洌的醇酒,不知不觉地进入梦乡,朦胧的投入了大自然那安宁温馨的怀抱,在充满着嫩绿的香味中悄然睡去,把一切世俗欲念都抛在脑后。

他在散文领域用词选景十分讲究,虽然没有形成什么流派,但其匠心已得到学界的认可。《在"瀑布之乡"》一文中,前后有五处描写瀑布,没有一处雷同,却一处比一处更为有声有色,不见江郎才尽,反而显得游刃有余,足见其深厚的文字功力。那支娴熟自如的笔出神入化,挟着气势,以雷霆万钧之力,向你直泻而来:

"我站在瀑布左侧的一块岩石上,仰望着那不尽的飞流,从一百公尺(编者按:100公尺即100米)的高度翻滚而下,只觉天摇地颤,山岩在迸裂,惊雷在爆炸!那飞流好似千万猛兽在搏斗,在怒吼,最后互相扭打着翻滚下来,猛烈地撞落深渊,激起一团团巨大的浪涛,溅得满山谷珠飞玉散,一片雾气蒸腾。在阳光的照射下,围绕着瀑布闪现出一条美丽的彩虹,好像是谁撒出一条彩练要把这群猛兽缚住。可是,缚不住,也拦不了,眼看它们穿过岩石,带着愤怒的吼叫声奔进森林,驰入原野,飞向海洋……"

这一段文字,仅200字,把瀑布写的层次分明,活灵活现。不仅有声响、有色彩、有气势,有力度,而且借助了丰富的想象力、精妙的比喻、赋瀑布以生命、灵魂和性格,造成了深邃的意境,寓以深刻的哲理,使人越嚼越觉得意味无穷。在观看委内瑞拉的卡纳马瀑布时,穆青又得到了这样的启示:

水之成为瀑布,正是因为有高度,有落差,所以才有气势,有力量,既可以发出震撼大地的声响,又可形成光华夺目的彩虹,并且有强大的冲击力量。我想,一个人的情况也是一样,思想、品格上没有一定的高度,生活中没有落差,事业上也就发不出声光,形不成气势和力量,像一条平静的河水,只是沿着千年的河道,静静地流……

人是如此,文章是如此,历史又何尝不是如此!①

让历史告诉未来

新闻是时代的瞭望台。"四人帮"被捕后,中央决定加快民主法制的进程——对"四人帮"进行公开审判。如何报道这个具有划时代意义的审判呢?穆青作为新华社的统帅,他站的高度确实超过常人,从一开始,他就为这篇通讯定位,他说:"一定要把它写成一个有深度的历史记录,一定要代表全国老百姓控诉这场闹剧,控诉这个荒唐的时代。它不应该仅仅是审判本身的一些动态记录,而应该是一连串的反思。"

在这攻坚战的人选上,穆青再一次展示了他知人善用的领导智慧,他之所以选中郭超人与陆拂为这两位记者,是他知道这两位记者能堪此大任。

郭超人此时是四川分社的记者。1956 年由北京大学新闻专业毕业,成为新华社西藏分社的一名记者。在这块神秘,艰苦而又饱受农奴制压迫的高原土地上,他冒着生命危险,历经了常人难以忍受的磨难,跟随中国登山队先后攀登世界最高峰珠穆朗玛峰。成功地抵达海拔 6600 米素有"珠峰大门"之称的北坳冰墙下,写出了《英雄登上地球之巅》《红旗插上珠穆朗玛峰》等通讯名篇。创造了世界新闻史的奇迹,在国内外产生广泛影响,而且郭超人在 24 年的新闻实践中,已经显示出他深厚的马克思主义理论功底和驾驭重大题材的能力。这正是眼下撰写《历史的审判》所特别需要的。

陆拂为是低郭超人两年的校友和系友,这时是新华社国内部文教组的记者。"文革"一开始,陆拂为被打入"牛棚",直到 粉碎"四人帮"以后,陆拂为的才华终于得以展现。他与穆青写了《为了周总理的嘱托》《一篇没有写完的报道》,他以诗意多彩的文笔,沉静犀利的思

---

① 穆青.彩色的世界[M].新华出版社、三联书店(香港)有限公司,1992,第 284 页.

考在新闻界独领风骚。在穆青看来,陆拂为身上具有一个优秀记者极其宝贵的东西:正义与才情。这也正是撰写《历史的审判》不可或缺的。

现在穆青、郭超人、陆拂为要联袂上场了。

对于通讯《历史的审判》,郭超人在另一篇文章中回忆说:

这篇通讯是整个审判活动的最后一篇报道,按照预定的计划,是在法庭审判以后发表。这时"四人帮"的罪行,法庭审判的经过,该报道的都报道了。如果这篇通讯还停留在揭露罪行,报道审判,即使写作技巧再高明,结构再巧妙,词句再优美,也是难打动读者的。我们认为,这篇稿子能不能在读者心目中站住,关键在于它的思想深度。"四人帮"的滔天罪行可以说是家喻户晓;"文革"十年的浩劫,人们记忆犹新。但是,是不是每个读者都能用马克思主义的观点对"四人帮"的"兴衰"和十年动乱的始末进行正确的分析呢? 是不是每个读者都能从这种历史现象中引出正确的经验教训呢? 不一定。特别是当时党中央《关于建国以来党的若干历史问题的决议》尚未公布,各阶层群众还存在许多需要解答的问题和需要澄清的糊涂观念。[1]

然而,在当时的历史条件下,要实现作者所期望的,并不是一件轻松的事情。由于"四人帮"的罪行涉及中国政治领域中许多还没有来得及清理的问题,对他们的审判是一件十分尖锐而复杂的斗争。但是在"左"的思想束缚下,主管部门对这次审判的报道限定了一个框框,即只报道其刑事犯罪,不涉及包括"文革","个人迷信","神化领袖"等诸多政治领域方面的内容。

穆青一连几天紧缩眉头。显然,这个框子与他从一开始对这篇通讯的定位不相符。他想,如果仅仅如此,报道就无法触及十年浩劫这场民族苦难的最深处,就不能使历史的创伤变为后世的警训。

12 年后,穆青回忆道:

---

[1]　冯健等.通讯名作 100 篇(修订本) [A].北京:新华出版社,2009,第 405 页.

我们确定,跳开审判"四人帮"过程中可能公布的罪行,从一个大的,站的高一点远一点的角度写,形式上是审判"四人帮",实际上是审判"文化大革命"。这在当时也是很大胆的。

当时,三个人做了分工,郭超人负责写前半部分,陆拂为写后半部分,穆青总把关。

稿子的写作进行得很艰苦。他们一边进行大量的采访,挑选出那些最具本质意义的典型事例;一边查阅马克思、恩格斯、列宁的著作,史书掌故,以做到引经据典,查有出处,既符合事实,又符合法律。他们写得没日没夜,整整苦干了三个多月,终于写出了一万多字的初稿。

稿子改了一遍又一遍,一直改到了第六遍。穆青让人把稿子打印成若干清样,没有署名,分送给编辑部的一些同志听取意见。有一位同志一看,有太多不符合上面的框子的东西,他拿起笔就往下划,划掉一大堆。后来他听说这篇稿子是穆青参加写作的,又赶紧把划掉的恢复上去。事后,穆青对陆拂为讲:"权还是需要的,不然什么事也干不成。"这句话透视出穆青对这篇稿子的坚定不移的态度。①

1981年1月26日,也就是对林彪、江青反革命集团10名主犯终审判决的第二天,署名穆青、郭超人、陆拂为的《历史的审判》终于由新华社向全国、全世界播发。

它集新闻、通讯、报告文学和政论为一体,高屋建瓴,气势磅礴,把新中国成立以来的这幕悲剧撕开来,淋漓尽致地剖析在世人的面前。

《历史的审判》这篇通讯用夹叙夹议和饱含哲思的笔法写道:

也许在若干年以后,我们的后代对上述这一切将难以置信,但不幸的是,它确实是发生在我们这一代人生活中的事实。我们每个活着的人,都曾经为它感到极度的羞耻。请不要轻视这种羞耻吧。正如马

---

① 张严平.穆青传[M].北京:新华出版社,2005,第319~328页.

克思所指出的:"羞耻已经是一种革命","羞耻是一种内向的愤怒,如果全民族都真正感到了羞耻,那它就会像一头准备向前扑去而往后退缩的狮子"。经过了十年羞耻的退缩,我们民族终于像一头雄狮一样,冲出了封建专制和迷信的牢笼,勇敢地向林彪、"四人帮"一伙扑去,并把他们捕获到今天的审判台前。

文章最后又颇具思辨性地写道:

当我们离开特别法庭驱车返回时,在雄伟的天安门广场,在庄严的人民英雄纪念碑周围,人们正在凛冽的寒风中等候着特别法庭对罪犯们判决的结果。是的,重温十年浩劫的历史,不能不又一次勾起人们内心的伤痛。但是正如恩格斯所指出的:"没有哪一次巨大的历史灾难不是以历史进步为补偿的。"一次毁灭性的地震之后,清理废墟上的败瓦残砖,是为了重建田园,兴建新的大厦。在一场祸害的、酷烈的"政治地震"之后,我们的人民变得更加清醒和成熟,我们的国家重新焕发出了勃勃的生机。

这篇稿子由新华社播发后,在全国产生极大的影响。

第八章　在社长岗位上[*]

创办《瞭望》周刊

上世纪 80 年代初,在关注中国改革的同时,穆青也一直在思考新华社自身的改革。在他亲自策划和领导下,新华社陆续创办了一批报刊,使业务领域有了很大拓展。

穆青亲自主持创办《瞭望》周刊,并领导了周刊初期逐步发展的全过程。从瞭望周刊社成立,十几年中他一直兼任着瞭望周刊社社长。1992 年,他 72 岁时从新华社社长岗位上离休,但仍然继续担任瞭望周刊社社长。

创办《瞭望》,他并非心血来潮,而是缜密思考后的决策。他深感要促进我国新闻事业的发展,应该办一本类似美国《时代》周刊那样的

---

[*]　说明:本章请新华总社《瞭望》周刊原总编辑陈大斌先生审订时,陈先生认为,穆青作为新华社的领军人物,提出了"建设有中国特色社会主义现代化世界通讯社"的宏伟目标,建议重点写穆青在"向世界性通讯社进军"过程中的一些曲折感人的事迹。考虑到新华社记者张严平女士在《穆青传》中写得比较翔实,故作者《在社长岗位上》这章节上没有过多去写穆青带领他的团队排除万难在海外成立分社的过程。

杂志。①

《瞭望》创刊时是月刊,1981年4月出版了第1期。月刊初创时人手紧张,直到正式出刊一年后,编辑部也只有八个人。穆青亲自主持开会商讨月刊的编辑方针及编辑、出版流程,参与确定刊物的主要栏目及重点稿件的设计组织,有些重要稿件是他出面组织来的。试刊出版时,他写了一篇热情洋溢的发刊词:《时代的声音,历史的记录——写在〈瞭望〉创刊的时候》。

1982年3月,穆青主持召开瞭望周刊筹备小组第一次会议。经过讨论,大家确定了周刊的性质和编辑方针,即:它是一本政治性、时事性、知识性相结合的综合性新闻周刊。它应立足国内、面向世界,要对国内外重要动向作出准确、迅速的报道,同时要对国内外形势作出权威性分析,作出权威的、可信赖的报道。会议还认为,《瞭望》周刊也应遵循新闻周刊的运行规律,办出周刊特色,形成周刊的优势。要按照国际上新闻周刊"集一周于一日"的办法办刊,既对一周来的大事做出简明扼要的报道,又要对当前重大问题做出深入细致的综合分析。

在穆青的主持下,从全社范围内抽调业务人员支援《瞭望》。新华社各部门的业务人员直接调入,分社人员则先行借调。短短一个月内,调集了包括国内、参编等部门的副主任,国内国际等部门的一批编辑组长、业务骨干在内的二十余人。

次年6月,新华社党组决定加强领导,成立瞭望周刊社,穆青兼任社长,新华社副社长、总编辑冯健兼任《瞭望》周刊总编辑,同时还建立了包括社党组成员、一些部门负责人参加的瞭望周刊编委会。社党组要求《瞭望》周刊在保证月刊继续出版的同时,加紧筹备,在当年9月出版周刊试刊。

8月底,试刊正式开始运行。为了完全"仿真",社委会决定在9月一个月内每周出一本,共出四期试刊。编辑部成立两个小组,第一组负责一、三两期,第二组负责二、四两期,每期全部工作流程排成一

---

① 胡国华.真情老头儿.郑德金等主编.难忘穆青[A].北京:新华出版社,2005,第62页.

个"雷打不动"的日程表。按规定步步推进,环环相扣,于 9 月 5 日、12日、19 日、26 日按时完成四期试刊的出版任务。

同时,在试刊发行时附上一张《读者意见表》,向广大读者征求意见、建议。四期试刊出齐后,编辑马上进行实战总结,并整理读者反馈来的意见。

周刊正式出版后,穆青又带领大家继续前进,要尽快出版《瞭望》周刊海外版。在新华社党组研究《瞭望》海外版问题的会议上,穆青说,《瞭望》从创刊以来,编辑部一直处于紧张状态。《瞭望》事业的发展好比"三级跳",从月刊到周刊是一次跳跃,现在要出版海外版,是第二次跳跃。出海外版使新华社的宣传多了一个层次、一个阵地。对海外版,穆青提出新的要求,他说,海外版内容文风都要有别于国内版,文风要更尖锐、泼辣,思想观点更鲜明,报道更有权威性,真正显示出自己的独特风格。为了办好海外版,他要求新华社各个部门在报道稿件上,在对外报道的采编人力上,大力支持海外版。

在穆青的直接领导下,瞭望周刊编辑部像一部动力强劲的机器高速运转。在周刊正式出版的当年,就出版了周刊海外版。这年 9 月 3日,《瞭望》周刊海外版(开始时称北美版)在美国纽约创刊。

1986 年 1 月,《瞭望》周刊在香港设立驻港办事处,海外版由纽约迁至香港出版,向全球各地发行。

但是,汉字繁体字本的海外版还是有局限性的。虽然经过多种媒体的转载,但它的主要读者还局限于汉语圈内。穆青说,新华社党组给《瞭望》周刊确定的目标是立足国内,走向世界,形成系列刊物,办成有中国特色的、有高度权威的世界性新闻周刊。它的读者绝不可局限在讲汉语的人群中。于是,穆青又抽调人员,开始着手《瞭望》英文版的筹备工作。

这是穆青带领《瞭望》开始的"第三次跳跃"。他主持新华社社党组会议,决定调集英语采编人员,筹备出版《瞭望》周刊英文版。

1985 年春天,筹备人员组成考察组赴美国考察《时代》等新闻周刊的工作流程。9 月 16 日,《瞭望》周刊英文版试刊第一期出版,英文刊名是:CHINA'S NEWS WEEK OUTLOOK。

从 1985 年到 1986 年间,英文版先后出版四期试刊。后来由于各种原因,《瞭望》周刊英文版和海外版先后停刊,但它们在海外产生了一定的影响。①

新闻要贴近生活贴近群众

提起《瞭望》周刊,不少人总以为《瞭望》的关注点是中央、高层。其实,穆青还经常提醒记者,《瞭望》应该更多地关注、报道普通人民群众的生活。

《瞭望》周刊从 1989 年第 44 期开始,开辟了一个新栏目:《中国人心态录》,在读者中引起强烈反响。这个栏目是怎样诞生的呢?

这也是穆青亲手设计出来的。1989 年 11 月的一天,穆青把瞭望编辑部其他负责人叫到他的办公室。他说:"我们的新闻报道应该更加接近实际生活,记者的思想感情应该更贴近群众。前几天,我翻阅了一本美国人写的书,书名叫《大分裂》。我边读边想,觉得我们的编辑记者应该多采撷一些能够引人入胜的实录性新闻。"

"我们一贯提倡记者深入基层、深入生活、深入群众。我们新闻工作的任务之一就是反映人民群众的意见、愿望、呼声。但是,翻开我们的新华社新闻稿和社办报刊,真正来自基层、来自群众,反映他们的心声的稿件还是太少。应当发动我们的记者深入到群众中去,访问工人、农民、基层干部、知识分子、解放军战士,了解他们的欢乐与苦恼,倾听他们的意见和要求,用实录性文体将它朴素地再现出来,使我们的报道能够反映各个阶层的声音,使读者透过我们的报道能够了解社会上各种人的心态,了解人们在想些什么,希望些什么?《瞭望》可以考虑开办一个新栏目,每期登一两篇这种文章。积累起来,我们就能够从中听到时代的声音,看到社会的动向。""多年来,我们在新闻写作

① 陈大斌.穆青与瞭望周刊.百年潮[J].2009 年第 6 期,第 42～47 页。

上养成了一些很不好的习惯:一是报道中抽象的概念和枯燥的数字太多太滥;二是客观报道形式运用得不纯熟,记者动辄自己站出来讲话;还有一些青年记者喜欢把花花哨哨的形容词和故弄玄虚的新名词写进新闻报道中。采写实录性新闻,这一套就不灵验了。老百姓嘴里没有那么多一套套的概念和一堆堆的数目字。他们对生活的感受都是具体的,他们有自己的语言。60年代,我曾采访过王铁人,他的语言很有个性。像他讲'恨不得一拳头砸出一口井来','我就不相信油都生在外国,都在外国人脚下'。这是记者怎么苦思冥想也想不出来的。"

接着,穆青从文风讲到记者的作风,讲到调查研究,显然,他想以改变记者采访作风来促进改进新闻报道。他对提倡"实录性"新闻寄予厚望。他说:"这些年,我们在深入基层调查研究方面是有成绩的。但是,仔细推敲起来,调查研究中还有一些值得注意的问题,或者说还有一些需要改进的地方。你提倡深入基层,他也去了基层,但去的仅仅是基层'衙门';你提倡调查研究,他也进行了调查,但调查的对象主要是各级干部,研究的主要是他们提供的材料。有的记者即使到了县里,住的也是县委县政府的招待所,一群干部围着团团转。听到的情况也大多千篇一律。有时,记者跑上十几个县,都是这么一套。结果,辛辛苦苦到了基层一趟,还是没和多少普通群众见面,还是没有了解到老百姓的意见和看法,无法反映他们的要求和愿望。"

他还批评一些记者:"在任何场合都喜欢暴露自己的记者身份,还没有说话就先拿出了笔记本。其实,与老百姓一见面就亮出记者证,拿出笔记本,效果往往不好。封建社会有些官员还会微服私访呢,何况我们记者? 你就往地头场边一坐,与人闲聊,从眼前身边的事聊起,像拉家常一样,就能了解到不少情况。人家也不问你是干什么的。学会与各行各业的人拉家常,这不单单是采访艺术、采访技巧问题,至少,你还得对他们有些感情,会用他们的语言说话。"

最后,他对开辟这个栏目提了一些具体建议。他说:"实录性新闻的题材应当是十分广阔的。选择采访的对象可以是各行各业的普通群众,也可以是某一界、某一方面的知名人物;可必须着眼于人民群众普遍关心的问题和社会现象,请他们谈自己的看法、意见、见解、建议等,也可以请他们谈自己的某一段经历或感受最深的一件事情。人民群众的意见、要求、愿望、呼声,并不都是尖锐的批评性意见,更不等于牢骚。"①

自从穆青提出实录性新闻的写作之后,在新闻界自觉或不自觉地实践着,像范敬宜这样的大家,即使在全国人代会的紧张时间里,也亲自写了一些实录性的新闻,如《打的赴会》、《申纪兰寄语新一代》、《"难点"与"亮点"》等,读来有股清新之气,沁人心脾。《打的赴会》写的是范敬宜一次在打的去开人代会的车上,"实录"了出租司机的一些话,包括对市政建设方面的建议:诸如部门太多又互不相干,各管各的,管修路的不管修煤气,安煤气管的不管安自来水管,安自来水管的不管按电话线……原汁原味,口语化,不用总编的语言去加工,并且确实通过这位出租司机的一些话,反映了社会上一些人的心声,非常贴近实际。出租司机没有收范敬宜的打的费,范敬宜还在报道中写出了出租车的车牌号,这就更让人相信了。起到了很好的宣传效果,很受读者的欢迎。

有范敬宜这样的大家带头写实录性新闻,让穆青的新闻理论像一股清新之风,吹向新闻界的每个角落。

提倡用散文笔法写新闻

1982 年 4 月 6 日,穆青被中共中央任命为新华通讯社社长,这一年他 61 岁。

经历了半个多世纪人生风雨的穆青,此刻他内心感受的不是兴奋,而是一种沉甸甸的责任。

此时,美联社、法新社、路透社等通讯社,以消息快速准确闻名中

---

① 陈大斌.穆青与瞭望周刊.[J].百年潮.2009 年第 6 期,第 42~47 页.

外;新华社由于历史的原因,一度在国外口碑不佳。如何扭转这个颓废的局面呢? 穆青安排一批熟悉国际通讯社的同志去打前站,充分了解国外通讯社的发展情况,为新华通讯社跻身世界大社寻找快速裂变的捷径。

在国内报道上,穆青着手了一系列新闻改革,目的是让新闻深入人心,达到宣传效果。

早在 1963 年,穆青就尝试用散文笔法写新闻,由于他当时只在新华社上海分社推广,没有达到很好的效果。走上社长岗位后,穆青再次提倡用散文笔法写新闻。他同新华社四川分社的负责人谈话中指出:

要改革新闻报道,就要对长期以来旧的新闻概念进行重新研究,重新认识。不能满足于从资产阶级那里接收来的关于新闻概念的含义。我们国家的社会主义性质,决定了我们要赋予新闻以新的含义。只要是能鼓舞群众、能推动工作、能产生极大精神力量的新情况、新事物、新思想、新人物、新动向、新问题、新成绩都是新闻,都应当也都可以用新闻的形式加以表现。我们不应当为新闻报道人为地设置清规戒律。我们要鼓励和支持记者捕捉社会生活中最重要、最生动、最活泼的新事物,鼓励和支持记者探索最能反映丰富多彩的社会生活的新闻形式。我们的时代,应当是新闻、速写、特写比较发达的时代。大家或许已经注意到,在资产阶级世界,新闻报道的形式正在发生很大的变化,在向散文式的方向发展。他们的新闻记者中有些人主张,新闻中最重要的东西不一定要放在前面。他们说:要把自己最精彩的东西献给能忠实读完我的报道的读者。这至少说明长期以来当作新闻规范的"倒金字塔"的形式正在突破;新闻报道不仅要注意开头,还要注意结尾。在外国记者的一些成功的新闻报道中,有两个明显的变化:一是注重评论,就是不完全是用事实本身讲话,而是利用各种事实来发表议论,发表看法。另一个是注重抓细节,抽象的东西用生动活泼的细节表现出来。

我认为，我们的新闻报道形式和结构也可以增加自由活泼的散文形式，改变那种沉重的死板的形式，而代之以清新明快的写法。只有在这方面有所创造有所突破，才能真正对八股式的新闻做点改革。

我想，我们能不能提出这样一个口号，就是新闻报道要注意文采。也就是说，我们的新闻报道不仅内容是健康的，积极的，向上的，而且语言文字、表现形式也是新颖的，也是美的。我们的报刊和新闻报道有着巨大的影响，它们不仅要直接引导读者，指导工作，而且对一代人的成长，对一代文风的形成，对整个社会的精神风貌都有很大的影响。现在，我们的不少新闻报道像公文，像总结报告，而不少读者由跟着学习和套用这种文体，逐渐变成一种社会现象。这种社会现象又反过来影响我们的报刊，我们的记者，形成一种恶性循环。因此，改革新闻报道，开创一代新文风，开创一个与我们奔腾前进的时代风貌相适应的新的报道局面，是摆在我们每个新闻工作者面前刻不容缓的任务。[1]

实践证明，穆青所提倡的用散文写新闻，是卓有成效的。当今的名记者几乎没有不受穆青作品影响和理论熏陶的。郭玲春就是其中的一个。

郭玲春1965年从复旦大学中文系毕业，先是分配到文化部，后来进了新华社。一进社，她就显示了她身上与众不同的东西，不喜欢循规蹈矩，不愿随波逐流，当一件事出来，大家都在往一个方向上想时，常常是她的想法与众不同，而且她会快言快语地把自己的想法讲出来。这样的性格直接影响到她的新闻采写。面对形式上千篇一律的"新华体"，她常常以颇有特色的新闻作品向社会发言，她用鲜明的创新精神，走出了一条成功之路。继《金山同志追悼会在北京举行》获1982年全国好新闻奖后，她采写的《全国优秀新闻工作者表彰大会在京开幕》又获1984年全国好新闻消息一等奖。同一个作者，写的都是会议新闻，一个是表彰大会，一个是追悼大会，内容、场面、气氛迥然不

---

[1] 穆青.穆青论新闻[A].北京:新华出版社,2003,第191~193页.

同,但却都为读者所欢迎,为新闻界所首肯,这是偶然的巧合吗? 按郭玲春自己的话来说:

穆青社长非常肯定一名普通记者的创新,我心里很感激的。从此我就感觉,我可以更放开手了。思想放松了,笔也就放松了,打这,我便试图在每一篇稿子中都写出一点不一样来。于是,就一路写下来了。这一路文字后来编辑成约 20 万字的《郭玲春作品选》。①

仅举郭玲春写的两篇消息的导语来看其散文笔法:
其一:

在全国有影响的刊物《人民文学》,今天下午庆祝创刊 35 周年时,既畅谈成绩,又把它在三个时期所经历的曲折与失误,公之于众。主编王蒙说:"我们只想说明,国运兴,文运也兴。刊物的命运是和国家的命运连在一起的。"这声音回荡着历史感。

昨天与今天的对比,国运与文运的关系,记者把事实升华为一种具有思辨性的哲理。导语紧紧抓住这一点,新闻的思想提高了,主题深化了,运用散文笔法让这条新闻具有了生命。
其二:

"没有人为他主持这最后的仪式,也没有人为他致悼词,只有他的家人,他亲近的朋友和弟子,今天在八宝山公墓一个朴素的灵堂里,向他——中国著名的文学家沈从文先生告别。……人们将一株月季放在他的身边,淡淡的色彩和一缕清香,正如他令人怀念的一生。"

这些散文笔法的导语给人留下了深刻的印象,它们没有一条是不

---

① 张严平.穆青传[M].北京:新华出版社,2005,第 383～384 页.

可理解的,同时又没有一条不是创新的,在可理解性和独创性之间,郭玲春同志执著地追求它们组合的最佳化,用丰富多彩的审美旨趣开拓报道空间,借变化多样的手法传达信息,显示出一个记者的丰厚功底。

也许是近水楼台先得月,新华社记者南振中、冯森龄、李尚志,还有吴锦才、朱幼棣等一批记者,采写了许多优美的散文式新闻,犹如烂漫的山花散见报端,令人赏心悦目,心旷神怡。新华社编选出版的《散文式新闻选粹》,荟萃了 60 位中青年记者的 114 篇散文式新闻佳作,五彩纷呈,目不暇接,被人们争相传阅,广为传颂。①

十分爱护和倚重人才

1983 年 3 月,穆青在新华社召开的国内工作会上提出:建设具有中国特色的世界性通讯社。他在讲话中指出,新华社的改革是为了建设一个具有中国特色的与中国国际地位相称的世界性通讯社。我们要为实现这个伟大目标而献身。如果我们这一代人不能实现这个任务,我们就无颜面对革命先辈,无言面对 10 亿中国人民。

穆青认为,世界性通讯社主要有五个标志:首先,它能及时地,充分地反映本国和世界各地发生的重大的新闻,包括一定质量、数量的文字、图片新闻。其次,它应有收集全世界新闻的工作体系,有遍布全世界的记者网、新闻来源及全世界的订户。第三,它有用现代化技术装备起来四通八达的通讯线路,和分布在全世界的向报纸、用户供稿系统。第四,它有一批纵论世界风云的名记者、名编辑、名评论家。第五,它有相当多的经营项目,相当可观的收入。②

也就从这时候起,人才问题成为穆青脑子里的头等大事。他倾吐自己后半生的两大心愿:"建一座大厦,带一支队伍。"

早在 1980 年,作为分管国内业务和人事工作的党组副书记、副社长穆青,已经意识到新华社队伍面临的老化危机。他在党组会议上提

---

① 穆青.穆青论新闻[A].北京:新华出版社,2003,第 207 页.

② 同上.第 211 页.

出要解决两个"青黄不接"：一个是领导班子的"青黄不接"，一个是记者编辑队伍的"青黄不接"。当时，编辑部里最年轻的记者是65届毕业的大学生，分社的领导班子成员平均年龄接近60岁。

社党组对这个意见给予充分肯定。从这一年开始，连续几年，新华社以每年150人左右的速度输入一大批年轻的记者编辑。同时，由穆青提出，新华社连续举办业务培训班，目的是培养业务骨干。并邀请美国亨特学院新闻学教授詹姆斯·阿伦森在培训班上讲授《新闻采访和写作》；同时也邀请国内专家给新华社记者和编辑讲授科技知识、国际知识、心理学知识等专题讲座，不仅在当时的新华社，而且在新闻界都产生了深远的影响。

新华社的队伍建设在停滞了近20年之后，又重新焕发生机。1984年1月5日，穆青在日记中写道：

国家要建设，事业要发展，各方面都需要人才，新华社要建设世界性的通讯社，人才更是关键。怎样才能多出人才，快出人才，是武器多一点好，还是少一点好，阵地宽一点好，还是窄一点好，要求严一点好，还是松一点好？我看应该是前者而不是后者。有时候我是相信背水一战的，许多事情到没有退路的时候，也就是逼上去了。

开拓局面需要人才，而人才也往往是在开拓局面中涌现和培养出来的。历代创业的王朝都是人才济济，我们创业的革命前辈本身也说明这个问题，看不到这一点是不对的。

1984年6月19日他又写道：

新华社对干部的教育一直强调两条：一条是对党的事业要有高度责任心，再一条是对人民群众要有深厚的感情。我认为这两条是新闻记者必须具备的政治素质，缺乏这两条，不可以成为党的优秀的记者。

1992年，他在卸任之际对郭超人嘱托：管理者要关心人才的成长，更好地发现人才,培养人才,使用人才。让新华社这支队伍成为一支人才辈出、群星灿烂的队伍。

老一辈新华社的人都知道,穆青是一个爱才的社长。山西分社记者冯东书,善于与基层老百姓打交道,爱动脑筋,思想活跃,常有一些标新立异的新观点。但他的文字功底比较粗糙,他戏言自己是"抱着字典写稿的人"。穆青十分欣赏他的长处,每当冯东书来总社,他总要把他请到办公室听他讲农村所见所闻,穆青从中了解不少基层情况,也为冯东书出了不少报道上的好点子。后来冯东书成为中国新闻学院的教授,并出版了《陈永贵传》,这些都与穆青的培养有关。

李峰在《民主定音 团结聚人——缅怀和学习穆青同志散记》写道:

穆青从社长岗位上退下来以后,有一天我们谈心。他说,他想写写冯森林。这位年长于他的同志,曾长期在西藏、广西和陕西当分社社长。穆青给我说这话的时候,冯森林同志已经去世多年了。他生前虽然没有留下轰动全国的名篇名著,但工作十分敬业,坚持原则,为人忠诚老实。记得他写的一部内部报道说,解放20多年了,革命圣地延安还有人穷得要饭吃。白天怕在延安大街上要饭碰到外宾,给咱党丢人,有的饿着肚子,等天黑了再去。这种让人闭门编都难编出来的事,冯森林是从西安延安夜访时见到的。在此之前,他曾因一些报道受到过有关方面不公正的对待。穆青说:"我写了,他说(在书上)留下来了。要不再过几年,恐怕就没有人知道他了。"我从他深沉的话语中感悟到了,穆青对全身心为新华社奋斗一生的老同志感情之深;我也更加明白,为什么那么多老同志,在穆青生前,愿与他风雨同舟拼命干;在他逝世后,如此深切怀念他。

穆青有重团结的好名声,一个重要的原因是,他注意团结犯了错误承认错误的人,以及反对过自己反对错了的人。在"文革"中,有人对穆青做过极不应该做的事情。对这样的同志,穆青不找茬给"穿小鞋"，安排工作仍使之"各得其所"，有的还要放在重要工作岗位任用。①

让世界了解中国

在对外宣传报道中有一种习惯的提法，叫作"后发制人"。这一提法表现在实际报道，工作中，就是对国内发生的一些重大事件或突发事件，"主动"地先让国外新闻机构按照他们的观点进行报道，而我们对这些重大事件或突发事件要等到一定时机，作了一定的准备后再作报道，这样可以避免出差错。应该说，在某些情况下，从党和国家的利益出发，"后发制人"可以使新闻内容在政治上考虑得全面一些，事实也更扎实些，确实有好处。但是过分强调了，对许多重大事件和突发事件迟迟不作报道，待外电、外报沸沸扬扬地折腾一阵子之后，我们才出来进行"澄清事实"的报道，结果，国外读者看了外国新闻机构报道后，先入为主，已经形成一定的印象，往往不仅收不到"澄清事实"的效果，而在某种程度上"证实"了已经被歪曲的事实"确有其事"，因此，从某种意义上说不仅没有"后发制人"，而是"受制于人"。②

1985 年 10 月，穆青在新华社召开省市报纸国际新闻报道座谈会上沉痛地指出：

长时间以来，我们的对外宣传，特别是新闻报道，声音非常微弱，世界上很多地方听不到我们的声音。这和我们国家的重要国际地位很不相称。外国报纸上刊登的、电台广播的有关中国的新闻，基本上是外国通讯社、外国报纸的记者从中国发出的报道，而这些记者大都是根据他们的观点报道中国，这就不可避免地在国外对我们的形象有

---

① 李峰在.民主定音团结聚人——缅怀和学习穆青同志散记.郑德金等主编.难忘穆青[A].北京:新华出版社,2005,第 62 页.

② 杨金洲.从改革对外新闻中想到的[A].新华社对外部中文采编室编.让世界了解中国.北京:中国工人出版社,1990,第 540～542 页.

所歪曲。①

　　穆青认为,发生重大事件时,我们的新闻机构默不作声,给读者的印象是既不能迅速传递信息,又无视客观事实,有掩盖事实真相之嫌。这就直接或间接地损害了我国的形象和我们宣传报道在国外读者中的声誉,在客观上帮了外国宣传机构的"忙",帮他们树立了声誉。穆青说,"如果我们的对外报道不很好地针对国外关心的问题作出正确的回答,而是回避这些问题,还在那儿单纯地报道什么新成就、新发现、新发展(这些报道当然还是需要的),即使新闻写得再好,人家兴趣也不大。"

　　如何让世界了解中国呢?穆青适时提出:"新华社必须实现两个根本性的转变:一是从过去以对内为主转变为以对外为主;二是从过去只搞报道转变为'一手抓报道,一手抓供稿。'"②

　　在这种思想的指导下,新华社加强了对外报道的力量,在宣传方面已逐渐由对国内为主转变成国内外并重,在某些方面以对外为主,比如,新华社1982年4月8日外电稿《逛书店——汪道涵市长的最大嗜好》就在国外一些报纸上刊登的较多,很多外报采用时直接将标题改为"上海市长爱逛书店",文章写道:

　　新华社上海1982年4月8日电(记者白国良)熟悉再次当选为上海市长汪道涵的人们,都说他是一个"书迷"——每天,尽管有时工作到深夜,他也要从堆满床头的书中,拿出一册看看。

　　人们说,汪道涵平时的最大嗜好是逛书店。因而,在市区中心的七、八家书店里,常常可以看到他的身影。汪道涵每月都要购置一些书。书的内容,从文学评论、历史专著、名人传略、音乐、美术,到科技专著、经济理论,等等,古今中外,无所不包。

①　穆青.穆青论新闻[A].北京:新华出版社,2003,第295页.

②　张严平.穆青传[M].北京:新华出版社,2005,第351页.

遇到书店顾客少时,汪道涵甚至要坐在店堂的椅子上看上一会;有时碰到售货员吃饭,他还要看看吃些什么,询问一些他们的生活情况。

书店的售货员告诉记者,凡是有关经营管理的新书一到,汪市长总是要来购买,有时买得很多。听他说,除了自己看外,还要推荐给别人。

汪道涵常说,全市每个企业都提高了经营管理水平,每个企业领导人都成为名副其实的好经理,上海就会搞好了。书店售货员说,这可能就是上海最大的"经理"汪道涵买很多书送给别人的"奥秘"吧!

据市政府的工作人员说,汪道涵在讲话中常常"引经据典",有时还要在大会上向大家推荐学习某一本书。

"看不了大部头的书,看小部头的书;看不了厚书,看薄书。古今中外的书,最好能多看点。多读点书,才能适应工作的需要。"这就是汪道涵的读书观。

这位主持中国最大工业基地的市长的其他业余爱好还有:听外国古典音乐,看京剧,下围棋。①

建设世界性通讯社,对内宣传是不是不重要了呢? 穆青认为同样重要。他说:"我们从来没有说过转向对外以后就可放松或削弱国内宣传。我们执行的是对国内、对国外的宣传报道并重的方针。通过我们强行贯彻让世界人民直接听到中国的声音的指导思想,现在国外报纸上可以更多地看到新华社的消息了。"②"我们只要用轻松耐读可信的信息占领了外电外报,中国的形象才会在世界上有所提升。"没多久,新华社对外部中文采编室选编了一本《新华社对海外报道优秀作品选》,穆青看完书稿,欣然题词并将书名改为《让世界了解中国》,并说,我们现在正在考虑的问题是,怎样把中国的形象正确地向世界宣传。我们要为中国争气。过去由于我们宣传没有上去,使一些人得出

---

① 文赤桦.逛书店——汪道涵市长的最大嗜好[A].新华社对外部中文采编室编.让世界了解中国.北京:中国工人出版社,1990,第 26 页.

② 穆青.穆青论新闻[A].北京:新华出版社,2003,第 296～297 页.

一些不正确的结论。比如,外电报道了,而我们则报道不够,形成一边倒对我们的形象损害太大。过去我们讲后发制人,这也是需要的,但不能忽视先入为主的作用,在这方面的宣传我们是有教训的。有些事情明明知道外国人要报道,还不如我们先报道。我们要加强新闻时效的改革。比如,大兴安岭大火,我们及时做了报道,在国外起到的宣传效果就比较好。

在谈到新闻改革时,穆青坦诚地说:"新闻需要改革的东西很多。我坐在新华通讯社社长的位子上心里总是不安,这倒不是怕犯错误,主要是如何能够对内对外使我们的新闻报道发挥更大的作用,更大的影响。有人说,现在有的人越来越不信我们报纸,反而相信西方的东西。我觉得这是宣传工作的耻辱,我们做了几十年宣传工作,在这样新形势下不能很好发挥作用,是失职。我们的事业是伟大的事业。我们正在进行伟大变革,我们要走出一条中国式的道路。我们的宣传应该与这个时代,这个要求相称。我们的任务是相当艰巨而繁重的。我们应当拿出一些有吸引力的东西,及时回答我们应该回答的问题。"①

文字摄影两翼齐飞

作为文字记者的穆青,一直没有意识到新闻摄影对于新华社走向世界究竟有着什么样的意义。拿了一辈子笔杆子的他,一直觉得那个能"咔嚓、咔嚓"的黑玩意儿与文字报道是不能相提并论的。他陶醉于他的文字报道世界中。

很快,穆青的这种陶醉在走出国门以后被打破。他有过这样一段自述:

1984年我去美联社,他们董事长出面,又是请吃饭,又是带着参观,但他们对我们的图片也不感兴趣,他们让我参观他们的图片,他们

① 祺盉.访穆青.视听界[J].1987年07期.

在那个时候就是用电脑处理图片,他们让我当场写了几个字,从这边输进去,从那边机器上图片就出来了,而且还可以用机器对图片进行修改,技术真是先进。我当时实在是受了刺激。我想我们什么时候才能有这么个好玩意!

我们新华社当时是怎样把图片发给人家的呢? 我们是自己先把图片印好,包成一包一包的,再通过邮局寄给人家。人家打开后,一看都是一个月以前的或半个月以前的,那谁还用你的啊? 早都扔到纸篓里了。

我当时就提出和美联社交换图片,结果他们不干,说你们的图片没有用,你们要我们的图片得拿钱来买。把我气得不行。我回来后,说:不行,这太没面子了,还是要去交换。后来跟美联社达成协议,一天交换 6 张。

就是在这种情况下,我深受刺激,才提出要"两翼齐飞"。我们的文字硬起来了,图片也应该发展,也要硬起来。说到底,我们是被别人逼出来的。①

作为中国国家通讯社的领导者,虽然从事了多年文字写作,已是知名的文字记者,但穆青从新华社和党的新闻事业的全局出发,对我国新闻摄影事业的落后局面以及新闻摄影在新闻事业中的地位和作用有清醒的认识,是少数最早的觉醒者之一。②

1981 年 12 月 12 日,穆青在新华社第九次国内分社摄影工作会议上指出,"从客观需要来看,我们的新闻照片无论在数量和质量上都还有很大差距,或叫很大的潜力。首先是数量不够,对内对外都需要大量的照片……照片要能吸引人,感动人,我们应该狠抓质量。"

1983 年 3 月 4 日,在新华社召开的国内工作会议上,穆青发表了题为《建设具有中国特色的世界性通讯社》的讲话,他指出,"摄影部

---

① 张严平.穆青传[M].北京:新华出版社,2005,第 392~393 页.

② 盛希贵.再论穆青对新闻摄影事业的贡献[EB/OL].中国摄影家协会网,2011.

也要加强对外的图片报道。图片报道要列入分社议事日程,全分社都要关心摄影报道。对内报道、对外报道、摄影报道一盘棋,要通盘考虑,全面考核。"

1985年2月,穆青在新华社国外工作会议上提出了"摄影报道是现代化通讯社不可缺少的一翼"的精辟论断,把摄影报道和文字新闻相提并论,这在中国国家级新闻机构的领导层是最早的,尽管如此,穆青还在自责:"我觉悟得太迟了。"

正是得益于穆青对新闻摄影的高度重视,这一年,新华社为全国28个分社和国外一批大分社装备了50台进口的便携式AP821型照片传真机,构建了当时唯一的全国性图片传真网,结束了航寄传递图片的历史,大大提高了图片传递速度,也就大大提高了新闻摄影的时效性。

1986年2月,他在新华社第十次国内摄影工作会议上再次论述:"没有图片报道,新华社就不能成为一个世界性通讯社。一个图片、一个文字,这是新华社腾飞的两翼,缺少哪一个都飞不起来。"

穆青在这次会议上发出号召:"我们必须奋起直追。为了和文字报道同步发展,摄影报道要跑步前进,要急行军,一天120里,争回已经丧失的时间。"他同时大声呼吁:"要扫除重文字轻摄影的陈腐观念。"

他的话切中了中国新闻界的时弊。长久以来,不仅新华社乃至整个中国新闻界都普遍存在着重文轻影的倾向。新闻摄影只能当"配角"不能当"主角";新闻照片只能在报纸上起到点缀、美化、补充版面的作用,不能独立报道新闻;摄影记者只会照相不会写稿,文字记者只管写稿不屑照相。诸如此类,人们习以为常。以至于在中国新闻学理论体系和新闻教科书中也基本上未把新闻摄影列入其中,新闻学实际上是"单翼文字新闻学"。

在中国摄影界,对这一问题的深切反省不乏其人,其中新华社摄影部研究员、曾经连续四届担任中国摄影学会会长的蒋齐生,一直都在为改变图片在新闻中的"附庸"地位而殚精竭虑,奔走呼号。他很早

就提出"新闻摄影是党在新闻宣传战线上的一个独立兵种。"进入 80
年代,他首次提出报纸工作应"图文并重"的理论观点,却少有人问津。
当身为国家通讯社社长的穆青,以他特有的身份和地位,提出"文字、
图片两翼齐飞"的新闻思想,最终促动了新华社及中国新闻界从观念
到实践上的一次大变革。

1990 年 8 月,中国记协和中国摄影学会在银川召开首次全国报纸
总编辑新闻摄影研讨会,这就是后来被称为中国新闻摄影划时代起点
的"银川会议"。在这次会议上,"两翼齐飞"论获得与会者的一致赞
成,大家由过去单一的"文字头脑",增加了一个"图片头脑"。包括新
华社总编辑在内的四十多位报社老总达成共识,确定把穆青提出的
"两翼齐飞"和蒋齐生提出的"图文并重"并列为办报指导思想,称之
为"图文并重,两翼齐飞。"①

银川会议之后,这一指导思想在中国新闻界如燎原之火,先后出
现了全国大报总编辑自发地组织新闻摄影研讨会,尔后,省报开始大
幅度刊发冲击力较强的摄影新闻作品,这个传统延续至今。

风帆起珠江

大江流日夜,风帆起珠江。

站在珠江三角洲这块中国改革开放先行一步的热土上,放眼世界
风云,回眸浩浩神州,你不能不感受到一股时代浪潮对你的推涌。在
中国共产党领导的驶向现代化的远航中,先行的航船既然已鼓满风
帆,浩荡的船队也必定能乘风破浪,一往无前!

这是穆青、胡国华、王志刚三人在通讯《风帆起珠江》的结尾对珠
江三角洲的展望与寄语。

1989 年之后,本来就存有争议的以深圳经济特区为代表的沿海开

---

① 张育瑄.关于普及性、深入性与持久性——就"图文并重、两翼齐飞"办报思想的落实,致蒋
齐生、穆青二位新闻界老前辈的信[A].第三次全国报纸总编辑新闻摄影研讨会文集[C],
1994.

放地区遭遇姓"社"还是姓"资"的怀疑,改革面临着新的严峻挑战。新华社在工作的监督下,关起门来"查问题"穆青已被困了两年。^① 他实在憋不住了,他想到沿海开放地区看看那里的改革程度究竟有多大。于是,他飞到了广东,与分社记者胡国华,王志刚一起沿珠江三角洲采风,在亲眼目睹的改革景象后,写下了长篇通讯《风帆起珠江》。

其布局谋篇非同一般,通讯的开头用今昔对比的方式,让人感受到改革开放的好处。

千百年来,城市乡村迥异,士农工商有别,似乎是中国亘古不变的格局。今天,在珠江三角洲,这古老的格局基本被打破了。

穿行在珠江三角洲广阔的原野,你实在难以分辨出何处是城市,何处是乡村。近千座造型各异的雄伟大桥,凌空飞架于密如蛛网的河汊之上,把一个偌大的冲积平原连成了整体,数百条高等级的水泥公路串起了上千个灿若群星的城镇乡村。一排排、一幢幢的厂房和商店、银行、酒店,电讯、电脑信息网络,以及各种社会文化设施,把这些城乡难分的村镇同现代文明紧紧编织在一起。大多数农家不仅住上别墅式楼房,普及了彩电、冰箱、洗衣机,还用摩托车代替了沿用多年的自行车,女人骑着摩托车上班,男人用它作短途运输的工具。

穆青在发稿当天的日记中记道:

《风帆起珠江》一稿送给瑞环同志看后,今天退了回来,他没有改动,只批了一个字"好"。为了避免和中央领导同志春节活动挤版面,我们今天就发了,可以预计除了《经济日报》和《经济参考报》外,其他报纸不会刊登。因为这是冒风险的事。正因为如此,我考虑再三还是署了名。反正我已是快划句号的人了。为中国的改革开放鸣锣开道,问心无愧。

① 张惠芳等.人民记者穆青[M].郑州:河南人民出版社,2003,第144页.

情况未出穆青所料,稿子播发后,中央绝大部分报纸都没有刊用,惟有《经济日报》的总编辑范敬宜一眼识中,在一版显著位置全文刊登。直到1992年3月,邓小平南方谈话传出,穆青他们这篇文章才又被一些报纸重新刊出。

不过,让穆青好气又好笑的是,因为《风帆起珠江》与邓小平南方谈话精神完全一致,时间又相隔不远,香港有一家报纸竟无端揣测穆青是事先得到风声,先行一步而"投机"。

穆青在1993年1月30日的日记中回忆道:①

关于《风帆起珠江》这篇报道,我还想追记几句话。

1991年由于苏联的解体,国内一些人反和平演变。经济建设为中心以及改革开放这一基本点在舆论上都很少宣传,许多人担忧形势是否会变,党的基本路线还要不要全面执行? 在此情况下,我早就先想到广东采访一下改革开放的成就,呼吁一下不搞经济建设,不发展经济中国没有前途。但因那时新华社本身处境艰难,我很难成行。直到秋后,我请示瑞环同志,他说:你应该去,应该写。我才在十二月前往。在广东我走了十三个县市,许多基层同志也向我讲了心里话,最后写出了《风帆起珠江》。开始有些好心的同志看后劝我不要署自己的名字。我考虑再三,还是署上了。事后,香港和台湾报纸纷纷谣传,说我得了小平同志南方谈话风声之先,为了投机,便在记者写的稿子上把自己的名字写在前面,因而骂我行为卑劣。我看后一面感到气愤,一面又觉得好笑。天下竟有如此颠倒黑白,以小人之心度君子之腹的事。其实,我们采写此稿时,根本不知道小平同志要去南方,更没有想到他会发表如此震撼世界的讲话。如果当时我们了解这一情况,我们的文章就会写得更鲜明,更大胆,更精彩! 现在回头来看《风帆起珠江》虽然大思路符合小平同志的思想,但缺乏小平同志那种高瞻远瞩的气概,更缺乏他的深刻性和创造性。最明显的两点是,我们没有涉

---

① 张严平.穆青传[M].北京:新华出版社,2005,第418~420页.

及争议的特区政策,也没有勇气提出反"左"的问题。这就使这篇文章大大失色。但也恰恰证明香港舆论所传的毫无根据。

这篇文章发表时,许多报纸没有刊登,等到小平同志讲话传达后才纷纷补登。一年后再回头看这篇东西,虽有许多不足之处,但总反映了当时我们的政治态度。

《风帆起珠江》是穆青在工作岗位上的最后一篇作品。文章前后修改了九次,穆青字斟句酌,尽可能避免异议。通讯以有力的事实,肯定了改革开放的巨大成果,以广东的巨大变化给改革"正名",并用照片展示改革的成果,间接回答了"姓社姓资"的争论。

第九章　创办中国新闻学院[*]

中国新闻学院的来历

20 世纪 80 年代,许多人对新闻学还较为陌生,新闻从业人员大多数不是科班出身,没有受过专业训练。为了尽快培养、造就更多德才兼备的高质量新闻人才,穆青领导的新华社党组决定创办中国新闻学院,由穆青亲自兼任院长。中国新闻学院是中国第一所由一家新闻媒体独自创办的高等新闻院校。

创办新闻学院是穆青全面培养新闻专业人才的理想所在。为了国家的新闻事业后继有人,为了让一代代无产阶级新闻战士用热血和汗水积累下来的光荣传统和先进经验能够传承下去,也为了使我国社会主义新闻学理论研究和新闻教育尽快赶上世界前进的步伐,让新闻学理论研究的最新成果在第一时间服务于社会主义现代化建设①。

中国新闻学院创办于 1986 年,隶属新华通讯社领导。作为一所由国家通讯社主办的高等学府,在全世界范围内均开创了新闻教育之

---

*　说明:本章请原中国新闻学院教授、研究生部主任、现为中国人民大学新闻学院责任教授、博士生导师郑保卫先生审定,并作了大量的修订工作,在此表示感谢!

①　段学民. 试论穆青的新闻人才观. 郑州大学硕士论文,2007,未出版.

先河。

中国新闻学院的前身是新华社干部进修学院,创建于 1983 年,当时的任务是:分期分批地轮训新华社各业务部门的在职干部。课程设置:除马列主义、毛泽东思想的基础理论按中央制定的《教学大纲》进行以外,必须结合新华社业务发展的需要,特别是建设具有中国特色的世界通讯社的需要,对在职干部(包括每年调进的大学生)进行系统的、具有通讯社特点的新闻专业训练,同时根据学员的不同情况,有重点地补习不同的专业知识和文化课,扩大知识面,提高文化素养,缺什么补什么。当时穆青就强调,进修学院的各项工作,应该有计划地为今后创办新闻学院创造条件。

1983 年 1 月 29 日,国务院正式批准新华社干部进修学院为司局级建制。新华社党组在穆青的主持下,讨论了学院的性质、任务等问题,会议研究决定干部进修学院要在新华社党组直接领导下,有计划地培训新闻事业专门人才。[①] 第一期学员都是新华社系统有一定实践经验的中青年干部,分别开设新闻专业大专班和英语采访专业班,以及一年制的法语提高班和英语提高班,全院共七个班,122 名学员。

1983 年 4 月 16 日,新华社干部进修学院在总社举行了开学典礼,穆青在讲话中指出,新闻工作者要为大局着想,要胸怀大局。要政治家办报,这一点什么时候都不能含糊。新闻工作者要学会从宏观上来考虑问题。心中有个大局,党和国家提倡什么,反对什么,有什么困难,要求做的是什么,有什么问题,都要一清二楚,不论是编辑、记者都不能糊涂。其判断标准就是从党和国家的最高利益着想。凡是符合最高利益的就要报道,不符合的就不报。

穆青说:“共产党人和新闻记者,肩负着神圣的使命。最根本的一条,是应该对我们党的事业、国家的前途和人民的命运,具有高度的使命感和责任感,时刻关心党、国家和人民的利益,站在时代的最前列,帮助党和人民,推动社会和历史前进。因为我们所做的一切工

---

① 李成野.中国新闻学院志[A].北京:新华出版社,1995,第2页.

作，都是为了促进国家强大和人民幸福。"

鉴于干部进修学院是国务院批准的，未经国家教委审批，因此不能列入国民教育系列。为了解决学生的学历和学院朝正规化方向发展问题，穆青责成有关人员代表新华社与国家教委进行协商，争取使进修学院由干部进修转入学历教育阶段。

1984 年 4 月 26 日，新华社向中宣部、国家教委、国务院递交了《关于改建新华社干部进修学院为新闻学院的报告》。报告说："一年来的实践证明，干部进修学院虽然在干部培训方面作了大量工作，取得了很大成绩，但仍适应不了新华社国内外事业发展的需要。因此，要求将现在的干部进修学院改建为中国新闻学院，以更好地开拓新闻干部的来源，使人才培养同世界新闻的发展相适应。"①

报告陈述了由新闻单位直接办学可以较好地贯彻理论与实际相符合的教学原则，有利于早出人才；可考虑为第三世界国家培养部分新闻人才；新华社有一大批长期从事国内外新闻采访、编辑、发稿的专门人才、他们有较高的理论修养和丰富的实践经验，可以担负新闻学院的教学工作；现在的干部进修学院有正规化的新闻专业、英语专业、法语专业、经营管理专业、新闻通讯技术专业。

报告还提出新闻学院将是一所多层次的综合性学院，拟设专科、本科、研究生、外国留学生等几个部门。院址定在北京海淀区板井村。

穆青指派筹建中国新闻学院的工作人员负责和北京市建委、规划局等有关部门协商有关事宜。在协商过程中，北京市规划部门坚持要把新闻学院的院址定在昌平，并建议把院址建在中国政法大学旁边，其理由是北京总体规划中，昌平为文教卫星城。凡新办的大学都应建在文教卫星城，土地面积可以充分满足学院要求。穆青认为，由于新闻专业的学生要及时到新闻单位实习的特点，必须把学院建在市区。为此，穆青指派工作人员三次找时任北京市委书记李锡铭申诉理由，详细汇报了办学的方向和专业特点。最后，北京市委、市政府同意学

---

① 李成野.中国新闻学院志［A］.北京:新华出版社,1995,第 2 页.

院建在北京市区。①

邓小平题写院名

1984年5月11日,中宣部办公厅批转国家教委:"中宣部原则上同意新华社《关于改建新华社干部进修学院为新闻学院的请示报告》。从新华社目前师资力量等条件看,宜先从专科、本科办起,逐步成为多层次的综合性的新闻学院。如无不同意见,请按审批手续办理。"

国家教委收到报告后,对成立新闻学院的必要性、可行性进行了考察和论证。1985年5月4日国家教委批复新华社,同意筹建新闻学院。文件说:"经与国家计委研究,同意在新华社干部进修学院的基础上筹建新闻学院。该院修业年限本科四年、专科三年,设置新闻、摄影、英语、法语、国际新闻、新闻经营管理、通信技术等七个专业。学校规模定为700人,先从专科、本科办起,逐步成为高层次的综合性新闻学院。待条件具备时再申请招收研究生。"②

同年10月,新华社把筹建进展情况向国家教委报告,认为筹建工作基本就绪,申请批准新闻学院正式成立,并从1986年起向全国招生。报告中陈述,已经健全了学院的领导班子,配备了一支水平较高的专兼职相结合的教师队伍,初步建立了与目前招生规模相适应的校舍、设备和图书资料。

12月20日,国家教委约请新华社社长穆青就学院的名称和一些具体问题进行商谈。在商谈过程中,双方确定了校名为"中国新闻学院",并对办学规模、培养对象统一了看法。③

三天之后,郭超人代表新华社党组宣布了学院调整后的领导班子:院长由穆青兼任;周立方任常务副院长、党委副书记,主持学院工作;周鸿书任党委书记;李成野任副院长、党委副书记;徐占焜任教务

---

① 李成野.中国新闻学院志[A].北京:新华出版社,1995,第3页.

② 同上.

③ 同上,第4页.

长;吴旭任总务长。

1986年1月24日,国家教委向新华社发出了关于同意中国新闻学院正式成立的通知。通知说:"为适应新闻事业发展对高级新闻人才的迫切需要,鉴于中国新闻学院经过一段时间的筹建,已基本具备了正式建校招生的条件,经研究,同意正式成立中国新闻学院。"①

通知强调,中国新闻学院实行由新华通讯社和北京市人民政府双重领导,以新华社为主要领导的管理体制;该院的主要任务是培养高级新闻人才,发展规模定位500人;为了早出、快出人才和突出特色,该院下设研究生部和进修部。研究生部设国际新闻和国内新闻两个专业。近期先办第二学士学位班,招生对象为大学毕业生,学习年限为二年,学生在校期间及毕业后待遇按有关规定办理,待条件成熟后,再逐步转向招收研究生。进修部的招生对象为具有大专以上文化程度并从事新闻工作的中青年业务骨干和高等学校中从事新闻教学的教师。

从1986年9月开始,中国新闻学院在全国正式招生。同年,邓小平同志为中国新闻学院题写了院名。9月26日,新华社党组决定:把中国社会科学研究生院新闻系新华社管理的部分转归中国新闻学院;四川分社在重庆创办的四川新闻干部管理学院并入学院,组建成进修二部,招收新闻专业成人大专生。

在开学典礼上,穆青说,学院的任务是为新华社和国内其他新闻机构培养德、智、体全面发展,有相当扎实的政治和专业理论基础、比较广博的知识结构、较强的实际工作能力、以一业为主兼及其他的高层次的采编人员。作为一名老记者,我非常盼望大家通过几年的学习,早日成才。只有你们成才了,我们才会后继有人,我们的事业才会有希望。至于说怎样才能成才,应该说学院早就给你们指出来了,没有什么捷径可走,关键是勤奋好学。在求学的道路上,不要动摇,不要左顾右盼。就像唐僧取经那样,一路上不受那些妖魔鬼怪的诱惑,管

① 李成野.中国新闻学院志[A].北京:新华出版社,1995,第4页.

他什么盘丝洞啊，白骨精啊，你们不要理它，照着这条路一直走下去，就能取到真经，就能成才。①

穆青认为，成不成才有一个先决条件，也是最基本的条件，就是如何做人。如果连人都做不好，还谈什么成才！即使成了才，也不过是个"歪才"，"鬼才"，"邪才"。他要求新闻学院的学生做一个正直的人、正派的人，要有高尚的道德修养和高尚的思想情操。并提出做人要坚守这几条：首先要有坚定的信仰，任何风浪面前不动摇。这个信仰就是社会主义、共产主义的崇高理想。这是最主要的。如果没有一个坚定的信仰，碰到风吹草动、风云变幻，就会迷失方向，如空中的柳絮，随风飘荡，那还能成什么才呀。其次要有执著的追求。要给自己立下一个终生奋斗的事业目标，脚踏实地，孜孜以求。第三要有坚强的毅力，刻苦的精神，要严格要求自己。这几条很重要，不然就谈不到成才了。

办中国最好的新闻学院

穆青提出，中国新闻学院是为我国社会主义新闻事业培养有用之才的高等学府。新闻学院要培养合格人才，其总的指导思想是：理论联系实际，大力培养新闻人才。

他为新闻学院的学生提出了明确的努力方向。首先，必须学好马列主义，毛泽东思想，特别是邓小平建设有中国特色社会主义的理论。这一点在当前的形势下尤为重要，如果缺乏良好的马克思主义修养，不能很好地掌握科学的世界观和方法论，就不能正确地认识和反映世界。其次，既要把基础知识打牢，又要跟上改革的大潮，适应改革的新趋势，了解新情况，学习新知识，刻苦地钻研和提高新闻业务能力，以完成伟大改革时代所赋予我们的历史使命，要对现代世界的政治、经济、科技、社会情况有透彻的了解，具备适应时代要求的知识结构，业

---

① 许志安.中国新闻学院停办之谜[J].时代传媒.2007年08期.

务技能,以适应新形势的要求。①

学院要培养学生对党的新闻事业高度的事业心和责任感,让学生有为人民服务的高尚的情操。有事业心,才有前进的动力,产生竞争力,树立竞争意识。他要求学院适应这些要求,认真地进行教学改革,既要遵循一般的办学规律,又不能因循守旧,必须办出自己的特点来,即理论与实践相结合。要求院领导都是具有多年新闻实践经验的内行,懂得新闻单位对人才需要的规格和必须具备的素质。从事新闻专业课教学的教师,必须是有多年新闻实践经历的新华社资深记者和编辑。同时还从在新华社业务一线坚持工作的高级记者、高级编辑中聘请了一批兼职教授。同时安排年轻教师或没有新闻实践的教师定期轮流到新华社当编辑、记者。

穆青认为,理论与实践的结合是中国新闻学院的特色。倘若一个在新闻理论上"顶呱呱"的学生,到新闻单位后不能采访和写稿,或者说不懂调查研究,就不一定是个合格的学生。新闻学院的老师不仅要教会学生掌握丰富的具有世界前沿的理论知识,而且还要教会他们在实践中大显身手的本领。

穆青强调,新闻学院要加强思想政治工作。要对学生进行世界观、人生观、价值观、成才观的教育,使他们懂得用唯物史观看待个人的成长。他告诫学生:成才首先是一个做人的问题,学习是为了将来能为人民做点事。个人名利思想严重,架子很大,本事很小,岂能成才? 他告诫老师:在教学指导上要注意引导学生练好基本功,不搞花架子。

实行课堂教学、新闻实习、社会实践三结合,培养理论联系实际的新闻人才

首先,新闻学院的课堂教学要贯彻改革开放精神,要跟上风云变幻的时代,教学内容要"新";新闻人才是跨学科人才,教学内容要"博",新闻报道的专业化趋势日益突出,教学内容要"精",要正确处

---

① 段学民.试论穆青的新闻人才观.郑州大学硕士论文,2007,未出版.

理好学生知识结构中的博与精的关系。

新闻采访、写作、编辑的教学,要重在学生采、写、编实际动手能力的培训,学生多练习,教师多指导,多做讲评;教学循序渐进,由浅入深,深度的层次较高并带有研究性质的课程,要在二年级后开设。方法有启发式、讨论式,实行双向交流;运用录音、录像、电影、幻灯等现代化手段,进行直观形象的模拟和现场教学;为扩大知识面,增强现代意识,设置一定的多学科课程,如信息学、传播学、社会学、广告学、经济学基础、新闻统计学、新闻心理学、新闻伦理学等。

其次,新闻实习要做到有计划,多档次,经常化。实习是课堂教学后使学生理论联系实际的第二个层次。学院每个学期都安排小、中、大几个不同层次的实习,在新华社有稳定的实习基地,并由学院的指导教师与新华社业务部门领导、高级记者、高级编辑组成领导小组,全面负责实习工作;实习由浅入深,先实习一般采访和编辑,然后再实习难度较大的采访、编辑,以及有一定深度的分析性报道、系列报道、调查报告等;指导实习的记者、编辑,须有副高以上职称;实习结束时,由指导的记者、编辑对学生的政治思想、业务能力、组织纪律、采访作风提出考核意见,作为学生毕业分配的参考依据之一。

此外,社会实践要多渠道,多功能,使学生全面了解国情,亲身感受和体验改革开放的过程与效果,从中受到锻炼,提高思想觉悟和采访写作水平。学院把组织学生参加社会实践作为新闻教学中的一个必要的组成部分,同时鼓励学生利用节假日主动参加社会实践活动。此外,学院还在北京、河北、河南、内蒙古等省市自治区建立社会实践基地。学生在教师的指导下,利用课堂所学的知识,把采访的材料写成新闻,由老师修改后交新华社发表在报刊上。

严格把握招生标准

新生录取的标准,是决定学生素质的一个重要环节。因此,坚持"宁缺毋滥"、"择优录取"的方针。特别是研究生部的招生,为保证学生的政治和业务素质,对考生要进行初试、复试(含口试、面试)几道程序。初试合格者,须到原单位进行政治审查,合格后方能参加复试。在复试中有一项不合格者将被淘汰。新生入学后,首先要经过三天的入学教育,向新生进行无产阶级新闻事业的性质、任务、职能和党性原则以及新华社革命传统、学院培养目标的培训,对学生进行政治、业务素质、组织纪律和规章制度等方面的教育,然后再开始上课。[①]

积极开展科研活动为教学服务

穆青要求学院教师要开展科研活动,编辑出版一批工具书、教学参考书和专著。学院的院刊为教师的科研成果提供园地。此外,学院还积极开展国际间的学术交流活动,期间,前来任教、讲学、参观采访的学者、专家、新闻工作者、外交官等一百多人,与学院建立过联系的国际组织遍布三十多个国家和地区。有段时间,中国新闻教育学会的会址和秘书处就设在中国新闻学院,学会主要负责人(会长、秘书长)和日常工作均由新闻学院负责。[②]

如何培养合格的记者

在多年学历教育的实践中,中国新闻学院储备了丰富而且优质的教学资源,教师队伍包括新华社内具有丰富理论与实践经验的专兼职教师,形成雄厚的师资力量。

学院研究生部分设国际新闻和国内新闻两个专业,其学制都是两年。教学的指导思想是对学生在系统传授新闻理论的基础上,强调新闻采编实践。通过大量的采编活动,培养出既熟悉新闻理论,又有实际才干的高层次新闻人才。第一学年着重于新闻理论和新闻基础知识的学习,和中文(国内新闻)、外文(国际新闻)写作能力的提高。第二学年强调实践教学,即在实践中培养学生掌握新闻采编技能,逐步具备独立采访、撰写和编辑各类新闻稿件的才能,使学生一走出校门,

---

① 李成野.中国新闻学院志[A].北京:新华出版社,1995,第15页.

② 董广安.穆青新闻思想与新闻实践[A].郑州大学出版社,2008,第45页.

就能上岗操作、初步胜任新闻采编工作。

在课程设置方面,鉴于学生均系大学本科毕业生,在其原有的知识结构基础上尽量压缩一般文史、理论基础知识的讲授,强调新闻专业知识的学习和国际新闻采编能力的培养,强调课堂教学计划。

国际新闻专业的课程有:英语采编、法语采编、俄语采编、西班牙语采编,以及科技报道等专业。1986年学院首批招生的是英语采编专业班,其课程有:新闻理论、新闻采编、外电外论、对外报道、政治理论、外文写作、翻译、中国古典文学、中文写作、第二外语、体育、新闻摄影、国际报道、中国现代文学、经济学基础、法学基础、中外新闻事业、世界文学、国际政治、逻辑学基础、社会心理学、科学讲座、计算机基础,共计23门。从第三学期开始,安排学生到新华社采编部门实习16周,约合480学时,总结讲评两周,约合60学时,共计540学时。学生在学习期间,明确论文方向,并为第四学期的论文撰写积累资料。

该教学计划实行了两年(86级、87级),发现课时太多,学生负荷太重。为鼓励学生的学习自觉性和主动精神,同时使校方有足够时间进行日常思想政治工作,国际新闻专业于1988年修订了教学计划,于同年9月实行。新教学计划突出了新闻实践,采写编辑操作训练。课堂教学一般掌握在每周17—19学时,每周两个整天学习新闻采访和写作,这样做,突出了实践性强这一新闻学科的特点,学生毕业后即能上岗操作。

国际新闻专业的英语、法语、俄语、西班牙语采编班的教学计划基本相同,只是语种不一样。他们的课程主要有:英语新闻采访与写作、国际新闻对外报道、新闻翻译(英译汉)、新闻理论、第二外语(法语)、讲座(形势、经济、科技)、体育、中国新闻对外报道、新闻翻译(汉译英)、马克思主义哲学思想与新闻、中国语言文学与新闻等。

国内新闻专业教学计划于1986年7月制订。由于当年没有招收国内新闻专业的学生,所以这个计划也没有实行。1987年国内新闻专业开始招生后,将教学计划作了调整。课程由25门减到17门,授课时数也有所减少。所设课程中包括专业课七门,非专业课10门。总授课 1530 学时,专业课(包括作业与讲评)占 828 学时,非专业课占 702 学时(包括时事政策课),毕业实习和总结 384 学时。每学期停课复习两周。考试考查每学期按一周计。

具体课程有:新闻理论、马克思主义哲学选读、英语、社会主义政治经济学、新闻写作与实践、中国当代经济改革文教战线形势与任务(讲座)、体育、资本论选读、中国近代史、外语、中外新闻事业介绍与管理、新闻采访与实践、社会学、我怎样当记者(讲座)、新闻编辑学、新闻评论、新闻摄影学、新闻通讯技术讲座、社会主义市场学、国际经济与世界贸易、当代社会科学自然科学新情况新成就(讲座)、新闻采写实践与讲评、经济体制改革问题、文教改革问题、专业报道讲座、重大系列报道组织与实践、当前工、农、商、文教、卫生等报道的要求(讲座)、内参报道讲座、采访实习和总结报告等。上述计划实行了一年。

1988 年 9 月,制订了新的教学计划。新计划强调按新闻学的规律与特点办学,突破传统教学旧框框,对新闻专业报道课力求集中,使学生打下坚实的理论基础,掌握必要技能。因此,课程设置进行了改革。

主要体现在以下几个方面:

正确处理博与专的关系。课程设置上一是侧重于基本理论的提高、新闻专业系统知识的学习以及新闻采写编辑能力的锻炼;二是考虑到新闻工作要求扩大学生知识面,改善知识结构,学习科目及内容要不断根据现实需要进行更新。因此,学院请专家来开讲座,讲授当代社会科学和自然科学的新情况、新成就,使学生知识结构及时得到更新和优化。这是"博"的一面。另外,考虑到现代社会日益信息化,人们已不满足浮光掠影式的新闻报道,而是盼望新闻媒体能对新闻信息进行筛选,对重大问题作深入浅出的分析。这就要求记者、编辑具备相应的专业知识,即"专"的一面。

强调理论联系实际,加强新闻实践。为提高学生动手能力,毕业后能上岗操作,学院在第一、二、三学期主要专业课中增加一至两天新闻采写实践时间,使学生有机会综合运用所学到的知识和技能。第四学期进行新闻实践,到新闻单位进行采访、写作、编辑实习。

压缩课堂讲授时间。每周由 24 学时压缩到 20 学时以下,第三学期压缩到 16 学时,以利学生有更多时间进行新闻实践。

注重学以致用。将新闻采访和新闻写作两门课合并成"新闻采访与写作"一门课,使采访与写作在课堂教学上就能有机结合起来。

对毕业论文进行改革。明确学院培养的学生不是新闻理论研究人才,而是从事实际采编工作的新闻记者、编辑,因此,学生毕业论文可以用有深度的调查性报道,代替学术性的毕业论文。学生毕业论文在第四学期实习期间确定题目,经过深入调查研究后写一篇或一组有份量的新闻作品。

根据穆青的建议,新闻学院的课程调整为:新闻理论、新闻摄影、新闻采访与写作、中外新闻事业(中国新闻史、外国新闻史)、新闻采写实践、社会学、中外文化讲座、体育、英语、政治理论课、系统论、信息论、新闻采访和写作、控制论讲座、新闻编辑、英语、新闻学讲座(包括马克思主义哲学与新闻报道)、心理学、社会主义市场学、新闻评论、专题报道研究(包括工、农、财贸、政治、文教等)、深度新闻采写实践、重大系列报道的组织和采写(讲座)、新闻通讯技术讲座、当前重要政治、文教问题研究(讲座)(包括政治、文教体制改革)等课程。第四学期安排在新闻单位采访写作编辑实习。在调查研究基础上写一篇或一组有分量的新闻作品。

布什总统亲笔签名和题词

1988 年 7 月,中国新闻学院针对新闻教育陈旧落后,不能适应时代的需要向穆青作了如下几个方面的汇报:

首先,社会对新闻媒体的要求不断提高。人们不但要获得各种信息,而且要求新闻报道有很强的可读性,因此希望新闻媒体提高采编人员的政治业务水平。

其次,高等院校新闻专业的教材陈旧,教学方法死板,严重脱离实际。学生知识水平文字水平都不够高,难以满足媒体需求,因而不少学生参加工作后被淘汰率较高。

此外，从新闻单位已经上岗的人员看，新闻专业毕业生中，有一些人政治素质较差，不受用人单位欢迎。其表现是：缺乏为新闻事业献身的精神；不善于从政治的角度观察分析问题。

穆青听完汇报后，提出教学改革是新闻教育改革的核心。中国新闻学院从这五个方面进行了探索：

（一）强化新闻实践训练，提高动手能力

新闻是一门实践性很强的学科。学院建院以来，一直把培养学生具备实际上岗操作能力作为目标。在新闻业务课——新闻采访与写作、新闻编辑课教学中，学院大量增加课堂练习和课外实践。国内新闻专业自1988年起，在这三门课之外又增一门新闻采编实践课，每周用一天时间到现场采访、写作。国际新闻专业每周用两天学习采写新闻。此外，新闻摄影课也是新闻专业的必修课之一。学院要求学生既能写文章、编稿件，又能拍摄新闻照片，成为新闻全能手。为此，学院安排一个学期的摄影课，教学采用课堂讲授与现场指导相结合。上摄影课的班级，学校给学生每人配备135小型照相机一部及适量的胶卷，还有4间暗房、全套冲洗、制作设备，放大纸，让学生在教师指导下自己动手操作。

（二）加强实习训练

为了培养毕业后就能上岗的新闻人才，学院每个学期都安排教师带学生到新闻单位实习。第一学期为一周，第二学期为两周，第三学期为三至八周，第四学期用十四周进行毕业实习。每次实习，教师都结合课堂讲授的理论给学生提出采编新闻的具体要求，学生在教师指导下观察生活，调查了解情况，捕捉新闻，占有事实材料，写出新闻稿件，最后交给教师讲评。

学院背靠新华社，在社里建立了稳定的实习基础。每届毕业生都去新华社各业务部门或国内分社进行新闻实习。学生在资深采编人员指导下真刀真枪地干，与那里的采编人员一样接受新闻采写编辑任务，按照所在单位的要求按时拿出成品，拿不出或不合格得返工，这种全面锻炼有利于人才的成长。①

（三）新闻业务学习与社会实践相结合，改革传统新闻教学

学院先后在北京市的昌平、顺义，河北省的唐山、遵化，河南省的中原油田，内蒙古自治区的呼伦贝尔盟等地建立了社会实践基地，组织教师带领学生到这些地方的农村、机关、商店、学校、企业进行调查研究，观察思考社会生活中一些热点、难点问题，充实加强课堂所学到的新闻业务知识，运用这些知识进行采访报道。这样做的最大好处是学生在校期间就能采写合格的新闻作品。

（四）及时调整和更新教材

为了改变我国新闻教材陈旧的状况，学院鼓励教师自编教材。学院在新闻专业课方面使用的自编教材有：《新闻写作基础》、《新闻学导论》、《新闻编辑学》、《新闻伦理学》、《中华人民共和国新闻史》、《新闻统计学》、《新闻采访讲义》、《摄影构图》等。

（五）更新教学手段，改进教学方法

学院是全国高等院校中首批建立和开展电化教学的学校之一。从1983年新华社干部进修学院创建至今，学院一直不惜重金配置现代化教学设备，拥有多种电化教学手段，包括：幻灯、投影、电影、广播、录音、录像设备、计算机网络系统、微型计算机系统、电视卫星接收系统、高效音像扩音系统、计算机文字处理系统等，使教学手段日益现代化。

新华社与英国汤姆森基金会合办的"新华社——汤姆森国际新闻培训中心"也设在院内，对记者进行英语采编能力的强化培训。比如，1992年，学院为国际新闻专业录制的美国总统竞选现场，从竞选辩论，选举揭晓，到当选总统发表讲话全过程历历在目。师生可以一边看录像一边对老师进行采访，这等于把社会新闻源搬到了课堂。在学院应聘的美籍教授把学生在看录像时对布什的评论转告了布什总统，布什

---

① 李成野主编.中国新闻学院志［A］.北京:新华出版社,1995,第28页.

总统获悉后于同年 11 月 16 日寄来一张他自己的彩色照片,有他的亲笔签名和题词:"赠中国新闻学院的学生。"①

兼职教师均为资深记者、编辑与社会名流

为了活跃学生的思想,开阔学生的眼界,穆青主张多请校外兼职教师和外籍老师来学院讲课。因此,在学院的前身新华社干部进修学院刚创办的头几年,新闻业务课就是聘请新华社资深记者、编辑来院授课。他们之中有冯健、李普、李峰、林枫、孙世恺、缪雨、缪海稜、石少华、阎吾、芮宛如,等等。他们讲授的专题后来经录音整理汇编成几十万字的《新闻业务教学材料》,一套五分册。②

中国新闻学院成立后,学院新闻理论、新闻史、新闻编辑、新闻采访与写作等新闻业务课已经有了自己的专任教师。在这个基础上,从培养目标出发,强调新闻理论和新闻实践相结合,学院每年特别聘请新闻采编一线的高级记者和高级编辑来校授课。他们来自新华社国内部、国际部、对外部、参编部、《瞭望》周刊社、《半月谈》杂志社、新闻研究所等十几个业务部门,可以说当时新华社的一些高级记者都到新闻学院给学生开过课,其中包括曾涛、缪海稜、石少华、李普、冯健、郭超人、彭迪、李峰、南振中、闵凡路、林枫等大家。

1986 年起,为了使教师队伍相对稳定,学院将新华总社聘请的部分高级记者和高级编辑作为兼职教授固定下来,由学院正式授予聘书。

为了延续文化传统,提高学生的人文素质,穆青建议开设专题讲座,由专家学者向学生介绍国际国内最新科学技术成果、学术动态。这些知名人士来自北京大学、清华大学、中国人民大学、北京师范大学、北京广播学院、鲁迅文学院、全国记协、中国社会科学院、中宣部、文化部、中国作家协会、人民日报社、光明日报社、经济日报社等几十个学校和单位。他们中有徐惟诚、王蒙、周勋、柯岩、张欣、孟伟哉、刘

---

① 李成野主编.中国新闻学院志[A].北京:新华出版社,1995,第 29 页.

② 同上,第 39 页.

绍棠、华君武、夏淳、厉以宁、陈贻焮、叶嘉莹、方汉奇、甘惜分、曹璐、梁衡等人。

时任中国新闻学院常务副院长刘滨江回忆说，穆青所说的人文素质和文化传统，是指个人要介入现实、伸张正义、发扬民主，这样做很可能会得罪权贵，招人嫌恶。但这种独立思考、不断求索、勇于承担的精神传统，是大学教育应该格外珍惜并努力继承的。

那么，大学开设讲座对学生有哪些影响呢？一名毕业生认为，听讲座是一种快速学习的好办法——别人研究了一年甚至一生，通过讲座的两个小时，你就会学到很多你需要的知识。他在日记中写道：

在中国新闻学院求学期间，我先后听过徐惟诚、华君武、厉以宁等人的讲座，能从他们那里听到许多在校园里学习不到的知识。特别是听厉以宁老师的讲座，让我有机会近距离地分享他最新研究的科研成果，聆听他对中国经济的观点和见解，了解他学术人生的平凡与伟大。尤其他用一个通俗易懂的例子来解释现代服务业：说在一个社会中，人都有自己的专长，一部分人擅长做 A 类事（相对效率高），而另一部分人擅长做 B 类事（相对效率较低），事与事之间的价值是不同的，销售人员的单位时间报酬很高，家政人员的单位时间报酬很低，那销售人员就向家政人员买服务，把家务包给家政人员去做，节省出来的时间搞销售，这就是服务业。通过这样，可以提高整个社会的效率和财富。而效率高的人往往成为有钱人，效率低的人往往成为穷人。比如讲座，听众没有时间读书和研究，教授们花时间读书和研究，听众花钱买教授的研究成果，节省了听众的读书和研究时间，所以，听众是"有钱人"，教授是"穷人"。当然，后半段是厉教授的调节讲座气氛的一种玩笑，引起了会场上听众的大笑。

培养国际和对外报道人才是中国新闻学院人才培养目标之一。为此，穆青十分重视聘请外国专家担任外语和新闻采编课程教学。学院外籍教师来自三个渠道：一是通过国家教委安排，经学院同意聘来的,如富布莱特教授和联合国志愿人员;二是新华社外事局聘请来的;三是从上述教师的夫人、子女中挑选口语教师。这项工作从 1986 年春开始,这些专家分别来自加拿大、美国、澳大利亚、法国、比利时、前苏联;主要担任研究生部国际新闻专业的新闻采访与写作课。因此学院在选聘外籍教师方面比较严格,要求必须具备相当新闻工作实践经验,同时还从事过大学教学工作。

外籍教师全部用外语讲授。教材采用外国带来的,或自编教材由学院复印发给学生。富布赖特基金会派来的教授便是使用他们从美国带来的教材,并免费发给学生。

学院外籍教师所上的新闻采访与写作课开设一学年,每周 10 学时。外籍教师所讲课程常能耳目一新,生动有趣,受到学生欢迎。讲课效果不好的也有,对于这种外籍教师,只要几次课效果不佳,学院便解聘换人。

勉励学生写出更好的作品

1995 年 3 月 25 日,74 岁的穆青再次应中国新闻学院的邀请,与学生面对面地谈心。他开场的第一句话就是:"我这个人不爱说话。"①

倘若不是与师生座谈的穆青亲口所言,学生们真不敢相信自己的耳朵。

能言善辩,可以说是记者的看家本领,作为我国著名记者,怎么能不爱说话呢? 不爱说话又怎么能当好记者呢? 穆青坦诚直言:"我这个人既不爱活动,也不爱说话,性格比较内向。而'命运'偏偏把我弄到新闻岗位上,我想这里面有很大成分是机遇。"

"我平生最害怕的是讲话,作报告,也不会教书。20 世纪 50 年代在新华社上海分社工作时,党委下命令,所有的干部都要到新闻院校讲课。我只好硬着头皮在上海复旦大学新闻系讲了一年的新闻课,从

---

① 郑志东、高鑫. 青松映朝晖——穆青与新闻学院师生恳谈记[J]. 当代传播. 1995 年 03 期,第 39~40 页.

那以后就没有再上过讲台。"

我们确实感觉到穆青有点"害怕"做报告。在和学生座谈时，他就是坐在学生们中间。据时任中国新闻学院常务副院长周鸿书介绍，穆青临来学院前还和院领导打招呼："不要把我安排在讲台上，否则，我会下不了台的。"

"真羡慕你们年轻人，能在这么好的环境里专门学习新闻。"看着多功能厅内座无虚席、一张张朝气蓬勃、洋溢着青春活力的脸，老记者穆青的话题自然转到自己走过的岁月。

"我当初做记者时，哪里学过新闻呢？新闻是怎么回事都搞不清楚。"

穆青在延安鲁迅艺术学院中文系学习两年之后，被组织上分配到延安《解放日报》做记者。这一年，年轻的穆青从报社领导手中接过一支蜡笔和一本油光纸的采访本时，他茫然不知所措，毕竟他对新闻基本知识一点都不了解。为了尽快进入记者角色，提高新闻业务技能，他到处找报纸看，边学习边实践，已有的文学基础使他上路很快。不久他就采写了《雁翎队》、《赵占魁》等优秀新闻作品。在当时抗日根据地群众中产生了广泛的影响，增强了人民战胜日本侵略者的信心。

"现在你们在宽敞的教学楼里上课，更应拿出好作品来。"对新一代的记者队伍，老院长穆青寄予厚望。

"新时代的记者在知识结构上比老一代的记者要更丰富，知识面要更宽，这是你们的优势。随着科技的发展，通讯技术的更新，传真机、电脑、照相机等逐渐成为重要的新闻传播工具，这就要求你们学会使用，因为历史进入了高科技发展时代。我们那个时代就比较简单，只有靠纸和笔，受了很多罪。当然，新时代的记者在政治上、修养上、作风上都应该同老一代记者一致。在对党的事业心上，对国家、对民族的责任感上，对人民群众的感情上，在深入实际、深入群众上，同老一代记者也不应该有什么不同。"

"现在有些青年记者认为，时代变了，我们那个时代都过去了，都不存在了，都应该否定了，年轻的这一代人应该重新干起。我反对这种看法。什么事都有一个历史的发展，都有一个继承的问题，何况我们党的新闻事业历史不长。老实说，我们这一代人就算是第一代，是创业人，在新闻工作中积累了一些经验，这些都应该继承，应该发扬。另外，还需要同新时代的要求结合起来。"

"在我的成长历程中，党组织起到了关键的作用。当时，如果不把我从前线调回延安，我很可能就在战争中牺牲了。那时，和我在一起的许多战友在战争中牺牲了。"

穆青深有感触地说："那时党组织如果不安排我到解放日报当记者，后来也不知干什么，也许是个三四流作家吧。"

光阴似箭，从1942年到现在，穆青在新闻战线上拼搏了整整50年。已逝的岁月给他的感受是："我热爱新闻事业！如果时间能倒回来让我再作出选择，我想，我还要选择新闻工作。"

中国新闻学院学生李锦毕业分配到新华社山东分社，在工作中遇到一些困惑与难题，找穆青倾诉。穆青听完他的后，语重心长地说："不要在乎那些毁誉了。也要学会原谅别人，包括领导与同行的过失。相信人民，相信历史！不管形势多复杂，思想不要退回来，是经验的还是经验，就不会变为教训。当然是教训，也要认账。别人怎么样，不要管他，没有时间与小圈子讲什么，你有许多工作要做。让他们自己去想。他们如果是正派人，等事实弄清楚时，他们自己会反思的。"①

一席话，让李锦茅塞顿开。这就是穆青，只要是中国新闻学院毕业的学生去他倾诉或者谈心，他总能在百忙之中挤出时间来化解学生们的困惑与苦恼；并鼓励他们为社会主义的新闻事业添砖加瓦。

师资力量全国一流

教师队伍的质量和数量直接影响教学水平和人才培养质量，这是不言而喻的。中国新闻学院师资队伍的建设，经历了由外请教师为主

---

① 李锦：怀念穆青(8)http://blog.sina.com.cn/s/blog_5de454350100foa9.html.

发展到以本院教师为主,客座、外籍教师相辅佐。在物色、配置、培养和使用师资方面逐步积累了自己的经验。

1983年,新华社干部进修学院成立时,全校从事教学工作的教师仅有21人。他们主要承担全校外语课及少量新闻课的教学任务。大量新闻课、政治理论课、文史课、体育课都是从新华社和首都一些大学聘请一些有经验的教师讲授。

中国新闻学院正式成立后,穆青明确指示,学院要充实教师队伍,新华社开始调进一批有多年新闻实践工作经验的编辑和记者充实师资队伍,还从大学研究生中选拔一批人才到学院担任教师。大学问家周谷城的侄子周笃文,书法家林岫,国际问题研究专家刘洪潮就在其中。1989年以来,由于学院自身培养的人才成长起来,师资选拔开始从本院第二学士学位毕业生(包括国内和国际专业)中挑选,留校担任教师。教师队伍经过历年的补充,填补了因离退休和出国而造成的师资短缺,保持了师资队伍的相对稳定,保证了教学得以顺利进行。

为了提高教师的教学水平,穆青提出要培养教师的实践经验,除了教学与科研实践外,到新华社及其国内外分社从事新闻采访、编辑直至到国外进修,或到校外进修。此外,学院组织新闻学教师、外语教师轮流到新华社业务部门第一线去工作3—6个月,参加新闻采编实践,这已经形成制度。通过实践,丰富了教学内容,提高了教学质量。先后被派往新华社参加新闻实践的教师有:任春茹、李增福、郑保卫、张涛、蔡雯、车书明等。被派往到国外分社当记者的有:英语教师张海燕、王波,他们分别被新华社派遣到开罗分社和中东分社任记者。

被派遣出国参加新闻业务实践的教师,其出国事宜由新华社教育培训中心和新华社人事局主管。其出国后的工作由新华社有关部门负责组织领导。取得出国参加业务实践资格需通过新华社组织的报名应考,其业务能力、政治素质经考试合格后,由教育培训中心和人事局联合派出,并由他们统一管理和考核,期满仍回原部门工作。这些被派往国外从事新闻业务实践的教师,无论新闻业务、外语水平和政治素质都有很大提高。

穆青十分注重提高教师的业务能力,要求学院安排年轻的教师到国内外有名的高校进修。为此,学院派出罗祥兴、励文强到美国密歇根大学进修;派陈业宏到法国里尔新闻学院学习。与此同时,安排刘宁林到清华大学电子系脱产学习、姜秀珍到北京大学脱产学习社会学,他们回校后分别开设了计算机、社会学课程。

1996年5月7日,时任新华社社长郭超人在中国新闻学院成立十周年之际,作了题为《新闻教育的历史使命》的讲话。在此次讲话中,郭超人这样评价中国新闻学院:

十年来,学院共培养了近两千名各层次的毕业生,仅在新华社工作的就有300多人。在他们当中,有的已获得正高职称,有的走上了局级领导岗位,有的担任了地方报社或电视台的社长、总编辑,而更多的人则成为其所在单位的业务骨干。中国新闻学院凭借新华社的强大优势,不仅在国内新闻界和新闻教育界站稳了脚跟,而且在国际新闻界与新闻教育界也开始崭露头角。①

从这段话中可以看出,郭超人对于中国新闻学院所取得的成绩是赞赏有加的。

两年之后,新华社党组决定中国新闻学院停止招生。已年届78岁的穆青得知此消息后,没有给新华社党组施加任何压力,而是在院内默默地踱步。据知情人说,当时他虽然很气愤,但他也无法阻拦,只好用散步的方式释放自己内心的不满。

中国新闻学院停办的缘由与是非功过本文不作探讨,下面转录原中国新闻学院研究生部主任,后来学院停办后调任中国人民大学新闻与社会发展研究中心主任的郑保卫教授的一段自述:②

新成立的中国新闻学院,由于背靠号称中国第一大新闻机构的新华社这棵"大树",因而有其独有的办学优势。学院院长由新华社社长

---

① 　郭超人.喉舌论[M].北京:新华出版社,1997,第67页.

② 　郑保卫.论新闻学学科地位及发展[M].北京:中国传媒出版社,2010,第450~451页.

穆青亲自兼任,他为学院确定的办学方针是"坚持理论联系实际,培养德才兼备人才",这就使得学校的发展能够始终坚持正确的方向。新华社在人、财、物方面都给学校以有力支持。学院的许多领导和老师都来自新闻采编一线,有着丰富的实践经验,学生们也可以利用新华社的资源和条件进行实践锻炼,这对提高教学和教育质量十分重要。

到中国新闻学院工作后,对我的业务和理论素养的提高帮助很大。特别是这期间学校安排我到新华社国内部当记者,使我对如何从宏观上认识新闻工作,如何把握正确的舆论导向,如何实现新闻宣传工作的改革与创新,有了许多实际感受和体会,增长了很多知识和经验。

1992年,我担任了中国新闻学院研究生部的负责人,从此,投入了很多精力进行教学管理和学生工作。

俗话说,"麻雀虽小,五脏俱全"。中国新闻学院虽然当时只是个不足千人的"小学校",但是各项工作都严格按照教育部的要求实施管理。我所在的研究生部从组织招生,到日常教学,再到毕业分配,每个环节都按部就班,严格要求,尽可能不出问题和差错。部里的工作人员都很尽责,大家都愿意为学院的发展贡献自己的一份力量。

中国新闻学院的学生除满足新华社自身需要外,还输送一部分到中央一些新闻媒体。由于有着良好的师资和充足的生源,加上平时的严格管理,学生的质量很好,多年来,每到毕业分配时都供不应求。那些分到新华社或社外新闻媒体的学生中有许多都成为单位的业务骨干,有的还走上了领导岗位。个别突出的毕业生,后来还被评为"百佳新闻工作者"和全国"十大杰出青年"。作为老师和研究生部的管理人员,我真为学生们的成长和进步感到高兴。

然而令人可惜的是,这样一个有着鲜明特色和明显优势,正处在发展高峰期,在国内已经很有影响,在国际上也有了一定知名度的学校,1998年却决定停办了(当年停止招生,作者注)。那时虽然也曾酝酿过与北京广播学院(现在的中国传媒大学)合并,我还因此受聘担任了广院的兼职教授和博士生导师,但是最终合并却未能成功。

就在中国新闻学院正式停办的2002年年初,我正式办理了调动手续,调回母校中国人民大学,回到了我曾经前后度过6年本科和3年研究生学习生活的人大新闻学院。

凭借着新华社的资源以及全体教职员工的敬业精神和不断努力,中国新闻学院15年为社会培养了3588名学生。其中硕士研究生56人、双学位生754人,专升本571人、大专生2157人.他们分布在全国各省市、自治区和国外的新闻机构,其中绝大多数人都取得了较为出色的成绩。那些年,穆青在到外地考察和采访常常会遇到中国新闻学院的毕业生,他们都以自己曾经是中国新闻学院的学生而自豪,穆青也为他们的成长和进步感到欣慰。

晚年的穆青,曾经准备在《新闻业务教学材料》的基础上,组织专家学者编写一套"中国社会主义新闻学教程",但随着中国新闻学院的停办,他的这一宏伟计划也成了一个未能实现的梦。

第十章　再剪晚霞作征袍

绿水青山任逍遥

1992 年 12 月，71 岁的穆青从新华社社长的岗位上退下来。几十年来，他的作品在中国新闻史上奠定了里程碑式的地位，影响并鼓励了几代中国人，催人奋进。按常理，作为一代杰出的新闻记者，他可以颐享天年，安度晚年。可是，他说："已从第一线上退下，但这并不等于说我从此就安度晚年。退休，让我摆脱了繁重的领导工作，但开辟了一个新征途，是一个新起点。我想，只要能力所及我会珍惜每一天，如今，我有时间看想看的书，写想写的文章，去想去的地方……"①

穆青在日记中写道：

我不再担任新华社社长的职务，由郭超人同志接任的消息在 1992 年 12 月 15 日发表了。从此我离开了三十多新华社的领导岗位，无官一身轻了，但我作为新华社的一员，我曾毕生从事的新华社事业仍将继续……

---

① 吴志菲.作品与生活同朴实追念"新闻泰斗"穆青[N].中国教育报,2003 年 11 月 11 日第 5 版.

从 1942 年我到清凉山《解放日报》开始，到 1992 年退出第一线，我在新闻岗位上整整奋斗了 50 年。这其中有欢乐也有痛苦，酸甜苦辣的滋味我都尝过了。从总体上来说，我还算在同行同辈中是幸运的，50 年的新闻生涯，终于有了一个圆满的句号，它是值得珍惜的。

当时他还写了一首"打油"诗：年逾七十未识老，绿水青山任逍遥；神州锦绣画不尽，再剪晚霞作征袍。

作家萧军生前曾经写过一首诗：七十古稀人未老，桑榆迟暮任蹉跎。鸡虫失得一闲事，入眼云烟取次过。萧军意思说，我虽年逾七十有一，身体自许尚顽健似青壮年，可是人到了晚年，只好任岁月蹉跎了。[①]

七十有一的穆青在晚年则要"再剪晚霞""从头越"，"志在千里"起征程。他要用纯粹属于自己的时间，做自己最想做的事——用摄影机描绘祖国的锦绣河山，用手中的笔讴歌人民的勤劳勇敢。他的座右铭是"勿忘人民"，特别是不要忘记那些还没有跳出贫穷苦海的农民。他和农民有着千丝万缕的情缘，有着海洋般的深情。当年他在最穷的豫东兰考采访了焦裕禄的事迹，1993 年他刚退下来就去了穷地方晋西北，还有豫西几个县。很多年以前他就对新华社的记者说过，不关心群众疾苦的记者，不是好记者；不维护人民利益的文章，永远成不了名篇。文章合为人民著，《县委书记的榜样——焦裕禄》，就是一个典范。穆青到河南去的最多，这倒不单单因为河南是他的家乡，还因为河南历来灾荒多，穷地方多。他 80 岁的时候，已经是七到兰考，八下扶沟，九上辉县了。他几乎走遍了这个中原大省的所有地方，有成千上万的河南农民知道有个新华社记者叫穆青。他在河南留下的篇章也最多，他的名著《十个共产党员》中，有六个是河南的。他惦记着农民，经常到田间地头和农民拉家常，问寒问暖；农民也忘不了他，经常给他写

---

① 王德芬. 萧军与《八月的乡村》. 书与人，1995 年第 4 期. 第 32 页.

信,甚至专程到北京来看望他,做他的座上客。①

　　穆青的退休生活,可以说每天都在赶着过。他要做的事太多了,但最喜欢做的,恐怕就是摄影了,简直到了着迷的程度。他摄中原农家,照锦绣河山……有时看到一朵形状奇异的云,他会追云大叫:"快看快看。"穆青说在战争年代,他是随军记者,从东北一直打到广西,写下无数新闻作品。但是,由于缺少摄影器材,竟没有机会留下一张图片资料,这令他遗憾不已。

　　60年代初期,他开始接触摄影。但是,穆青真正有机会进行新闻摄影的实践还是20世纪80年代初在新华社社长任上的时候。穆青说:"改革开放以前,我很少拿过照相机,那几十年中我手中的'武器'就是笔。但几件重大的憾事让我非常后悔。我最终下定决心,一定搞好摄影,一定要掌握好照相机这个新式武器。""第一件憾事是50年代中期,有一次我和著名记者华山随代表团到苏联去,我们两个都喜欢苏联文学,很想在彼得大帝的雕像前留张合影,但随团的同志中只有一位带着照相机,我们请他给照张合影,他说:'不能给你们照合影,国家有规定,公家的照相机和胶卷不能给私人照相,我要是给你们照了,回国后肯定要挨批的。'80年代,我又去了一趟苏联,再次来到那个雕像前,情不自禁地哭了起来:不能和华山同志合影了,因为他已去世了……""第二件事情是,我们在采访焦裕禄事迹时,竟然没有留下一张采访照片,老乡们、干部们回忆焦裕禄时泪如雨下的动人场面,没能永远留在画面上,虽然他于我至今历历在目。""第三件事情是,1976年周总理逝世时,一大早,寒冷的天气里,长安街旁云集了那么多人,那个场面真是太感人了。我赶快返回新华社,让摄影记者抓紧去拍照,他却含着泪说:'不行啊! 他们(指'四人帮')不让照! 那里有很多便衣,谁照就抓谁。'打那以后,我就发誓一定要掌握好照相机这个

---

① 姬乃甫.再剪晚霞作征袍——穆青的退居生活.郑德金、穆晓枫主编.难忘穆青.北京:新华出版社,2005,第184~186页.

'武器',再也不能留下新的遗憾了!"①

　　1993 年 5 月,穆青刚退下不久,就急如星火地去拍黄山。松涛云海,奇峰飞瀑,他陶醉了。他不觉得自己 72 岁了,攀崖登高,依然健步。看他那股子劲头,那勃勃兴致,完全和黄山美景融在一起了。但他不是在游山观景,他要用自己的眼光,裁剪黄山的锦绣与壮美,献给人民。那次登黄山,他为我们留下了宝贵的《穆青黄山摄影集》,并放歌一曲,以畅襟怀,《金缕曲·黄山抒怀》:

　　昂首青霄界,惊造化,黄山幻景,松奇石怪。雪虐风摧亿万载,芙蓉娇娆不败。接瑶池,无边云海;绝壑虬枝傲苍穹,欲飞腾,破壁出天外,挽长虹,巡九派。

　　文章不为千金买,沥肝胆,青史巍巍,冰雪皑皑。光明顶上啸长风,著我炎黄气概。对群峦,心潮澎湃。赤子深情终未改,欠多少父老相思债。鬓堆霜,丹心在。

泪洒偏关

　　对山西这片黄土地,穆青有着一种特殊的眷恋之情。

　　五十多年前,他曾在这里第一次穿上八路军的军装,并在贫瘠的晋西北,与日寇血战了整整三个春秋。他的一些同学和老师都牺牲在这块土地上。特别是他最敬爱的中学老师梁雷,在抗日战场上壮烈牺牲后,残暴的日寇竟将他的头颅砍下来,悬挂在偏关的城门上。每当他回想过去的往事,或看到一些描述师生情谊的文章,都会情不自禁地想起他的恩师。越是上了年纪,这种感情就愈加撼动着他。多少年来,穆青不止一次地想去偏关祭扫梁老师的坟墓,但始终没有机会如愿。

　　穆青从第一线岗位上退了下来,稍事安顿,便踏上了重访晋西北的路程。一路上经忻州、代县、宁武,冒着黄尘、酷暑,长途跋涉,终于

---

① 吴志菲.作品与生活同朴实追念"新闻泰斗"穆青[N].中国教育报,2003 年 11 月 11 日第 5版.

在 7 月 1 日黄昏之前,赶到了偏关县城。

山西的偏关,与雁门关、宁武关并称神州三关。黄河在其西侧的峡谷中蜿蜒而过,隔河相望,便是内蒙古自治区的准格尔旗。县城周围群山环抱,峰峦叠嶂,自古就是兵家必争之地。千百年来围绕着三关险塞,曾洒下多少英雄的血泪,记载过多少惊天动地的史诗。

穆青无意去欣赏黄河峡谷中的落日余晖,也无心去浏览这边关小城的新姿。他心急火燎地赶到山西偏关,因为他的中学恩师,革命的启蒙人梁雷牺牲在那里。他要还几十年的未了之愿,在老师的坟前一诉诀别 55 年的思念之情。

那是 1937 年底,穆青和四个同学按梁老师指引的道路,到山西临汾参加了八路军学兵队。经过几个月的集训,分配到山西岚县的 120 师政治部宣传队工作。当时,他曾多方打听梁雷老师的音信,得到的仅是他在雁北一带领导游击队同日寇作战,其他就再没有更详细的消息了。直到 1938 年的夏天,才有同志突然对他说:"听说梁雷同志已在偏关牺牲了!"当时他无论如何不敢相信这是真的,怎奈接二连三的信息都说明这不幸的消息确是事实:梁老师不仅确已牺牲,而且死得英勇,死得壮烈。岚县距离偏关不算很远,他多想插翅飞往那里看个究竟啊,但那时偏关已经沦陷敌手,在战争环境下又怎能离开部队单独行动呢?无尽的悲痛只好深埋在心底。也就是从那时起,偏关这两个字就像长在穆青心中的一根芒刺,什么时候一想到它,就感到隐隐作痛。

梁雷是河南邓州人,18 岁加入中国共产党。抗日战争时期,梁雷任雁北游击司令兼偏关县县长,惨死在日本鬼子的屠刀下,年仅 25 岁。穆青在《泪洒偏关》中深情写道:①

我恭恭敬敬在梁老师墓前献上了花圈,深深地鞠了三个躬,心中刚默默说了一句:"梁老师,您的学生来得太晚了!"一阵心酸,眼泪就

① 穆青.十个共产党员[M].北京:新华出版社,2000.第11页.

再也控制不住了。有那么多年轻人在场,我实在不愿意失态,但多年沉积在心底的夙愿、悲痛和内疚,在梁老师面前,怎能不让它尽情地宣泄呢?压抑的呜咽,终于变成了失声的哭泣,泪珠像雨点般地洒落在墓前……

我悲痛梁老师死得太早,抗战初期,他正值英年,真可谓"壮志未酬身先死……"一个正在茁壮生长的栋梁之材,过早地摧折了。如果梁老师能活到今天,该能为党为国家作出多大的贡献啊!

我悲痛梁老师死得英勇,死得壮烈,但也死得太惨了。为了挽救国家的危亡,人民的苦难,他把一腔热血洒进雁北贫瘠的土地,不惜献出了年轻的生命,甚至宝贵的头颅。我不敢想象,如今,埋在这墓穴中的仍然是一具无头的骸骨。

我悲痛在那风雨如磐的黑暗岁月,是梁老师把革命的火种播进我们的心田。他是我们的启蒙老师,又是我们的引路人。没有他的教诲,我们这些幼稚的孩子是不可能走上革命征途的。如今55年过去了,大同中学的几百名同学,或牺牲于革命战火,或耕耘于祖国各地,他们没有辜负梁老师的期望,梁老师如果泉下有知,也该感到慰藉了。

穆青的另一位老师,著名作家姚雪垠阅读《泪洒偏关》后,写信说:"你的《泪洒偏关》写得真好,应是传世之作。我一面阅读,一面热泪不干。像这样的好散文,很少见到。"

《十个共产党员》在京出版

1996年,穆青决定在北京出版他50年来采写的人物通讯报告的选集——《十个共产党员》。这是他的心血之作,他为读者刻画了十位中华民族脊梁,他们是梁雷、赵占魁、焦裕禄、王进喜、吴吉昌、潘从正、孙钊、任羊成、阎建章、郑永和。"在他们身上,既有中华民族的传统美德,又有共产党人的高尚境界。"

穆青对新闻大家范敬宜谈起出版《十个共产党员》时说:"这10个人当中,除了焦裕禄、郑永和是县级的领导干部,其他几位都是最普通的共产党员。在他们身上,既有中华民族的传统美德,又有共产党人的高尚境界,堪称共产党人的模范。他们的精神,集中到一点,就是无私奉献。真正的共产党员是什么样的人,在他们身上几乎都可以找到答案。他们是中国真正的脊梁。"

说到这里,穆青声音微微颤抖了:"这本书虽然只写了 10 名普通共产党员,是沧海一粟,但是它反映的是整整一个时代,整整一代人。有了这样的人,我们的国家才有今天的辉煌成就和胜利;有了这样的人,才改变了我们国家的历史进程。我们这一代人就是在这种精神、品德教育下成长起来的。几十年来,他们一直活在我的心里,有些人是我在心里酝酿了多少年才动笔写的,是一边流泪一边写他们的……"

"现在,有些人已经逐渐把他们淡忘了,甚至怀疑世界上是否真有那样无私奉献的人,怀疑共产党员是否真能做到哪样公而忘私。我之所以把这十名共产党员事迹集中成册,就是想让大家看看真正共产党人是什么样子;就是想重现共产党人的光辉形象;就是想说明这些几十年前的典型人物的现代意义;就是想借他们的榜样力量来鼓舞今天正为建设中国特色社会主义而奋斗的人们的信心……"

"作为一名党培养起来的老记者,我深感由于长期处在领导岗位,这一生写的太少,愧对伟大的时代,愧对伟大的人民。"说到这里,穆青已经语音哽咽了。

范敬宜赶紧打断穆青的话,对他说,你是一位幸福的新闻工作者。你有幸受到那么多你报道过主人公们的深情厚爱,比如植树劳模吴吉昌,把你当作世界上最亲的亲人。这种幸福不是所有新闻工作者都能享受得到的……

穆青听后微微地笑了,感慨万千地说:"我们这代人好在尝到了老百姓保护我们、爱护我们的滋味,所以一辈子也忘不了,总怕自己做得不好,对不起他们;总是告诫自己:千万不能忘记了老百姓,要处处想着他们。只要永远和人民群众站在一起,心里就踏实,就有抵制各种错误东西的力量。"①

　　穆青认为,人民是新闻报道的主体,人民是永不枯竭的新闻源泉,人民是记者成长的土壤,只有心里牵挂人民,才是防止污染腐蚀、抵制社会公害的有力武器。

　　穆青最难忘的就是阎建章那一番话:"从抗日战争开始,老百姓豁出命来保护我们几十年,图个啥? 不就是看我们像姓共的! 还不指望我们带着大伙过上好日子么?""几十年共产党员前赴后继又是为了啥,说得简单点儿,不就是想使大家富起来吗?"

　　阎建章是河北省蠡县辛兴村党支部书记,他与吴吉昌、任羊成这些农民不同的是,穆青与阎建章都是从冀中抗日战争的枪林弹雨中走出来的,经历了血与火的洗礼。

　　穆青出版《十个共产党员》时,就是受阎建章的这番话的启发定的书名。《改革大潮中的老支书》写的就是阎建章带领群众共同致富的事迹。穆青把他作为改革开放中的一个典型人物,收进《十个共产党员》中。他说:"一个中国农民,一个基层党员,讲得多好啊! 党的宗旨讲出来了。共产党员是干啥的? 在战争年代也好,在改革开放和建设年代也好,都是站在最前线的,我就是让人看看,真正的共产党员就是这样的!"②

　　穆青坚信:真正的共产党员是大多数,他们的好榜样、好作风是人民的希望,也是中国人民走向繁荣富强的中坚力量。

几句心里话

　　1996 年金秋时节,由中国记协、新华社联合主办的"穆青新闻作品研讨会"在北京举行,首都和外地新闻界 200 多人聚集一堂,参加了穆青新闻作品研讨会。

　　中共中央政治局委员、书记处书记、中宣部部长丁关根对研讨会

① 范敬宜.《十个共产党员》序.穆青.十个共产党员[M].北京:新华出版社,2000,第 4 页.
② 张惠芳等.人民记者穆青[M].郑州:河南人民出版社,2003,第 220 页

表示热烈的祝贺。

第四届中国记协主席吴冷西主持研讨会开幕式,并作了题为《要当这样的好记者》的讲话。新华社党组书记、社长郭超人宣读了社党组致研讨会的贺信。中宣部副部长徐光春、人民日报总编辑范敬宜、中央人民广播电台台长安景林、经济日报副总编辑庹震等人在开幕式上发了言。

尔后,刘云山、田聪明作了《穆青新闻实践的三个鲜明特点》的书面发言。范敬宜、刘白羽、李庄、金凤、王晨、杨子才等新闻大家提交了研究穆青新闻作品的论文。专家学者花了三天的时间在研讨会上宣读论文,并交流了看法。

穆青自始至终在现场仔细聆听专家学者对他作品的研读与剖析,在"穆青新闻作品研讨会"闭幕式上,他回顾了自己波澜壮阔的新闻生涯,用感恩的心情说出了他的心里话。他说:①

这几天,听了大家的发言,我想了一些问题。老实说,在这几十年的新闻生涯中,我总感觉到我自己做的事情太少,写的东西也太少。我有幸生活在这样一个伟大的时代,亲身经历了战争年代到和平建设一直到改革开放,这是一个波澜壮阔的时代,一个多姿多彩的时代,又是我们党的新闻事业从延安奠基,不断发展,不断壮大的时代。在这样的条件下,作为一个老一代的新闻工作者。我本应谈做更多的事情,起更大的作用,写更多的东西,做更多的奉献,然而我没有做到。为此,我深感愧对党。愧对人民,也愧对我们这个时代。

这里,我想讲几句心里话来说明我为什么这样说。

我是在河南农村的一个小城镇里长大的。清贫的家庭不可能让我上大学、接受更高的教育,等待着我的最好前途是在乡村里教教书。我之所以有今天,主要是党的培养。没有共产党,就没有我的今天。

---

① 穆青.我的心里话.孙富忱等主编.知名记者谈新闻写作.中国社会科学院研究生院新闻系内部资料,1997,第21~24页.

是党给了我一切。我念小学时的学校就是地下党的活动中心,中学更是地下党的县委所在地。我从小就接受革命的影响,一直到走上革命道路。我之所以写《泪洒偏关》,纪念我的老师梁雷,就是因为我忘不了他,他就是当时的党员,是他一手把我送上革命道路的。到部队后,在党的直接教育下,我的思想觉悟得以提高,更感到是党把我引上了光明大道。那时,我虽是一个高中一年级的学生,但是到了八路军里,却变成了高级知识分子,得到了多方面的关怀和爱护,在贺龙的 120 师,我们的宣传部长、政治部主任和组织部长都非常关心我。在以后的战争岁月里,我也跟着部队挺进冀中,深入敌后,受了很多锻炼。我就是在 1939 年,在冀中前线的炮火声中参加共产党的。我永远忘不了的是在战争进入最困难的时期,就是 1940 年,敌后解放区缩小,日本鬼子到处扫荡,冀中已不能在地面上打仗,转入地道战了;晋察冀根据地也在缩小,当时,条件极其艰苦,没有粮食,我们就整天吃黑豆、小米糠。在这种情况下,我们的牺牲很大。就在这时,党把我从前方调回延安。当时和我一起的战友有的牺牲了,有的被俘了,是党把我保存了下来。所以我说,没有党,就没有我的一切。这不是一句空话。到延安后,组织上又问我愿上哪个学校,我说上"鲁艺",就让我上了"鲁艺"。在"鲁艺"的两年,我如饥似渴地学习,拼命地看书,把图书馆的书能借到的都借来看。所以我现在还能写点东西,都是那时候打下的基础,不然的话,我一个中学生的文化根底,怎样能掌握以后那么繁重的宣传工作? 以后我到了《解放日报》,博古、陆定一、余光生同志对我们一些年轻记者要求非常严格。那时我不懂怎样做新闻工作,也不愿意做记者,我觉得我这个人不爱活动,不爱说话,性格非常内向,让我做记者满天飞怎么行呢? 但我是党员,要服从党的安排。在报社的几年里,领导们言传身教,呕心沥血地培养,我才逐渐安下心来走进了新闻这行的大门。而且一干就是 50 年。有关新闻的理论和实践,我也是在党的教育下懂得的、掌握的。可以说是党一直把着手地培养我,扶着我长大的。以后到东北、到总社。一直如此。最后,出我意外地让我负责新华社的领导工作,更说明了党对我的培养和信任。正是这种感情,使我始终认为我是党的儿子,党的理想、党的事业,也就是自己的事业和追求。所以我所取得的任何成就都应归功于党的引导.党的路线的正确,并不是我有多大的本事,而是我严格按照党的教导身体力行的结果。

我还想讲一讲和人民群众的关系问题。我觉得我的一生都离不开人民的哺育。年轻的同志没有见过旧社会我们的人民有多苦,我是亲眼看到的,特别是在我们河南,更是个贫穷落后、苦难深重的地方,为此,我从小就有一个朴素的救国愿望,以后参加了共产党,这个愿望就变成了终身的理想。我觉得作为一个共产党员,不论在什么情况下,都不应该忘掉人民,我永远忘不了在战争年代,处处都可以看到我们的老百姓怎么样地支援战争、支援抗日,那真正是毁家纾难啊!父亲战死了,儿子去;哥哥战死了,弟弟去。一批一批的老百姓穿上军装跟着我们打日本、打老蒋,牺牲了多少人,救了我们多少伤员,掩护了我们多少同志,在战争环境极端困难的情况下,老百姓自己不吃不用,把仅有一点东西都拿出来支援了部队,这些都是非常动人的。凡是有这种经历的同志都会有这种感受:我们不能忘记老百姓的恩情。没有老百姓的支持,革命是不可能取得成功的。从我个人来说,几十年的记者生涯,我在群众中间、在采访对象中间、在那些先进人物身上,学习到的东西实在太多了,是他们给了我很多营养,是他们教育了我,鼓励了我。他们的品德,他们对党和国家的忠诚,他们在建设祖国、改造山河上创造出的丰功伟绩,处处事事都是鞭策我前进的力量!我之所以有今天,功劳也在人民群众身上。是人民哺育了我,人民教育了我,并给予我以前进的动力。所以我经常给大家讲"勿忘人民"。因为我们的人民实在太好了。有一件事给我的教育最深,那是我和冯健、周原一起去中原采访焦裕禄的时候,当时正是三年自然灾害之后,我们在老灾区一路采访,一路就听到看到许多感人的事实。有的干部告诉我们,在断粮最严重的时候,老百姓饿得躺在家里,而周围就是国家的粮库,但他们宁愿饿死在床上,也没有一个去偷国家的一粒粮食。而到第二年丰收了,老太太用手巾兜着一点粮食非要去交公粮,粮库不收,老太太就哀告着说,这些年俺们一碗端了几个省的粮食,今年俺打下了粮食,也让俺的粮食跟国家的粮食掺和掺和吧!你们看,这就是我们的者百姓在最困难的时候对党对国家一片心意。有人说我对农民有特殊的感情,就是这些事教育了我。总觉得不把我们自己的工作做好,为人民多作出一点奉献,就对不起党、对不起老百姓、对不起这么好的人民。

如果说我取得了一点成就,除了归功于党、归功于人民外,还有一个方面就是同志们的帮助。是集体力量发挥的作用,并不是我个人有多大能耐。离开了集体,特别是新华社这么一个集体,我是做不出什么的。所有的成绩,都是大家集体的努力。我常想,新华社这样一个单位,就像一只船在大海上航行一样,党已经给我们指明了方向,但航行中也有风浪,有颠簸,怎么样使船前进,要靠船上的同志们齐心协力同风浪搏斗。否则,仍然有翻船的危险。新华社有一支好的队伍和好的传统,大家是团结的,是向上的,是把党的事业放在第一位的。如果没有这样一个集体,不可能取得今天的成就。从我个人来讲,你们可以看到,我的大多数作品都是与别人合作的,都是集体写作的,焦裕禄也好,吴吉昌也好,老坚决也好,包括《历史的审判》等等都不是我一个人写的,都是集体讨论,集体研究的结晶,都有大家的心血在里面。总而言之,一个是党的培养,一个是人民的哺育,一个是同志们的帮助。没有这三条,就没有我的穆青。我自知自己的水平和能力是非常有限的,集体的力量毕竟比个人的力量大得多。

穆青用朴实的语言总结了他50年新闻生涯,他非常感谢大家许许多多的鼓励。他说自己没有那么高的成就,也没有那么高的水平。他之所以有今天,是党的培养,党的引导,党的路线正确;是人民的哺育,人民的教育,人民给了他前进的动力;是同志们的帮助,是大家集体的努力。"没有这三条,就没有我穆青。"

为了将穆青新闻思想传播得更广些,新华出版社专门将研讨会上的论文汇编成《穆青新闻作品研讨文集》,公开出版发行,供新闻工作者参考、学习。

执子之手

真正的爱情,不是一见钟情,而是日久生情;真正的缘分,不是上天的安排,而是你的主动;真正的关心,不是你认为好的就要求她改变,而是她的改变你是第一个发现的;真正的矛盾,不是她不理解你,而是你会不会宽容她。这段话用于穆青和续磊的爱情婚姻上再恰当不过了。在战火纷飞的年代,他跟她日久生情,并结连理;在和平年代她为他做出了很多改变,这一点让他深感惭愧。

1998 年,穆青的老伴续磊患了严重的肠梗阻病而住进医院动手术。手术后发高烧,昏迷不醒。面对如此严重的情况,穆青积蓄在心底的情感终于爆发了出来,几次当着孩子们的面泣不成声。[①]

他担心,多病的妻子经受不住这次大手术。

早在 1984 年 1 月 3 日,穆青去医院探望生病的妻子后,在日记中写道:[②]

去医院看续磊,病情无变化,但烦躁情绪日渐好转,看得出她见到我有点激动,眼睛噙着泪水,似乎想让我多陪她一会儿。可怜的夫人,一辈子被疾病缠绕,聪明才智始终难以发挥,奈何! 从我们 1948 年结婚以后,我一心扑在工作上,家族重担及一切生活琐事全压在她一人身上,几十年来除去年曾同我一起去庐山休假半月外,从没有跟我一起外出过,平常连一件像样的衣服都没有。没有她的牺牲,哪有我的成就可言。但愿她快点好起来,老夫老妻互相搀扶度一个愉快的晚年,也多少弥补我对她的关心和照顾的不足。

穆青内疚,由于他在新华社的领导岗位上,妻子直到离休前,还只

---

① 穆晓枫.正气千秋忆慈父.郑德全等主编.难忘穆青[C].北京:新华出版社,2005,第 138 页.

② 张严平.穆青传[M].北京:新华出版社,2005,第 428 页.

是新华社的一个普通编辑，没有职称，也没有任何职务。

学过新闻的人都知道，1957 年 1 月，杨瑛与续磊写的《"梁山伯"结婚了》，是新中国成立后的少数新闻名篇之一：

【新华社上海 8 日电】新华社记者杨瑛、续磊报道：在银幕上饰演古代悲剧"梁山伯与祝英台"中两位主角的范瑞娟和袁雪芬，都已经建立起幸福的家庭。在今年元旦新婚的范瑞娟的新房里，贴着大红"囍"字，记者在 7 日到她的新家庭去访问的时候，新郎——中国青年报驻上海记者陈伯鸿正在焦急地盼望新娘回家吃晚饭。这一天，范瑞娟开过人民代表大会，又赶去补习了文化课，七点多钟才回到家里。这对新婚夫妇在新婚假期游览了苏州名胜，不久以后，新娘即将到南京、济南、天津等地演出。

扮演祝英台的袁雪芬也在去年春天结了婚，现在她怀着欣喜的心情准备做母亲了。上海著名的越剧演员徐玉兰、傅全香等，解放以后也都和自己心爱的人结了婚。

在旧社会里，女演员被人们称为"戏子"，低人一等，有的被卖去作妾，名演员马樟花为了婚姻自主，受尽流氓势力的迫害，气愤而死。筱丹桂婚姻不如意，被迫自杀。有的难得有了心爱的人，也因为受到各方面的阻拦，不能成婚。范瑞娟回忆起往事，感慨地告诉记者：过去她曾打算趁年轻的时候唱几年戏，等到"人老珠黄"，就回到乡下去苦度一生。但是现在，她对自己的艺术事业和家庭生活都充满着美好的理想。

这条新闻的特色是：标题醒目，导语突出，内容新旧社会对比鲜明，结尾富有美好的憧憬和诗意。①

穆青感激，多年来妻子为他撑住了这么大一个家，让他无后顾之忧地为党和人民奉献他的才华。

"我们这个家，不能没有她啊"，穆青不止一次动情地当着孩子们

---

① 丁士义.中国社会新闻选评［M］.北京：中国工人出版社，1993，第 148 页.

的面说。

幸好,在医生的全力抢救下,续磊终于闯过了鬼门关。穆青转忧为喜,紧锁多日的眉头终于舒展开了。①

穆青从不回避自己是一个不合格的父亲,四个儿子从小到大,他很少有时间去操心他们的事。这倒从另一个方面早早成就了他们独立生活的能力,下乡、当兵、求学、工作,每一个孩子都与普通人家的孩子一样,各自走着平凡而又艰辛的路。每每念及这些穆青感到满意。

当然啦,满意中也有不如意的时候。就说三儿子穆晓枫,1983 年从北京大学毕业,被分配到新华社工作,但是穆青严格履行中央关于干部家属的回避制度,硬是请时任副社长郭超人以组织的名义与晓枫谈话,把他"请"出了新华社。后来晓枫通过自己的努力考入美国波士顿大学,边打工边学习。

读晓枫的来信,思子之情油然而生,续磊更甚。孩子已是三个春节未在家过年了,远在异国他乡也混不出什么名堂来。他本来是一个有用之才,但由于我这样一个高干父亲,诸多限制,诸多影响,既不能在新华社工作,又受社会上对高干子弟成见影响,连个适当的工作岗位都得不到,别说展其所长了。至今孤身海外,进退两难,想起来,我这个做父亲的怎能心安!②

这是穆青 1991 年 3 月 6 日接到晓枫来信时,在日记中透露出怜子之情。

自从妻子出院后,穆青改变了整天在办公室里忙碌的习惯,有意地用更多的时间来陪老伴。他下午一般都待在家中读书写作,晚上肯定陪妻子看电视。他每次去外地出差,一般不超过一周的时间,生怕妻子一个人在家孤独寂寞。出差在外时,穆青每天晚上肯定要打电话

---

① 穆晓枫.正气千秋忆慈父.郑德全等主编.难忘穆青[C].北京:新华出版社,2005,第 138 页.
② 张严平.穆青传[M].北京:新华出版社,2005,第 430 页.

回家,向妻子报个平安。

有一次在记者对他的专访中,穆青又一次深情地诉说了他对相濡以沫几十年的妻子的内心感情。当他的儿子晓枫从网上调出这篇文章读给母亲听时,她显得非常非常的感动……

爱好书法和摄影

穆青祖父是晚清举人,写得一手好字。儿童时代的他在爷爷的管教下每日临池不辍,耳濡目染,深得爷爷家传之笔法。中年以后,穆先生又广泛求索,读过、临过许多碑帖。有一段时间,他对碑帖真是到了如痴如醉的地步。每次出差,他都会尽可能地挤出时间去参观当地的博物馆或者碑廊。有一回,他出差到了兰州,为了欣赏碑帖,他竟在博物馆里不吃不喝地待了一整天。馆长见他如此迷恋碑帖,敬佩之余,还把自己珍藏中仅有的一套《淳化阁帖》送给了他。

人们翻开他的日记本,无不被他工整漂亮的字迹所叹服。他的墨宝,一直为欣赏他的人们争相收藏。“文革”期间,他被打成“走资派”,无事时,便在家中的床席上苦练毛笔字,看到好字总要用手比比划划地临摹一番。

功夫不负有心人,他的书法,具有鲜明的艺术个性:运笔洒脱自如,毫无做作之态;墨迹妍美流畅,有的如同风卷残云般浩气荡然,有的像钢筋铁骨般坚毅沉浑,总能激起观者的无限遐想,给人以奋发向上的启迪。在结构上,取势于平正中见跌宕,于争让中见互补,笔画稀疏处力足以少当多,笔画清瘦处力劲以充肥。运笔刚柔相济,笔断气连,结构的正中求奇,险中求稳,在变化中求统一,达到于动态中显现张力美的艺术效果。特别要提到的是,他将曲线和弧线在书法结构中的运用,使得字体极富弹力、轻灵,形成了优美的韵律感。在布局上讲究首尾照应,行间顾盼,关注气息之流通,驾驭形势之生动。这两点,都是他艺术风格的突出表现。

范敬宜对穆青的书法评价是:“他就是他,已经形成他自家风格,无一笔无来历,又无一笔属他人。"①在"文革"期间,穆青家经过几度抄家,数次搬迁,藏书越卖越少,惟独舍不得卖掉的,是他四处收集来的那些字帖和碑拓。

书法评论家夏硕琦对穆青书法评价为:"闳其中而肆其外",他的字精劲峭拔,质坚气浩。书法布局、间架、墨象间,会让人感到心醇而气和,刚健而气清,沉凝而华滋。

"闳其中而肆其外"一语出自唐宋八大家之一的韩愈文论,这是韩在论述创作与文化修养关系时的名言。"闳其中",就是要博学多识,博观约取;"肆其外",就是要厚积薄发。

穆青曾对孩子们说:"字就像一个人,首先架子要搭得好,其次要有精神气,才能写得好看"。在他所出版的书法作品中,读者能从他的字里行间读出一股凛然正气。好的书法作品,就有这样的气韵和神态。当然,这也与书写者所处的社会环境和个人经历、个人气质密不可分。这不是学出来的,更不是练出来的,而是从人的胸臆中迸发出来的。②

如果说穆青书法起步较早的话,他的摄影创作却是从晚年才开始的。那时他还在新华社社长的任上。他首次在新闻界提出"新闻报道要文字和图片两翼齐飞"的观点,以身作则,亲自实践。

穆青究竟花费了多少时间和心血在摄影创作上,谁也说不清。他以年迈之身,背着相机不辞辛劳地在祖国各地奔走创作,已为新闻界所熟知。然而,他在整理和挑选照片上所下的功夫,却鲜为人知。他的底片库里,已经积攒了三万多张底片,凝聚了他几十年的心血,那都是跋山涉水,起早贪黑一张一张地拍出来的。

当然,穆青不属于技术派的摄影家,他不懂专业胶卷的细微差别,不使用大幅相机拍摄风景,从来不用外用测光表测量曝光值,更不擅长后期暗房制作。但是,他拍出的照片却构图精美,大气磅礴,具有独

---

① 穆晓枫.正气千秋忆慈父.郑德全等主编.难忘穆青[C].北京:新华出版社,2005,第132页.

② 穆青的书法及其"字外功夫".中国书画报,2008年第90期.

到的功力。如果说,他的文章是以深刻的人物刻画而感人肺腑,那么,他的摄影作品则是以强烈的视觉冲击力而令人震撼。

2002年8月,81岁的穆青登上了四川西部的四姑娘山,在海拔4500多米的高度拍下了白雪皑皑的壮丽群峰。此时,他已忽略了年龄和高山缺氧的地理环境。之后,他宝贝似地向人们展示四姑娘山的优美照片,说:"虽然冒了点险,血压升高,但总算拍了,没留遗憾!"

穆青常提到两个人物,一个是诸葛亮,赞扬他"鞠躬尽瘁,死而后已";另一个是《钢铁是怎样炼成的》中的保尔。"保尔说得好,人的一生应当这样度过,他不为虚度年华而悔恨,不为碌碌无为而羞耻。人的一生是有限的,我深感自己这一生写得太少,贡献不大,内心愧疚。"①

穆青生前虽然出版了《穆青摄影集》、《黄山摄影集》、《九寨沟》、《穆青摄影选》、《开封菊花》、《洛阳牡丹》等多种画册。可他家中,一直悬挂着一幅1987年他在巴西拍摄的伊瓜苏瀑布的照片,在飞溅而下的浩大瀑水之上,穆青用秀气的小楷笔墨题诗写道"惟有绝壁见飞流"。他不止一次地用此景来比喻人生和事业。他形象地说,人生和瀑布一样,要有高度,有落差,才会澎湃出激情和力量,事业才能辉煌。②

让未来充满阳光

2002年4月,时年81岁的穆青感觉到时日不多,坚持从北京到山西长治,那里有他长眠的战友华山。按照华山的遗嘱,他的骨灰一半埋在他曾经战斗过的太行山,一半撒进他早期从事新闻工作的地方漳河水。穆青怀着凄然的心情向老友献上了花圈,华山音容笑貌重又浮现在眼前。

那是1985年9月,华山在广州病重,穆青因中央开会无法抽身,

---

① 张惠芳等.人民记者穆青[M].郑州:河南人民出版社,2003,第306页
② 穆晓枫.正气千秋忆慈父.郑德全等主编.难忘穆青[C].北京:新华出版社,2005,第134页.

就委派大儿子东平去探望。病榻上华山念念不忘新闻事业的发展。他说:"我和穆青都不是从新闻的定义和理论做起的。我是先成为一个革命战士,然后才成为无产阶级的新闻记者的。我最低职务是记者,最高的职务也是记者。"华山还说:"新闻界要取信于民,就应该反一反不正之风。记者着了官迷,就是不正之风的一种。新闻界如果不整掉种种不正之风,就不能坚持实事求是。"

临别时,华山从枕头下的书本中取出一张照片,递给东平说:"这是我和你爸爸年轻时的一张合影,那是五十年代初,我去参加抗美援朝,他去上海工作,我们俩在总社大门口的石磴上照的。多年来我一直带在身边,现在……交给你爸爸,留个纪念吧……"

10 天之后,华山就去世了,他走得很平静也很突然。噩耗传来,穆青好多天都陷入无比的悲痛之中,他悲痛我国从此失去了一位最优秀的记者,他自己失去了一位难得的挚友。他完全没有想到,华山会走得这么快、这么急。当时,穆青还一直抱着希望:想着等自己摆脱身边的杂务,一定要飞到广州,坐在华山的病榻前,握着他的手,听他倾诉,与他叙谈。穆青相信华山会像年轻时一样,发出朗朗的笑声……现在,一切都晚了,永远无法弥补了。最后没有能见华山一面,成了穆青终生的遗憾!

为了缅怀这位老友,穆青写了《难忘华山》,几次改了又改,发表在《中国记者》1998 年第 9 期。文章以情感人,写的荡气回肠,摘录如下:

我与华山相识在解放战争全面爆发的前夕。抗战胜利后,我随新华社的先遣队从延安赶赴东北,途经承德时,被留在《冀热辽日报》工作了几个星期。这时,华山正在该报当记者。报社的编辑记者不多,吃住都在一起,几天下来,大家就熟悉了。华山给我的印象是:尽管他言语不多,但待人、做事都满怀激情。加上我们先后都在延安鲁艺学习过,所以很能谈得来。不久,党中央电促我们先遣队立即赶往东北,我便与华山匆匆地分手了。

我们之间的深厚友谊,是在东北战场那段艰难岁月中建立起来的。1946年底,我在哈尔滨《东北日报》和新华社东北总分社工作,华山几经辗转也调来担任特派记者。这次重逢,使我们之间的友谊就更加亲密了。当时,我负责采访部,华山分工报道军事,大部分时间都跟随部队采访。他在长白山里踏过摇头甸子、红眼蛤塘,在大森林里和伐木工人睡过火棚子。东北的冬季特别漫长,零下三四十度是常见的天气,大雪泡好像白色帷幕覆盖着茫茫原野,地上的积雪有一尺多厚。就在这样严酷的环境下,华山常常跟战士们一道没日没夜地行军、作战。那时,前方记者没有条件配备电台,发稿一般是邮寄。但在当时的战争环境下,邮件往往延误丢失。若是有一段时间,收不到华山的来稿,我就通过军队指挥系统打听到华山的行踪,派报社通讯员到部队去找他。这样,一月左右去一次,每次都能带回两三篇稿件。所以当时华山的一些稿子,大多是首先通过我编发出去的。战役间隙,华山也多次回哈尔滨休整。每次从前线回来,只见他长长的头发,胡子拉碴的,有时还穿着日本关东军的皮大衣,戴着大皮帽子。那副模样,仿佛至今犹在眼前。

1948年初秋,东北战场敌强我弱的形势发生根本性的变化,我们预感到"打硬仗、打恶仗、打大仗"的时刻到了。华山去了锦州前线,我则去了长春战场。依依分手时,我们相约"沈阳再见"。没想到,此后的战局竟发生了戏剧性的变化:华山一路顺风,跟着先头部队强渡大凌河,打锦州,战辽西,消灭廖耀湘兵团,直到解放沈阳,真是纵横驰骋,好不开怀;而我却陷在长春外围,几个月也没有打上一仗。直到东北全境解放,我从哈尔滨赶往沈阳时,华山已随着部队进关参加平津战役去了。

东北解放战争时期,是华山新闻生涯中最壮丽的一章。他的许多反映解放战争的名篇,都是在这一时期完成的。他的作品总有一种磅礴的气势,充满着一个人民记者同人民战士们一道在战火硝烟中出生入死的革命豪情。他善于从整个战局出发,融入丰富的生动的第一手材料,既写出了战役的全貌,又揭示了敌我双方的态势和战斗过程,使广大读者从中看到我军指战员各具风采的英雄群像,以无可争辩的事实显示出我军必胜、敌人必败的历史发展趋势,犹如冲锋的号角,前进的旗帜。他的作品,可以说是那个时代真实的历史纪录。在当时众多战地记者中,华山是一颗耀眼的星辰。

平津战役后,我随解放大军渡江南下,华山转入了工业建设的报道,去鞍山、大连等地采访。等我从前线调回总社后,他又去了朝鲜战场。此后,我去了上海分社工作,只是在回北京开会的时候,与华山有过几次短暂的相聚。

1954年冬,新华社组织一批业务骨干去苏联学习,我与华山同乘一个火车包厢,整整旅行了九天九夜。沿途西伯利亚的大森林,贝加尔湖的风光,深深地迷住了我们。我俩常常痴迷地趴在车窗口,长久绷撒凝视着窗外的景色,好像又回到了哈尔滨时期,开始漫无边际的聊天。从西伯利亚迷人的风光谈到俄罗斯优秀的文学传统,谈到二战期间苏联的战地通讯和报告文学。在苏联,我们共同生活了三个月,除在塔斯社学习外,还游览了莫斯科、列宁格勒(编者按:今彼得格勒)、基辅等地。每次参观游览,我都与华山结伴而行。尤其是参观艺术类博物馆,我俩兴趣最大。华山学过木刻和美术,对俄国古典的油画和雕塑特别钟情,往往别人都走了,我俩仍久久不愿离去。使我永远难忘的是,那次在列宁格勒,华山对那座世界著名的雕塑"青铜骑士"简直着了迷。他拉着我围着雕像左看右看,赞赏不已。当时我俩多想在雕像前照张合影啊,但那时我们没有相机,未能如愿。这件事以后我们曾多次提起来,总觉得是平生一大憾事。

1990年,我去苏联访问,又一次来到这座著名的雕塑前。当时蓝天白云,阳光灿烂,青铜骑士的雄姿依旧。回想三十多年前我同华山在此的情景,真是触景伤情,不胜感慨!如今,斯人已经逝去,我手上纵有这最好的相机,又到哪里去找华山合影呢?一阵酸楚涌上心头,我禁不住流下了眼泪……

1966年初,我和冯健、周原采写的《县委书记的榜样——焦裕禄》发表后,华山看后很激动,曾叫人带信给我,要我一定再到林县去一趟,写写林县县委书记杨贵和那些修建红旗渠的英雄们。不久,我应邀前往,华山非常高兴。整整三天时间,他领着我跑遍了红旗渠的整个工程,还陪我一起访问了杨贵、马有金等县委领导人,并和修建红旗渠的劳动模范路银、任羊成、常根虎、王师存等见了面。正当我们准备深入采访的时候,没想到国内形势突然发生了变化。我不得不匆匆赶回北京去,接着就爆发了"文化大革命",我们报道红旗渠的计划也不得不被迫中止。这件事对于一个记者来说,无论是我还是华山,心灵上都是一个难平的创伤。

华山为人正直,性格倔强,在重大问题上不管遇到多大压力,都敢于坚持真理。他的这一刚正不阿的品格在"文革"中突出地表现了出来。"文革"初期,他先被河南文联的造反派揪回郑州批斗,后又被拉回林县劳动改造。此时,林县已被造反派闹得昏天黑地。他们诬蔑林县是"刘少奇、邓小平推行'三自一包'的样板",诬蔑红旗渠是"黑旗渠",还说:"一条小小渠道有什么了不起","杨贵不是个好东西"。对于这些攻击,华山实在听不下去,只要有可能就挺身而出同造反派争辩,为此他也着实吃了不少苦头。

1972年10月,康克清同志到林县考察,华山给康大姐写了一封长信,全面反映了林县的问题。信中用大量事实,揭露造反派在当时河南省军管负责人的支持下,极力否定红旗渠,残酷迫害杨贵及修建红旗渠的大批干部群众的种种罪行。康大姐看后觉得问题严重,第二天即派专人回京,把华山的信送给国务院的领导同志传阅。周总理看后非常生气,当即批示要河南当时军管的负责人及有关人员赴京汇报。会上,总理严厉批评了他们否定红旗渠的错误,质问他们为什么对在极端困难的情况下,人民群众自力更生建造的红旗渠那么仇恨? 当说到他们残酷迫害干部群众时,总理说:"我看了你们整他们的情况,我实在难过! ……"。说到这里,总理气愤地流下了眼泪。总理要他们说清楚为什么这样仇恨劳动人民,当场质问那个河南军管负责人:"你说'一条小小的红旗渠有什么了不起',小小的红旗渠你修了几条?"在周总理的亲自关怀下,这次会议及时地制止了造反派在林县的倒行逆施,并解放了杨贵同志。同时,周总理还亲自提名,建议华山作为河南的代表出席全国四届人大。

1980年初夏的一天，华山来看我，说他很想念太行山，想再去那一带跑一圈。我见他脸色蜡黄，身体瘦弱，肝病似乎更加严重了，劝他好好休养，调理好身体再去。他说："还是老毛病，没关系，只是不想吃油腻的东西。趁跑得动还是多跑跑好。"以后他从太行山回来，在我家里住过一晚。记得那天我俩曾沿着新华社西门外的佟麟阁路来回散步，他心情很不好。谈到"文革"的灾难，他阴沉着脸说："干革命这么多年了，为什么还是这个样子？为什么还你斗我，我整你，没完没了？"谈到老区人民的生活情况，华山很激动，愤愤地说：还不是同过去一样贫困！接着，他无限感慨地说："太行山老区人民在战争年代为支援战争做出了多大的牺牲！可以说没有他们的支援，就不会有太行根据地，就不会有抗日战争和解放战争的胜利。现在，全国解放已经几十年了，谁能想到，老区人民的生活还同当年一样贫困！看到这情景，作为一个党员，一个曾同他们同甘苦共患难的人，我从内心深处感到羞耻，感到内疚。"说到这里，我从他闪着泪花的眼睛里看出了他一片忧国忧民的心境。

追思华山的一生，使我感慨万千！他从太行山上献身于党的新闻事业起，到回归太行山中去，在风霜雷电的人生之旅中，华山留下了多少瑰丽雄壮的华章，如号角、如战鼓，激励着人们前进！他身上凝聚着党的新闻工作的优良传统，闪现着他独具的智慧、刚直、勤劳的光彩。遗憾的是，由于长期疾病的折磨，他的才华没有得到充分发挥，他的人生理想之歌尚待尽情高唱。他走得太早了，太早了，人们为他惋惜，为他悲痛。但他的作品，他的凛凛风骨，将永远留在人们心中！

华山曾在自己的《朝鲜战争日记》中，写过这样的话："如果我不幸死了，就大哭一场，把我忘掉吧。……对于记者，最好的怀念，就是让未来充满阳光。"是的，但我要说，不管在什么时代，我们都不能忘记那些曾为让未来充满阳光而英勇战斗的战士。

最后的时光

2002 年 11 月初,穆青在医院检查时,在他的肺部查出一块阴影区,估计长了一个肿瘤,不管是良性的还是恶性的,医生们都主张把它切除掉,以免后患。

手术的结果,医生在他的左肺叶上找到了一个 2 厘米大小的原发病灶,确定是一个恶性肿瘤。不幸的是癌细胞已经转移,左肺叶上布满了小米粒的癌细胞群。切除原发肿瘤已没有意义,医生只好原封不动地将刀口缝合。

当着新华社领导和穆青家属的面,主治医生拿出穆青几十年在医院的病历说,"穆老的身体情况一直很好,可是这一次的肺癌却很严重,而且国内外目前都没有十分有效的治疗方案和特效药,按照肺癌一般发展趋势,估计穆老的生命只能维持 6—8 个月的时间。"

新华社领导和穆青家属心里都明白,穆青生命最后的阶段开始了……

新华社领导和同志们出于对他的厚爱,精心安排他到深圳和广州疗养,还千方百计地请来了国内最好的中医为他诊疗。大家都期望,能够有奇迹在他身上出现。

在穆青的行李中,他带上了过去的十几本日记,还有心爱的照相机。

离开病房的穆青,到了美丽的南国,许多已经调离新华社的同志知道情况后纷纷前来看望自己的老社长,穆青的心情非常好,他的住处常常充满了欢声笑语。

2003 年 4 月初,穆青开始出现胸水,这是病情恶化的征兆,经过医院精心的化疗,医生们控制住了胸水,但是他的左肺却完全失去了功能,全靠一叶右肺维持着呼吸。

虽然家人对他的病情进行了严格的保密,但他体力日感不支,似乎已有不好的预期。穆青想到几年前,当时的新华社社长郭超人就是手术后不久,在化疗过程中没能走出医院。他也有些着急,经过认真思考,他向来看望的新华社社长田聪明和总编辑南振中,提出了整理出版他的几本书的意见。①

为了不给老人留下遗憾,新华社党组决定让南振中总负责,穆青的老搭档冯健任主编。在长达六十多年的新闻生涯中,穆青采写大量的新闻作品和新闻理论文章,怎样收集和编辑成书呢? 穆青自有他自己的想法。他给大家说了几条原则:作品不是文稿的汇编,不搞文集和全集;一些应景的东西、一些在个别年代起作用的东西不要收入;不要收录所谓名人和领导的稿子,不要丢掉反映老百姓生活的内容;不要太厚,别耽误他人时间;标题和内容基本不动,维持原貌。

《穆青论新闻》原名为《穆青新闻理论》,穆青对此不太满意,认为"理论"这个词叫大了。后来经过几人讨论,改为《穆青论新闻》。当他看到有些文章篇幅较长时,他便建议作个提要,以方便阅读……

新华社党组还决定让新华社记者张严平,在穆青秘书的协助之下,用最短的时间完成穆青传记的创作。

在精神好的时候,穆青几乎每天下午都要将传记作者请到家中,一段一段地谈着过去的经历。讲到精彩之处,他常常抑不住内心的激动,和妻子一起回忆着一个个生动的细节,甚至还翻出保存了几十年的"两地书"来加以佐证。

四五月份"非典"病魔袭击全国。那段日子里,穆青呆在家里,哪里都不能去。他只好仔细地审阅着《穆青摄影》画册的样稿,一张一张地和大家讨论着那100多幅照片,从照片的色彩、剪裁到画册的装帧设计,每一个细节都不放过,正像从前对待自己写的文章一样,反复推敲,直到满意为止。

有一天,看到《穆青书法》的样书,他的心情非常激动。他自己的书法作品结集出版,是他多年来的愿望。这本书,收集了他多年写下的100多幅书法精品,设计得别开生面,穆青显得十分满意。他坚持

① 罗海岩.没有遗憾的憾事——穆青和他的新书.郑德全等主编.难忘穆青[C].北京:新华出版社,2005,第354页。

请他的"神交好友"范敬宜作序,为书法集锦上添花。

10月9日,穆青病情骤变,不得不再次住进医院。住院前一天的晚上,他仍然牵挂着他的书,收拾完行装后,他躺在床上,拿起电话,要通了远在深圳负责印刷的责任编辑,一方面表示感谢,一方面表述了他祈盼早日看到样书的心情。这是老人生前打的最后一次长途电话,他用半个多小时的宝贵时间,表达了他漫长一生的最后一个追求。

第二天一早,穆青的呼吸发生困难,身体各个器官出现严重供氧不足。输氧已经不起什么作用了,医生为他用上呼吸机,为了减轻他的痛苦,在点滴瓶中,加入了安眠药。

穆青睡了,再也没有醒来。

他的三任秘书,两任司机,还有他在北京的三个儿子,和其他一些同志都默默地守在他的身旁,希望他还能够苏醒过来,更希望有奇迹出现。

新闻界泰斗张友鸾在《回光返照》一文中写道:①

人在临死咽气之前,忽然神志明朗,精神振奋,那叫"回光返照"。时间很短暂,一般知道就要死了,作为身后的嘱咐罢了。却有些人,在那回光返归之时,认为已经活转来,还要干这样、干那样,补一补未完的功课。小说家林琴南晚年主要靠卖画为生,全仗着文名吸引一些主顾,润格却比北京的其他画家低得多。因为年纪老了,家里还有幼妻弱子,总想给他们留点遗产,只是不能聚集成数,后来有人向他建议:"自来画家的作品,在生前都是得不到善价的;一旦捐了馆舍,立刻就可以抬高。你既然是准备留做遗产之用,与其现在卖,何如画而不卖?留画比留钱价值要高得多。"林琴南一闻此言,欣然采纳,每天作画时,认为是得意之笔,即便留下,藏诸内室。只怕或为亲友所知,窃取以去,因而在画上不提款,不盖章。积之多年,幅数不少。那一年,他73岁,忽然一口气上不来,死了。家里人一面举哀,一面备办后事。哪知

---

① 张建安.文化名人的最后时光[M].北京:中央编译出版社,2007,第300页.

正在乱哄哄的时候，他却悠悠苏醒。张开口便说："把那些画拿来，等我题款。"家人怕他劳累，劝他不必着急，他说："我已经完全好了。把画上款题齐了，我还要写一篇《还魂记》哩!"家人只好把画都搬出来，由他一张一张去签名。整整写了一上午，才写完，他却把笔扔在地下，又倒下头去，从此没有醒来。

穆青睡过去之后，没有出现奇迹，亦没有回光返照。直到他的老伴续磊急忙从家里赶到医院，大声地在他耳边一遍遍地呼喊着，"穆青，我是续磊啊!"①没有反应。她翻开穆青的眼皮，他的双眸还是那么明亮，然而，却没有一点点反应。

10月11日凌晨3点20分，穆青走完了他波澜壮阔的一生。

李长春同志评价说："穆青同志是新闻界的旗舰，是'三贴进'的典型!"

李瑞环同志说："穆青同志的一生，是光辉的一生!"②

穆青生前曾给孙辈们留下话：

学本事固然重要，但更重要的还是要学做人。我们家有正派做人的传统，有淳朴忠厚的家风，绝不允许做那些损人利己不道德的行为。做人正，路就能走得正。古往今来，人格的力量是最有生命的力量。③

10点25分，新华网开设了网上公祭穆青灵堂和网友论坛，让人们通过网络来缅怀这位新闻界的巨子。

网上对他的评价是：建国以来，穆青的每一篇报道几乎都成为中

---

① 《记者穆青》书稿送给穆青的儿子穆晓方审读时，穆晓方先生认为："穆青，我是续磊啊!"这句话是编造的。理由是穆青去世时，老太太（续磊）也生病了，根本不能走动。实际上这句话的出处是穆青另一个儿子穆晓枫在《正气千秋忆慈父》（参见郑德全、穆晓枫主编《难忘穆青》，新华出版社，2005，第45页）中写的。

② 穆晓枫. 正气千秋忆慈父. 郑德全等主编. 难忘穆青[C]. 北京：新华出版社，2005，第145页.

③ 张严平. 穆青传[M]. 北京：新华出版社，2005，第513页.

国新闻界的范文。

他和他的同事,记录并传播了那个风云年代的主流精神,这其中,《县委书记的榜样——焦裕禄》(与冯健、周原合作)令他声名远播,继之,铁人王进喜、植棉模范吴吉昌、绿化荒沙的"老坚决"潘从正、红旗渠特等劳模任羊成……

当一个个满溢着英雄气概的人物被社会所知时,人们也记住了记者穆青的名字。

他贡献于他所生活的时代,同时也无可逃遁地为时代规约。他的新闻作品、新闻主张和新闻实践,均为20世纪中国新闻史不可或缺的篇章。①

---

① 李俊兰.生为穆青.北京青年报[N].2002年1月27日.

附录一

"勿忘人民"的警示价值

文/南振中

　　穆青 1937 年参加革命,1942 年调到延安《解放日报》当记者,开始了长达 61 年的新闻生涯,其造诣博大精深。作为后辈,我难以全面诠释穆青精神,仅就"勿忘人民"的警示价值谈几点学习感悟。

　　"勿忘人民"是穆青同志 25 年前提出来的。1988 年 4 月,穆青到福建省厦门市调查研究。4 月 17 日,在厦门宾馆吃过早饭,陪同调研的福建分社社长崔葆章和厦门支社的同志恳请穆青为分社题词。穆青提笔写了"勿忘人民"四个大字。十几天以后,福建省一位新华社通讯员请穆青同志题词,穆青又一次题写了"勿忘人民"四个大字。1990 年 12 月,《安阳日报》记者到北京向穆青同志汇报劳动模范任羊成的近况。临别时,记者请穆青同志题词。穆青在这位记者的笔记本上写的还是"勿忘人民"。

　　穆青同志为什么反复题写"勿忘人民"? 从《穆青论新闻》一书中可以找到注脚。1991 年 3 月,穆青在《记者应当建立调查研究的"生活基地"》一文中说:"前不久,一家地区报的一位记者问我'记者怎样才能尽快成才?' 我告诉他,记者不能整天想着成才。成才没有捷径,也没有秘诀。我为他题写了'勿忘人民'四个大字,勉励他把根牢牢扎在人民群众之中。"3 个月后,穆青在接受《新闻记者》杂志记者访问时说:我告诉《安阳日报》的两位记者,"要牢牢记住人民,只要对人民有感情,就能写出好新闻作品。我们就是需要那种同群众有血肉联系、对群众有深厚感情的记者,而不是那种高高在上的、自己把自己放在人民之上、放在党之上的记者。我给他们题写'勿忘人民'这四个字,就是这个意思。"

当前,全国各地正在开展党的群众路线教育实践活动,新闻战线"走基层、转作风、改文风"活动也日渐深入。在这样的大背景下,穆青所提"勿忘人民"的警示价值进一步显现出来。为了便于理解,我先讲三个"红色经典":

——1960年5月8日,毛泽东在郑州接见来我国参观访问的拉丁美洲8个国家的朋友。陪同的熊向晖送给毛主席的新闻稿中有一句话:"拉丁美洲8个国家的朋友们……热情地称赞中国人民在毛泽东主席领导下所取得的伟大成就。"毛主席把"在毛泽东主席领导下"几个字删掉了。熊向晖说,这句话是拉丁美洲朋友的原话,完全符合实际,我不理解主席为什么那样修改。毛泽东说,为什么一定要说毛泽东的领导呀,没有毛泽东,中国人民就取不得成就了? 这是唯心史观,不是唯物史观。我把唯物史观概括成一句话,叫做"人民,只有人民,才是创造世界历史的动力。"实践证明,过去打仗,靠的是人民;现在建设,靠的还是人民;一切成就都来自人民自己的努力。

——1949年3月25日,毛泽东来到颐和园,这里是中央领导人进北平后的第一个歇脚点。当时北平刚刚解放,潜伏特务较多,为了严防暗杀、爆炸,社会部部长李克农派人把颐和园的游人全都清理出去。毛泽东见颐和园冷冷清清,不见人影,就问身边的人,游客都到哪里去了? 身边的人回答说,为了主席的安全,把人都清理出去了。毛泽东听了很生气,说:"把水全排干了,你那个鱼还讲什么安全? 你安安全全干死在那里,饿死在那里吧!"

——20世纪60年代初,毛泽东主席到基层调研。一天,在专列上召集县级以下干部代表开会。毛主席问地方干部:"你们信不信上帝?"在场的没有人回答。毛主席说:"你们不信,我信! 这个上帝就是人民! 谁惹怒了上帝,上帝是不留情面的,他必定要垮台!"

这三个"红色经典"从不同侧面反映了中国共产党人的"群众观"。"勿忘人民"体现了马克思主义的"群众观",其警示价值至少有三个方面:勿忘人民的主体地位,殚精竭虑为"民族脊梁"立传;勿忘人民的哺育之恩,身居高位与基层百姓鱼水相依;勿忘人民的根本利益,谨防"惹怒上帝"的不正之风。

一、勿忘人民的主体地位

殚精竭虑为"民族脊梁"立传

人民群众既是社会物质财富、精神财富的创造者,又是社会变革的决定力量。"勿忘人民"的一个重要内涵就是尊重人民的主体地位。

1978 年 12 月,新华社召开了国内工作会议,就"十年教训"展开讨论。穆青在总结讲话中强调说:"历史唯物主义告诉我们,人民群众是历史的创造者。在社会主义的新中国,人民是国家的主人,也是新闻报道中的主人。千百万群众的社会实践,应当是无产阶级新闻报道的主要内容,也是检验我们新闻报道正确或谬误的标准。"穆青不仅是"勿忘人民主体地位"的践行者。他一生中花费了很大精力为人民群众立传。

1942 年,穆青进入延安《解放日报》的第二天,就同张铁夫一道采访了劳动模范赵占魁。赵占魁是陕甘宁边区农具厂的工人,老实肯干,不善言谈。穆青和张铁夫提出一连串问题,赵占魁的回答总是"没什么可说的"。没有办法,穆青和张铁夫只好同赵占魁一起生活:白天,两人给赵占魁打下手;夜晚,与赵占魁同睡一铺炕。在二十多天时间里,穆青边观察,边体验,边收集素材。赵占魁主人翁式的劳动态度、不怕困难的顽强意志,质朴、平凡而又伟大的工人形象越来越清晰。穆青强烈地感受到,在抗日战争最困难的关头,革命队伍里多么需要赵占魁这样的榜样啊! 他们充满激情,撰写了一篇题为《人们在谈说着赵占魁》的新闻稿,1942 年 9 月 7 日在延安《解放日报》上发表。9 月 11 日,《解放日报》发表《向模范工人赵占魁学习》的社论,赞扬赵占魁"始终如一、积极负责、老老实实、埋头苦干、大公无私、自我牺牲的精神"。9 月 13 日、14 日,《解放日报》又连续刊登穆青、张铁夫采写的长篇通讯《赵占魁同志》。中共中央职工运动委员会、边区征服在农具厂隆重举行颁奖大会,奖励了赵占魁。毛泽东听说后致电中共中央职工运动委员会书记邓发,称赞奖励赵占魁这件事做得很好。毛泽东说:"平时我听你们要找斯达汉诺夫。你们把他的优点总结起来,树立标兵,推广到各工厂各生产单位去。"

斯达汉诺夫是苏联的采煤工人,1935 年 8 月 31 日,他在一班工作时间内采煤 102 吨,超过普通采煤定额的 13 倍。"中国式的斯达汉诺夫"赵占魁的名字从此传遍了边区和敌后抗日根据地,成为鼓舞人们提高觉悟、努力工作、多作贡献的好教材。

1946 年,穆青同志奉调到《东北日报》工作。他把人民群众作为新闻报道的主角,利用手中的笔歌颂英雄的部队和英雄的人民。《东北日报》编辑部负责人交给穆青的第一项任务就是采访原东北抗日联军负责人周保中。

周保中是威震敌胆的民族英雄。在东北沦陷 14 年当中,特别是在杨靖宇将军牺牲之后,周保中率领东北抗日联军出生入死,独撑危局,颇有传奇色彩。有幸采访周保中,穆青非常兴奋。他简单准备了行装,同作家魏东明一道,在一个班战士的护送下,乘卡车走了两天两夜,到达东北抗联司令部。

穆青一跨进司令部大门,一位身着将军服的中年人就急切地迎上前来,紧紧地同他拥抱。这个人就是周保中将军。穆青抓紧采写了一篇《周保中将军答记者问》,接着便开始搜集抗日联军 14 年斗争史的材料。周保中将军每天抽出半天时间同穆青谈话,一些熟悉情况的抗联老战士也三三两两地找穆青聊天。周保中给穆青讲了一件事:

有一次部队在战斗中转移,十几个重伤员怕连累部队,主动要求留下来。周保中说服不了他们,只好找一个隐蔽的山洞,留下一些粮食,还派了一名炊事员、一名卫生员负责看护这些伤员。过了一段时间,当部队来到山洞准备接他们返回时,发现伤员都饿死了。炊事员倒在山洞附近的水沟里,扁担、水桶在他身边不远的地方,显然是因为打水时体力不支,倒在水中起不来了。他们清点牺牲的人数,发现一个都没有少。周保中深情地对穆青说:"我们的战士真是了不起的英雄,他们宁愿饿死,也不向敌人屈膝投降。等战争结束了,我一定要为牺牲的战士立一块碑作为纪念。"

一些抗联老战士侧重介绍周保中将军的事迹。在战斗中,周保中冲锋在前、退却往后,与战士生死与共。有一次周保中的肠子被打出来了,他伸手把肠子塞进肚子里,用绑腿布紧紧缠住,照样行军。

在另一次战斗中,周保中的左腿中了一颗子弹,他忍着剧痛指挥作战。直到战斗结束,周保中才请了一位土医生来做"手术"。当时缺医少药,没有麻醉针剂。土医生就用拔钉子的钳子,硬是从周保中的腿骨上把子弹拔了出来,将打烂的肉剪一剪,用水洗一洗伤口,敷药了事。手术过程中,周保中将军头上滴着豆大的汗珠,他咬紧牙关,没哼一声。抗联战士对穆青说,三国时,关云长刮骨疗毒,那是历史传说,谁也没有见过;周保中将军的坚强意志和英雄气概,有目共睹!

日本鬼子对周保中将军恨之入骨,到处张贴周保中将军的画像,悬赏提拿,宣布"谁割得周保中一两肉,可换一两金子"。但周保中与东北人民鱼水相依,在长达14年的浴血奋战中,为中华民族写下了一部惊天动地的英雄史诗。

穆青在周保中将军驻地住了将近半个月,每天都被这类英雄故事激励着、感染着。穆青说:"我读过不少中外战争史,看到过不少反法西斯斗争英雄事迹的报道,但论起艰难和坚毅的程度,没有一个超过东北抗联指战员。中国人民正是依靠这批伟大的民族脊梁,依靠他们的不死的抗争精神,才免遭灭亡。"穆青边谈边写,边写边哭,终于将《抗日联军14年斗争史略》写了出来。这篇12000字的长篇纪实报道在《东北日报》和延安《解放日报》同时刊登,中共中央东北局还把这篇文章印成单行本,广为发行。

在战争年代,穆青给人们留下了许多英勇指战员的光辉形象;在和平年代,他依然殚精竭虑为"民族脊梁"立传。1966年2月《人民日报》刊登了穆青、冯健、周原写的长篇通讯《县委书记的榜样——焦裕禄》；1972年1月，新华社播发了穆青、高洁等同志写的《铁人王进喜》；1978年3月，《人民日报》刊登了穆青、陆拂为、廖由滨写的《为了周总理的嘱托——记农民科学家吴吉昌》；1979年4月，新华社播发了穆青、陆拂为写的《一篇没有写完的报道》；1990年7月新华社播发穆青、冯健、周原写的《人民呼唤焦裕禄》；1991年6月，新华社播发了穆青、孟宪俊写的通讯《改革大潮中的老支书》；1993年9月，穆青写了《泪洒偏关》，悼念自己的恩师——抗日战争中英勇牺牲的偏关县县长梁雷；1994年2月，新华社播发了穆青写的《两张闪光的照片》；1999年6月，穆青与陈大斌合作采写了《老书记与北干渠的故事》。这些人物通讯文风朴实、情思奔涌，充分展示了共产党人的高尚境界。有人评论说："穆青笔下的典型人物，写一个，活一个，响一个，震撼了几代读者的心灵。"

拿植树老人潘从正来说吧。1965年的冬天，穆青在豫东平原采访焦裕禄同志的感人事迹时，听说宁陵县有一位植树老人潘从正，人称"老坚决"。为了在沙荒地带造林，潘从正肩上搭着布袋，怀里揣着桑剪，老远看见一棵树，他就奔过去：把落在树下的树种子拣起来装进布袋。每逢农村赶集，他随着卖水果的挑子转悠，看到小孩吃水果，他就蹲在旁边等候拣拾扔下的果核。日积月累，老汉把许多用材树、果木树都请到了沙荒地。由于"老坚决"坚持育苗，几年以后，沙荒地带破天荒地出现了一片片茂密的树林。1956年，潘从正被评选为河南省林业劳模。

没有料到的是，1958年秋天开始刮起一股"共产风"，人们杀猪砍树，刚刚培育起来的林木被一扫而光！许多人唉声叹气，而潘从正没有气馁。他说："毁了头一茬，再种第二茬！"这种精神感动了穆青。他准备报道完焦裕禄，就折回来采访这位与风沙搏斗的老英雄。然而，"文化大革命"爆发了，这一计划化为泡影。

十多年间，潘从正刚毅、纯朴的形象始终在穆青心头萦绕。1979年4月，穆青和陆拂为一行再访宁陵，他要还这笔"文债"。穆青一到万庄，就发现潘从正老两口还像过去一样，住在苗圃里。生产大队干部向穆青一行介绍了万庄防护林带三起三落的曲折经历。为了绿化沙荒,20年来潘从正老人抛家离舍,从住地窖子起,一直守护着自己的苗圃:风沙,吓不跑他;断粮,逼不走他。任何打击和挫折,都不能使他放弃为子孙后代造福的绿化事业。老人的执着,让穆青联想起在风口织网的蜘蛛:狂风把网撕破了,蜘蛛重新开始;又来了一阵风,把网撕破了,蜘蛛仍然继续织下去。一次、再次、三次,生命不息,吐丝不止。穆青认为这正是"老坚决"百折不挠精神的写照,是潘从正老人一生命运的缩影。有一次采访结束,穆青准备离开村子,"老坚决"拉着穆青的手说:"俺不怕穷,只怕乱。今后可不能再折腾了! 越折腾越穷,将来国家靠什么?"一个纯朴的农民,一句朴实的话语,竟让穆青流下了眼泪。穆青与陆佛为合写了《一篇没有写完的报道》,记载了特殊年代的历史,反映了历尽沧桑、饱经忧患的人民的呼声。

穆青晚年没有为自己写一部"自传",也没有整理《穆青回忆录》,而是把一生撰写的人物通讯汇集成册,出版了一本《十个共产党员》。范敬宜在序言中写道:"您是一位幸福的新闻工作者。第一,您有幸亲身经历了跨度达50年的伟大历史性变革,亲眼见到那么多的英雄人物;第二,您有幸写出了那么多震撼人心的作品,至少有两代人受到您作品中英雄模范人物的感染和熏陶;第三,您有幸受到那么多您报道过的主人公们的深情厚爱,比如植棉劳模吴吉昌,把您当作世界上最亲的亲人。这种幸福不是所有新闻工作者都能享受得到的……"

《十个共产党员》一书是穆青纯真信仰的结晶。辉县老百姓说穆青是"第十一个共产党员";还有人说"张严平女士撰写的《穆青传》是《十个共产党员》的续集"。"口口相传"的民间评论,是对殚精竭虑为人民立传的穆青老人的由衷赞誉。

二、勿忘人民的哺育之恩

身居高位与基层百姓鱼水相依

1996年10月,穆青辞去新华社社长职务四年之后,中国记协和新华社联合主办了"穆青新闻作品研讨会"。闭幕那天,穆青敞开心扉,回顾了自己的成长历程。

穆青是在河南农村一个小镇里长大的,当地的小学是地下党活动中心,中学是地下党县委所在地。穆青的老师梁雷是共产党员,是他一手把穆青引上革命道路。穆青虽然只是一个高中一年级学生,但到了贺龙领导的八路军120师,就成了"知识分子",得到多方面的关怀和爱护。穆青跟着部队挺进冀中,深入敌后,在战争岁月里经受了锻炼和考验。

穆青深情地说:"我的一生都离不开人民的哺育。年轻的同志没有见过旧社会我们的人民有多苦。我是亲眼看到的,特别是我们河南,更是个贫穷落后、苦难深重的地方。为此,我从小就有一个朴素的救国救民的愿望,以后参加了共产党,这个愿望就变成了终身的理想。我觉得作为一个共产党员,不论在什么情况下,都不应该忘掉人民。我永远忘不了在战争年代,处处都可以看到我们的老百姓怎么样地支援战争、支援抗日。父亲战死了,儿子去;哥哥战死了,弟弟去。一批一批的老百姓穿上军装跟着我们打日本、打老蒋,牺牲了多少人,救了我们多少伤员,掩护了我们多少同志……凡是有这种经历的同志都会有这种感受:我们不能忘记老百姓的恩情。"

那一天,我就坐在穆青身旁。讲到动情处,穆青几度流下眼泪。我理解了穆青晚年为什么常常回忆战争年代的往事,为什么念念不忘人民群众的"滴水之恩"。

1945年8月,日本宣布无条件投降。中共中央派遣10万干部和军队开赴东北。新华社和《解放日报》抽调编辑、记者、翻译、出版、电务、印刷等部门共16人组成挺进东北的先遣小分队,穆青是先遣小分队的一员。

从延安到东北,全程几千公里,不通汽车,也没有火车,大部分人要靠双脚走到目的地。1945年12月24日,小分队到达奉天,后改称辽宁。

辽西丘陵地带遍地冰雪,每天早上起来看到的都是白茫茫的一片,积雪常常深到膝盖,风刮在脸上像刀子割一样疼。有一天,雪下得特别大,一步一个深深的雪窝,每走一步都要花很大的力气才能把脚从雪窝里拔出来,裤子上的雪越沾越多,最后结成了冰疙瘩,腿像棍子似的完全失去了知觉。好不容易走到宿营的村子,天已经完全黑了。

穆青和王揖住的那户人家,屋里只有一对老夫妇,得知他们是关内过来的抗日队伍,两位老人高兴得团团转。老妇人赶紧生火烧水,老汉则忙着招呼他们上炕取暖。看着王揖已经脱掉靴子上了炕,穆青也急忙拽住靴子往下脱,没想到靴子和腿已经冻在一起,怎么也脱不下来,他急得便让王揖帮忙拽,老汉连忙上前制止:"孩子,千万不能硬拽,也不能拿热水猛浇,你的腿脚已经和靴子冻在一起,成了冰砣砣,硬拽连皮肉都要撕下来。要是用热水浇,肉就要烂,一烂恐怕连腿脚都难保住。"

老汉端来一盆冷水,把穆青的双脚连同靴子一起浸在冷水里,过了一会儿,冰碴渐渐化开了,他又小心地拽下靴子,然后解开自己身上的棉袄,把穆青两只冰凉的脚搂在胸前,用两只手慢慢地揉搓、按摩。过了好久,穆青麻木的双脚开始感到发痛,又过了一会儿,逐渐发热,最后终于恢复了知觉。那一瞬间,穆青能清楚地感受到老人胸怀间的温热透过双脚传到全身,一直传到他的心里。

穆青张开嘴想对老人说句什么,只见在昏暗的灯光下,善良的老人还一直抱着他的腿吃力地按摩着,一双眼睛里满是慈祥与爱怜。刹那间,穆青突然想起远在千里之外的父母,一种亲人般的温暖漫过他的心,只觉得鼻子发酸,喉头哽咽,说不出话来,泪水顺着脸颊大颗大颗地落下……

后来,穆青在一篇日记中写道:"多少年过去了,这个雪原上的小屋,这个如慈父般的老人,一直深深印在我的脑海里,我常常告诫自己,你的这双腿甚至生命都是老百姓保护下来的,今生今世,无论任何时候都不能忘记他们。"

法国哲学家卢梭说过:"没有感恩就没有真正的美德。"不忘人民的哺育之恩,就是穆青的一种美德。

新华社原总编辑冯健是穆青同志的"老搭档"。据冯健等同志回忆,从 20 世纪 70 年代到 90 年代,穆青六访兰考、八下扶沟、四去宁陵、八进辉县、两上红旗渠。穆青虽身居高位,却与基层百姓心心相印、鱼水相依。

同穆青交往时间最长的是河南林县的任羊成。1966 年年初,穆青第一次到红旗渠土地采访,听到许多关于任羊成的故事。20 世纪 50 年代修建红旗渠时,任羊成整天腰里系着一根粗麻绳,在太行山的悬崖峭壁之间凌空荡来荡去,用撬棍和铁锤,清除山体爆破后残留的龇牙咧嘴的危石。年长日久,任羊成的腰被绳子勒出一块块血痕,每天晚上收工,腰间总是血肉模糊,脱不下上衣,疼得钻心。当绕行于太行山腰的这条"天上运河"竣工,清凌凌的渠水流进干涸的土地和山民的水缸时,任羊成腰里结出了一圈黑紫黑紫的疤痕,穆青说这是一条"血腰带"。任羊成的故事还没有讲完,穆青已泪水盈眶。

在此后的日子里,穆青总忘不了任羊成那条"血腰带"和他凌空荡来荡去的身影。1991 年初,穆青邀请任羊成到北京小住。几天后春节将至,老汉要回太行山,穆青特意买了一袋大米、一袋白面,对任羊成说:"带回去吧,和修红旗渠的老伙计们一起包顿饺子吃,表表我的心意。"

得知穆青去世的消息,任羊成泣不成声。几天后,75 岁的任老汉来北京,一跨进穆青的家门,就颤颤巍巍地在穆青遗像前磕了三个头,放声大哭:"再也见不上了,再也见不上了!"这是太行山区老山民对一位老友的礼拜!

穆青结识吴吉昌是 1966 年的事。那年 1 月,周恩来总理在中南海拉着吴吉昌的手说:"老吴啊,你 57,我 67,我们一起用 20 年时间,把毛主席交给的解决棉花落铃任务完成!"从那时起,穆青同吴吉昌就结成了"亲戚"。

1978 年初,"文化大革命"刚刚结束,新华社国内部收到山西分社一篇稿件,内容是介绍吴吉昌的植棉经验,其中简略地提到这位劳模在"文革"中遭受的迫害。这一情况引起穆青的注意,他约请采写这篇稿件的记者廖由滨来编辑部详谈。廖由滨说:"吴吉昌的事迹很动人,但处处涉及'文革'的阴暗面,没法写公开报道。"穆青想,记者要有面对严酷现实的勇气,即使生活令人痛心疾首,也不应闭目回避。于是,穆青重新组织力量,去山西深入采访。穆青、陆拂为、廖由滨反复研究,决定采用白描笔法,再现"文化大革命"特殊年代的典型环境,用具体事实和鲜明形象来表达主题思想。

1978年3月,新华社播发了《为了周总理的嘱托——记农民科学家吴吉昌》。在通讯的结尾处,作者写道:"历史揭开了新的一页,像吴吉昌这样的遭遇,连同产生它的时代背景,都一去不复返了……"尽管表达方式比较含蓄,但读者还是能够听懂话语中的"潜台词"。这篇作品获全国优秀报告文学奖,并被收入高中语文课本。

多次采访吴吉昌,两位老人成为"莫逆之交"。吴吉昌当过全国人大代表,到北京开会时常到穆青家里做客。1980年底,吴吉昌进京开会,特意带了两棵用新技术种植的半人高的棉株,一棵送给邓颖超大姐,一棵送给了老友穆青。又过了两年,吴吉昌拿出两斤试验田里长出来的长绒优质籽棉,让老伴弹得暖暖的,亲自带到北京。吴吉昌对穆青说:"絮个褥子铺在身下,你暖和了,俺心里也暖和了!"

三、勿忘人民的根本利益 谨防"惹怒上帝"的不正之风

1985年3月,新华社召开年度国内工作会议。在讨论新华社干部队伍素质问题时,我发言说,即使在封建社会,也有一些廉洁的人和品格高尚的人。郑板桥当了12年县官,却是"宦海归来两袖空"。难道我们共产党人的品格还不如郑板桥?!

刚说到这里,参加我们小组讨论的穆青说:"小南,我插你几句话。郑板桥有一首画竹诗:'衙斋卧听萧萧竹,疑是民间疾苦声。些小吾曹州县吏,一枝一叶总关情。'我喜欢这首诗,因为我的思想与这首诗是相通的。你想,封建朝代的县太爷能够写出这样的诗,表现出关心民众疾苦的情怀,我们是人民记者、共产党员,理应做得更好,应该更加体恤民情。"

穆青还说:"最近我在看《诸葛亮传》,诸葛亮被刘备请出山以后,大事小事都亲自处理,做到了'鞠躬尽瘁,死而后已'。虽然有人说诸

葛亮有点'事务主义',但这种责任感是相当感人的。他敢于承担责任,'失街亭'之后,上疏'请自贬三等'。而且,诸葛亮不谋私利,身居高位,就在'公共食堂'吃饭。去世前,诸葛亮在写给后主的一份表奏中说:'成都有桑八百株,薄田十五顷,子弟衣食,自有余饶⋯⋯若臣死之日,不使内有余帛,外有盈财,以负陛下。'诸葛亮死后,家里就只有一点田地和800棵桑树。"穆青说:"关于诸葛亮,我在日记里记了一大段。共产党人应该学习诸葛亮的精神与品德。"

这是我头一次近距离聆听穆青的教诲。这一年4月,我担任了新华社总编辑室副总编辑,10个月后又担任了总编辑室总编辑。同穆青朝夕相处,经常会听到他对不正之风的抨击。

1986年1月中下旬,新华社召开国内工作会议。穆青在讲话中对"拜金主义"提出尖锐批评。他说,有些人把商品交换的关系带到我们队伍中来了。他们不是把自己的职责和党的事业放在第一位,而是把个人的利益放在第一位。不讲尽职尽责,处处讲价钱,把新闻工作者变成了庸俗的商人。一切都是金钱,把荣誉、党性原则、个人灵魂都变成商品,不择手段地要钱,唯利是图,实在危险,是在应该引起我们的警惕。

这是27年前穆青讲过的一段话,今天重温这些话语,仍然是"振聋发聩、令人深省"!

穆青坚守"勿忘人民"底线,自觉维护人民利益,在农村第一步改革初期体现得也很突出。1976年10月粉碎"四人帮",我国农村遭到破坏的生产力亟待回复。但是,由于左的政策未能及时纠正,1977年刮起了一阵"过渡风":人民公社基本核算单位由生产队向生产大队过渡,认为农业要大干快上,实现生产大队核算势在必行。"穷过渡"侵害了农民利益,不少地方杀猪、砍树,人心惶惶,怨声载道。左的政策惹怒了"上帝",农民很不高兴。

1977年11月下旬,我从济南赶到北京,参加新华社国内部召开的农村记者座谈会。与会的二十多名农村记者强烈要求总社如实向中央反映农村情况,反映农民群众的呼声和要求,建议中央采取更加开放的政策,扶持各地方为改变贫困面貌大胆探索。

听了大家的发言,穆青心里很不平静。他说:"大家都有一股子干劲,要让农村来一次革命。革命是怎么发生的? 就是到了再也维持不下去了,才会爆发革命。现在大家觉得要爆发革命,认为有爆发革命的必要,事情就好办了。没有这种精神状态,就不能改变农村的面貌,就不能改变我们国家的面貌,也就不能改变农村报道的面貌。要革命,就要换一种思路,换一条路子走。过去那条路走不通了,实践证明是错误的路,就要把那一套东西推倒。推倒旧事物,肯定会有阻力,会有干扰。对于新闻工作者来说,最大的干扰就是我们脱离实际、脱离群众。要改革,首先要从这里改起。我们的农村记者要深入基层调查研究,要密切联系实际、密切联系群众,要反映人民群众的要求和呼声。"

许多人知道,十一届三中全会前后新华社农村记者采写了大量反映中国农村实际的报道,除了与会者,很少有人知道穆青这段充满激情的讲话。2003 年 10 月 11 日穆青同志不幸逝世,为了寄托哀思,我写了一篇题为《堂堂正正,别无所求》的悼念文章,专门从笔记本上把这段话摘抄了下来。正是穆青同志的"胆"与"识",激励着新华社的编辑、记者。从 20 世纪 70 年代末到 80 年代初,新华社数以百计的农村记者深入到穷乡僻壤,采写了大量推进农村改革的稿件,为亿万农民摆脱贫困作出了积极贡献。

"勿忘人民根本利益",还体现在对不正之风的鞭挞上。1966 年 2 月 7 日,新华社播发了穆青、冯健、周原合作采写的长篇通讯《县委书记的榜样——焦裕禄》。1990 年夏天,在焦裕禄逝世 26 年之后,穆青、冯健、周原又采写了《人民呼唤焦裕禄》。

《人民呼唤焦裕禄》的前两部分写焦裕禄逝世后一批又一批年轻干部走上县委书记、县长的领导岗位。他们经过实践磨炼,不少人身上闪现着焦裕禄的精神风貌,成为新时代大潮中的中流砥柱! 第三部分话锋一转,开始揭露新形势下存在的种种消极腐败现象:

少数干部经不起执政和改革开放的考验,受到不正之风的影响和腐朽思想的侵蚀。他们把为人民服务的宗旨抛到了九霄云外,背离人民,违法乱纪,成为大潮奔泻中的泥沙。在有些地方,干群关系紧张,干部作风不正,官僚主义严重,有禁不止,有令不行,甚至滋长了腐败现象。

有的人随意侵犯群众利益,乱收费、乱摊派、乱罚款,一切向钱看。群众气愤地把这"三乱"比做新的"三害"。

有的人挥霍公款大吃海喝,群众指着他们的脊梁骨说:"你们把酒杯捏扁了,把筷子吃短了,把椅子坐散了。"

有的人不为群众办事,只顾自己"窝里斗",对群众疾苦视而不见,充耳不闻。

有的人弄虚作假,文过饰非,还向上邀功请赏,争名争利。

有的人贪赃枉法,胡作非为,不只自己侵吞公款公物盖私房,还为亲朋故旧、七姑八姨谋私利、捞便宜……

有一个老贫困县,十年九灾。全县 128 万亩耕地,有 123 万亩旱不能浇,涝不能排;人均收入 200 元以下,温饱问题一直没有解决。那里的干部本该发扬焦裕禄精神,咬紧牙关,艰苦奋斗几年,领导群众摆脱贫困。但令人痛心的是,1988 和 1989 两年,这个县一面吃着国家救济粮,用着国家救济款,一面竟然作出决定,让下级机关给领导干部"送红包";而全县得"红包"金额最多的是原县委书记。这些腐败现象使广大群众心不平,气不顺,在干群之间、党群之间无形中筑起一道高墙,它隔断了党与群众的联系,玷污了党的形象,造成了许多不安定因素。

《人民呼唤焦裕禄》初稿写出之后,穆青约请《经济日报》总编辑范敬宜与冯健、周原一道,对稿件进行推敲,我也参加了这次"会诊"。在场的人中,我年纪最轻,穆青说:"小南,你来读。读一段,大家议一段。"当我读完上面这一大段文字时,穆青插话说:

"这篇文章的价值在于揭露官僚主义和腐败现象。'千金易求,人心难得。'这是自古以来中国人民的箴言,也是关系我们党盛衰兴亡的一个大问题。不揭露这些问题,就不足以说明 26 年之后人民群众为什么还在呼唤焦裕禄。《人民呼唤焦裕禄》这篇通讯就是要为各级领导干部敲响警钟!"

这就是"勿忘人民"的现实意义!

这就是"勿忘人民"的警示价值!

穆青年谱

1921 年，一岁。

3 月 15 日（农历二月初六）生于安徽蚌埠。祖籍河南周口，回族。10 岁时随家人投奔杞县奶奶的娘家。

1932 年，十一岁。

考入河南杞县大同小学后升入中学，师从中共地下党员梁雷、赵伊坪，以及后来成为著名作家的姚雪垠，并参加创办宣传抗日救国的文学杂志《群鸥》。

1937 年，十六岁。

考入河南开封两河中学，在报刊上发表《小福之死》等文章。同年在山西临汾参加彭雪枫领导的八路军学兵队，三个月后被分配到一二〇师政治部宣传队任文化教员。

1939 年，十八岁。

1 月，在《八路军军政杂志》创刊号上发表他的第一篇战地通讯《红灯》。5 月，加入中国共产党。

1940 年,十九岁。

在重庆《新华日报》和《全民战线》上发表战地通讯《孩子们的故事》、《活跃在敌后的一个儿童》,又编写了两部话剧《十一点半》、《野孩子》。

7 月,被党组织派往延安,进入延安鲁迅艺术文学院文学系。学习期间,曾在延安的文艺刊物《草叶》上发表了短篇小说《搜索》。之后,又创作了小说《夜渡》、《夜船》等。

1941 年,二十岁。

被分配到驻扎在陇东专区的八路军三八五旅实习。采写了《我看见了战士们的文化学习》一稿,很快被当时的中共中央机关报《解放日报》刊登。

1942 年,二十一岁。

8 月,分配到党中央机关报《解放日报》任记者。9 月,与张铁夫一起采访当时陕甘宁边区的模范工人赵占魁,在《解放日报》上发表了通讯《人们在谈论着赵占魁》和《赵占魁同志》,在边区引起很大的反响。

1943 年,二十二岁。

8 月,在《解放日报》上发表通讯《雁翎队》。

1944 年,二十三岁。

在《解放日报》上发表《本市白家坪杨汉珠伤害人命判处有期徒刑,常志胜迷信巫神弄得家破人亡》,报社配发了评论。这是延安报刊最早发表的社会新闻,也是新中国新闻史上最早社会新闻之一。

1945 年,二十四岁。

10 月,跟随解放日报社和新华社先遣队离开延安,赴东北前线。

1946年,二十五岁。

2月,调入东北日报社。

3月在延安《解放日报》发表访问记《周保中将军纵谈东北抗战历史与现状》,这是奉党组织派遣,深入白山黑水寻找周保中将军领导的"东北抗日联军"部队之后采写的。尔后,又为收集杨靖宇烈士的事迹专程赴朝鲜采访金日成将军,采写了反映抗日联军光辉革命斗争事迹的长篇通讯《一部震天撼地的史诗——中国共产党与东北抗日联军十四年斗争史略》。

年底,任《东北日报》编委兼通采部部长。

1947年,二十六岁。

8月,深入东北农村采访,发表通讯《立功抓地主》、《七斗王把头》。12月,在《人民日报》上发表通讯《五常农民的攻势》。

1948年,二十七岁。

元旦,在哈尔滨与续磊结婚。7月,发表长篇通讯《工人的旗帜赵占魁》。8月至10月,深入长春前线采访,写出《空中飞来的哀音》、《哀音更加低沉》、《月夜寒箫》、《一枪未放的胜利》等一批新闻名作,由新华社播发。

1949年,二十八岁。

3月,赴葫芦岛采访起义后的"重庆号"巡洋舰,写出通讯《驶向人民的海洋》,在《东北日报》上发表。

4月,在《人民日报》上发表通讯《离开国民党海军黑幕的一角》。随后从《东北日报》调任新华社任特派记者,随第四野战军南下采访。

5月至12月发表了《在河南故乡》、《革命又回来了》、《狂欢之夜》、《界岭夜雨》、《五峰山上的俘虏图》、《十里长鞭》等几十篇通讯特写,并汇集成《南征散记》和《湘中的红旗》在武汉出版。

8月11日,采写《狂欢之夜——长沙市民欢迎解放军入城速写》,

由新华社播发。31 日,采写长篇通讯《记湖南的和平解放》,由新华社播发。

1950 年,二十九岁。

7 月,任新华社编委会委员,农村编辑组组长。参加"土改",在河南写《因为分配了土地——记河南郾城大杨庄分地后的生产热潮》,刊登在《人民日报》上。

1951 年,三十岁。

11 月,调任新华社华东总分社第一副社长。

1954 年,三十三岁。

7 月,任新华社华东总分社社长。

1955 年,三十四岁。

4 月,新华社华东总分社撤销后,任新华社上海分社社长。

1956 年,三十五岁。

7 月与叶世涛合写的《受到顾客欢迎的服务方式》,刊登在《人民日报》上。8 月采写的《特殊的商店》,刊登在《人民日报》上。

1957 年,三十六岁。

在华东总分社和上海分社近七年的领导工作中,穆青十分重视结合实践进行新闻业务研究、组织记者采写新闻佳作、大力培养年轻记者,并著有《我们的经验》等新闻业务专著,总结了他在这方面的体会。

1958 年,三十七岁。

4 月,调回北京,任新华社国内部主任。

1959 年,三十八岁。

8 月,任新华社副社长兼国内部主任。

1962 年,四十一岁。

带领新华社所组织的班子总结"大跃进"时期的报道工作,检查虚假报道宣传的错误,对今后工作提出改进方案。

1964 年,四十三岁。

指导新华社记者写作《大寨之路》、《"一厘钱"精神》、《九龙江上抗天歌》等等。在这期间,穆青将工作重点放在组织采写具有重大影响的新闻报道上。在他的领导下,新华社先后播发了一大批优秀的新闻报道,在社会上产生了广泛的影响。

1965 年,四十四岁。

12 月,与冯健、周原到兰考,开始采访焦裕禄的事迹。

1966 年,四十五岁。

2 月,《人民日报》发表穆青、冯健、周原合写的著名长篇通讯《县委书记的榜样——焦裕禄》。文章发表后,产生了极大的影响,并迅速在全国掀起了学习焦裕禄的热潮。3 月,发表文章《再访兰考》。

尔后,"文化大革命"爆发,与朱穆之、缪海林、邓岗、石少华等新华社领导一起,被造反派批斗、游街,并接受劳动改造。

1971 年,五十岁。

重新恢复工作,在新华社国内部工业组任编辑。

1972 年,五十一岁。

1 月,新华社播发由穆青与高洁合写的长篇通讯《铁人王进喜》。9 月,任新华社副社长、党的核心小组成员。安排专人重新采写李月华英雄事迹,由新华社播发《人民的好医生李月华》通讯,影响了几代人。

1973年,五十二岁。

5月,兼任新华社国内部主任。

1975年,五十四岁。

10月,与朱穆之、李琴联名写信给毛主席,反映江青9月在大寨讲话中的严重问题。

1976年,五十五岁。

4月,姚文元把新华社几位负责人向毛主席反映情况的正当行动,污蔑定性为"紧跟邓小平大刮右倾翻案风,分裂毛主席为首的党中央的反党阴谋活动"。穆青与朱穆之、李琴一道被停职审查,继而接受大会小会批判。这就是新闻界著名的"朱穆李事件"。

1977年,五十六岁。

1月,任新华社党的核心小组副组长。10月,兼任新华社总编辑。

1978年,五十七岁。

3月,《人民日报》发表由穆青、陆拂为、廖由滨合写的长篇通讯《为了周总理的嘱托》,介绍农民科学家吴吉昌的先进事迹。尔后,随中国新闻代表团访问委内瑞拉。

11月,与曾涛社长一起,组织新华社编写和签发《北京市委宣布1976年天安门事件完全是革命行动》的消息,促成为"4·5天安门事件"的彻底平反。

1979年,五十八岁。

4月,新华社播发由穆青、陆拂为合写的长篇通讯《一篇没有写完的报道》,介绍了植树模范潘从正的先进事迹。

1980 年,五十九岁。

与续磊编辑出版《续范亭诗集》。6 月,兼任新华社解放军总分社社长。

1981 年,六十岁。

1 月,新华社播发由穆青、郭超人、陆拂为合写的长篇通讯《历史的审判》。

4 月,发表与黄正根合写的通讯《滇行三千里》。

1982 年,六十一岁。

4 月,任新华社社长。7 月,任新华社党组书记。9 月,当选为中共十二届中央委员会委员。12 月,发表与周原合写的一组通讯《河南农村见闻》,其中包括《抢财神》、《谁有远见谁养牛》等。

1983 年,六十二岁。

3 月,《新闻工作散论》由新华出版社出版。本书收集了穆青从事新闻工作四十多年中,所写的部分有关新闻报道实践经验的总结,以及对新闻工作中某些问题进行探讨改进的文章。

1984 年,六十三岁。

7 月,《穆青散文选》由人民出版社出版。8 月,发表通讯《三下扶沟》。

1985 年,六十四岁。

9 月,当选为中国共产党全国代表大会代表。申请创办中国新闻学院。

1986 年,六十五岁。

1 月,国家教委同意中国新闻学院成立,穆青兼任院长。

2 月,在新华社摄影工作会议上发表讲话,提出一个文字,一个图片,这是新华社向世界性通讯社进军的两翼,要"两翼齐飞",缺少一个都不行。同年,当选为中国新闻摄影学会名誉会长。

9 月,发表与潘从正深厚感情和友谊的散文《心上的树》。

1987 年,六十六岁。

11 月 1 日,在中共十三大上,当选为中央顾问委员会委员。

1988 年,六十七岁。

10 月,摄影集《九寨沟》出版。

1989 年,六十八岁。

6 月,《彩色的世界》由新华出版社出版,书中收集了穆青多次出国访问时写下的国外散文共 41 篇,照片 195 幅。

1990 年,六十九岁。

发表散文《涑水情》,描写他与劳模吴吉昌的深情厚谊。

7 月,新华社播发由穆青、冯健、周原合写的长篇通讯《人民呼唤焦裕禄》。

8 月,组织召开全国报纸总编辑新闻摄影研讨会。在会上提出"图文并重,两翼齐飞",这个指导思想改变了我国报纸以文为主的时代,图片开始成为报纸的重要载体。

1991 年,七十岁。

6 月,新华社播发与孟宪俊合写的长篇通讯《改革大潮中的老支书》。

1992 年,七十一岁。

1 月,新华社播发穆青、胡国华、王志纲合写的长篇通讯《风帆起珠江》,《经济日报》全文刊登。6月,发表纪念孙钊的散文《难忘那双手》。

12月,从新华社社长岗位上卸任。

1993年,七十二岁。

9月,发表纪念恩师梁雷烈士的散文《泪洒偏关》。11至12月,穆青、冯健、周原再次携手深入河南采访,写出了《潮涌中州》、《赶着黄牛奔小康》等一系列反映农村改革见闻的通讯和特写。

1994年,七十三岁。

2月,发表长篇通讯《两张闪亮的照片》,介绍红旗渠特等劳模任养成的先进事迹。

5月,发表长篇通讯《情系人民》,介绍河南省辉县原县委书记郑永和的先进事迹。

7月,新华社播发由穆青、冯健、袁养和合写的长篇通讯《苏南农村第三波》。

1995年,七十四岁。

1月,发表散文《记忆中的一篇白云》。7月,发表通讯《格尔木在召唤》。10月,发表散文《蝶雪》。12月,《经济参考报》连载由穆青、冯健合写的长篇通讯《中原"金三角"纪行》。

1996年,七十五岁。

被推选为第五届中国记协名誉主席。

5月,人物通讯集《十个共产党员》由新华出版社出版。本书汇集了穆青和他的同事们从延安时期到90年代采写的10位共产党员的通讯。

9月,新华出版社出版《新闻散论》一书。

10月,由中国记协、新华社联合主办的"穆青新闻作品研讨会"在北京举行。全国新闻界 200 多人参加了研讨会,共收到 120 多篇论文。会后,新华社新闻研究所将部分论文编辑成《穆青新闻作品研讨文集》,由新华出版社于 1998 年 1 月出版。

10 月,"穆青摄影展"在北京中国美术馆开幕,共展出 100 多幅反映世界各地风土人情的摄影作品。展览期间,中央政治局常委、全国人大常委会委员长乔石参观了摄影展。

1997 年,七十六岁。

5 月,在《人民日报》上发表与冯健合写反映河南农村改革的通讯《跨世纪的创业》。随后在《经济参考报》上发表与冯健、牧云合写的《扶沟新事》。

1998 年,七十七岁。

8 月,在《人民日报》上发表散文《难忘华山》。

1999 年,七十八岁。

6 月,在《人民日报》上发表散文《忆雪垠老师》。随后新华社播发了与陈大斌合写的反映郑永和事迹的通讯《老书记与北干渠的故事》。《人民日报》配发了评论员文章《三讲好教材》。

2000 年,七十九岁。

在《中国记者》杂志上连载回忆录《我的记者生涯》,每月一篇,共 12 篇。

2001 年,八十岁。

10 月,被继续推选为第六届中国记协名誉主席。

2002 年,八十一岁。

6 月,在《人民日报》上发表散文《挥泪送冷西》。

11—12 月，"穆青书法展"在北京新华书画院举行。

2003 年，八十二岁。

7 月，为郝建生《杨贵与红旗渠》一书作序言。

8 月，为南振中《与年轻记者谈成才》一书作序言。

10 月，《穆青摄影》和《穆青书法》由新华出版社出版。

10 月 11 日，凌晨 3 时 20 分，在北京逝世，享年 82 岁。

根据《难忘穆青》（郑德全、穆晓枫主编，新华出版社，2005）、《穆青传》（张严平著，新华出版社，2005）书中的穆青生平年表和穆青年谱整理。

附录三

参考文献

专著部分

[1]张严平.穆青传[M].北京:新华出版社.2005.

[2]穆青.穆青论新闻[M].北京:新华出版社,2003.

[3]郑德全等主编.难忘穆青[C].北京:新华出版社,2005.

[4]王中义、洪文军.穆青评传[M].北京:中国广播电视出版社,2004.

[5]张惠芳等.人民记者穆青[M].郑州:河南人民出版社,2003.

[6]中共中央党史研究室.中国共产党历史(第二卷)[M].北京:中共党
    史出版社,2011.

[7]李默主编.新中国大博览[C].广州:广东旅游出版社,1993.

[8]穆青.穆青散文[M].北京:新华出版社,2003.

[9]穆青.穆青通讯[M].北京:新华出版社,2003.

[10]穆青.十个共产党员[M].北京:新华出版社,2000

[11]穆青.彩色的世界[M].新华出版社、三联书店(香港)有限公司,
    1993.

[12]董广安.穆青新闻思想与新闻实践[M].郑州:郑州大学出版社,
    2008.

[13]徐人仲、李年贵主编.穆青新闻作品研讨文集[C].北京:新华出版
    社,1998.

[14]彭四平.站在湖北看中国[M].武汉:湖北人民出版社,2008.

[15]南振中.与青年记者谈成才[M].北京:新华出版社,2003.

[16]丁淦林、商娜红主编.聚焦与扫描20世纪中国新闻学与传播学研究
    [M].北京:新华出版社,2005.

[17]李成野等主编.中国新闻学院志[M].北京:新华出版社,1995.

[18][美]罗伯特·劳伦斯·库恩.中国30年[M].上海:上海人民出版

社,2008.

[19][美]罗伯特·劳伦斯·库恩.他改变了中国——江泽民传[M].上海:上海译文出版社,2005.

[20]邓小平.邓小平文选(第二卷)[M].北京:人民出版社,1994.

[21]国家教委思想政治工作司编.惊心动魄的 56 天:1989 年 4 月 15 日至 6 月 9 日每日纪实[M].北京:大地出版社,1989.

[22]陈大斌.师者穆青[M].郑州:郑州大学出版社,2013.

论文部分

[1]范银怀."农业学大寨"的由来[J].财经,2009 年第 11 期.

[2]赵德润.人民的穆青常青[J].新闻战线,2003 年第 12 期.

[3]穆青.新华社社长穆青致大会的贺词[A].全国报纸总编辑新闻摄影研讨会材料汇编[C].1990 年.

[4]洪文军、贾晓宏."宣传先进人物是记者的职责"——评析穆青人物报道的实践与思想[J].新闻战线,2005 年第 3 期.

[5]符臻臻.探析穆青新闻作品的"人民情结"[D].郑州大学,2006 年.

[6]杨保红.穆青典型报道重大社会影响探因[D].郑州大学,2007 年.

[7]段学民.试论穆青的新闻人才观[D].郑州大学,2007 年.

[8]胡立华."还债"情结——访新闻老前辈穆青.新闻采编,1996 年 01 期.

[9]孟波,王建红,张松伟.文章不为千金卖——穆青"文革"中二三事.新闻爱好者,1996 年第 1 期.

[10]王建柱.再剪晚霞作征袍——晚年穆青.老人天地,2004 年 02 期.

[11]刘白羽.宇宙的闪光——穆青《彩色的世界》读后.新闻爱好者,1996 年 12 期.

[12]武纯晨."我们记者应是美的使者"——记穆青重访新疆.中国记者,1991 年 04 期.

[13]胡钟坚.简论中国少数民族新闻工作者的杰出代表——穆青.当代传播,1998 年 05 期.

[14]魏永征.访穆青[J].新闻记者,1991 年 08 期.

[15]梅村.穆青摄影的审美观——穆青摄影展给我们的启示[A].高扬

邓小平理论旗帜——第七届全国新闻摄影理论年会论文集[C].
1997年.

[16] 张育瑄. 关于普及性、深入性与持久性——就"图文并重、两翼齐飞"办报思想的落实致蒋齐生、穆青二位新闻界老前辈的信[A]. 第三次全国报纸总编辑新闻摄影研讨会文集[C]. 1994年.

[17] 杨子才. 慷慨悲歌奔战场——试论穆青人物通讯的风格. 新闻爱好者, 1996年12期.

[18] 祺鉴. 访穆青. 视听界, 1987年07期.

[19] 陈尚忠. 像穆青那样孜孜以求. 新闻战线, 2003年12期.

[20] 魏一峰. 论穆青人物通讯的细节艺术. 新闻知识, 2012年01期.

[21] 文有仁. 勿忘人民——穆青谈记者成才之路[J]. 新闻与写作, 1994年07期.

[22] 刘淮. 赤子深情终未改, 欠多少父老相思债[J]. 炎黄春秋, 1994年08期.

[23] 赵高辉. 穆青农村报道探析[D]. 郑州大学, 2006年.

[24] 养和, 光耀. 穆青的苏南之行[J]. 传媒观察, 1994年09期.

[25] 养和, 光耀, 嘉声. 他的新闻青春常在[J]. 中国记者, 1994年10期.

[26] 马明超. 穆青的"牛缘"[J]. 中国记者, 1994年06期.

[27] 郑志东, 高鑫. 青松映朝晖——穆青与新闻学院师生恳谈记[J]. 当代传播, 1995年03期.

[28] 甄城. 郭玲春的故事[N]. 华夏时报, 2001-10-23.

[29] 张遂旺. 要为人民多"吐丝"——访著名记者、原新华社社长穆青[J]. 新闻界, 1995年02期.

[30] 李天良. 穆青新闻舆论引导思想研究[D]. 郑州大学, 2006年.

[31] 萧祥海. 永远的穆青[N]. 湖南日报, 2003-10-31.

[32] 宋茨林. 采访穆青[N]. 新闻窗, 2000年06期.

[33] 张同德. "勿忘人民"——访新华社社长穆青[J]. 新闻与写作, 1991年06期.

[34] 朱清河. 穆青作品社会影响力原因分析[J]. 当代传播, 2006年01期.

[35]牧云.他爱那万顷麦浪——穆青同志晋南行散记[J].中国记者,
　　1990 年 07 期.

[36]刘葵华、高长富.老记者飞雪访农家[J].中国记者,1989 年 02 期.

[37]孟歆云.书神州半世纪风云　著中国新闻史华章——穆青新闻实
　　践活动述评[J].回族研究,2000 年 02 期.

[38]袁志发.为人为文皆楷模[J].新闻战线,1998 年 01 期.

[39]朱开平.京城访穆青[J].福建党史月刊,2000 年 06 期.

[40]龙全忠.时短弥珍的两次聆教——采访穆青回忆记[J].新闻三昧,
　　2004 年 03 期.

[41]江山有情人才能写出有情文——学习穆青采写《十个共产党员》有
　　感[J].采·写·编,1997 年 01 期.

[42]黄懿芬.他拥有一个"彩色的世界"——穆青和他的国外风光摄影
　　[J].中国摄影家,1994 年 01 期.

[43]南振中."堂堂正正,别无所求"缅怀穆青同志[J].新闻三昧,2004
　　年 02 期.

[44]王天林,张惠芳.人民心　笔墨情——穆青同志在河南[J].新闻爱好
　　者,1996 年 12 期

[45]李景亮.穆青又访"老坚决"[J].新闻爱好者,1986 年 06 期.

[46]顾梦斌.朱玉兰亲切的教诲——穆青同志谈话录[J].传媒观察,
　　2000 年 05 期.

[47]姚晓丹.穆青新闻作品的语言特点[J].语文知识,2004 年 05 期.

[48]刘仁圣.寻找事迹与时代需要的契合点——穆青人物通讯主题提
　　炼的启示[J].新闻与写作,1997 年 02 期.

[49]郝建生.时代精神　历史贯通　哲学升华——浅谈穆青新闻作品
　　中现实、历史与未来的交织共融[J].周口师专学报,1997 年 S3 期.

[50]花雪莲.一首凄凉的攻心诗——读《月夜寒箫》[J].新闻记者,1984
　　年 01 期.

[51]王凤超.延安《解放日报》的第一篇社会新闻及其影响[J].新闻与
　　传播研究,1982 年 01 期.

[52]刘善兴.电影艺术与人物通讯——试论穆青等同志的人物通讯的

形象性[J].传媒观察,1984 年 04 期.

[53]宋志耀.关于视觉新闻的三点探讨意见[J].传媒观察,1984 年 11 期.

[54]刘行芳.解读"勿忘人民"题词的五个维度.2011 年第 02 期.

[55]马宁.穆青典型报道思想与现实意义[J].求索,2010 年第 05 期.

[56]张遂旺.穆青的遗憾和《两张闪光的照片》背后的故事[J].中国记者,2011 年第 06 期.

[57]潘娴.试论穆青的"典型报道"思想[J].新闻世界,2011 年第 06 期.

[58]谢津津.当代新闻记者的社会责任感——以穆青为例[J].青年记者,2011 年第 02 期.

[59]董广安.穆青精神的现实思考[J].中国记者,2011 年第 04 期.

[60]党江华.像穆青那样做一名中国式记者[J].新闻爱好者,2010 年第 03 期.

[61]颜景毅.缅怀是追忆,更为了继承——纪念穆青诞辰 90 周年暨新闻名篇与名记者全国学术研讨会综述[J].新闻战线,2011 年第 05 期.

[62]穆青的书法及其"字外功夫"http://www.jxteacher.com/hengfeng-meishu/column17234/1ec00cc7-5b16-4dbd-b247-5be5cf8204c9.html

[63]贾靖宏.大河之子的翰墨情怀——感受穆青书法的魅力[J].黄河·黄土·黄种人,2008 年第 08 期.

[64]杨欣.浅谈穆青的摄影艺术[J].军事记者,2006 年第 10 期.

[65]作品与生活同朴实　追念"新闻泰斗"穆青.http://www.gog.com.cn.

[66]回族英才——中国杰出记者　文学界知名人士穆青.http://www.enorth.com.cn.

[67]纪念穆青先生:名记者之魂.http://xwcb.100xuexi.com/ExtendItem/OTDetail.aspx? id = C3E05EC3-425D-44B5-A7DC-535D38408241.

[68]穆青."勿忘人民"与"求真"孟鹏[N].北京日报,2009 年 08 月 10 日.

[69]穆青."勿忘人民"新闻思想及其时代意义.http://www.tianshannet.

com.

[70]张彦.穆青新闻写作风格研究[D].西北大学,2009 年.

[71]韩明儒.论穆青的新闻人格[J].洛阳工学院学报(社会科学版),
    1999 年 03 期.

[72]牟哲勤.对穆青"勿忘人民"的理解[J].新闻前哨,2004 年 10 期.

[73]洪文军,陈二厚.穆青的遗产[N].中国新闻出版报,2004 年.

[74]彭四平.怀念穆青[N].武汉一周,2013 年 10 月第二期.

后 记

对于穆青，我并不陌生。当年，在中国新闻学院求学时，时常看到他行走在学院里，偶尔他坐在主席台上，让学生模仿记者向他提问；偶尔他走进暗房，向有摄影经验的学生请教冲洗照片的方法；偶尔他走进学生社团，让学生们谈谈最新想法和对社会的看法。那时，在我眼中，他是一个和蔼可亲的长者。

有一次，穆青与常务副院长刘滨江在食堂聊天，新生误以为他们是看门的，直接把饭盒往他们面前一放，说："我的餐票忘在寝室了，你们帮我看下啊！"穆青爽快地答应了。后来听说是院长穆青帮他看饭盒时，新生自责抑或是不好意思，半晌面红耳赤地说不出话来。

写穆青传的原因很简单。2005年，新华社首席记者张严平出版了《穆青传》，我发现传记中没有写一句穆青创办中国新闻学院的事情，更没有提到穆青为中国新闻教育事业做贡献的内容。另外，《人民记者穆青》的作者，把笔墨重点放在写穆青与河南的往事，对穆青其他业绩虽然提到了，但表述得不够精确。我们知道，穆青虽然是河南人，他的情感可能对河南牵挂得最多，但他的事迹并不仅仅局限于河南，尤其是他的"穆青体"人物通讯，几乎是开创了人物通讯报道的新时代，这是目前为止，所有研究穆青的学者所忽略的地方。此外，《穆青评传》的作者，没有写出穆青的精、气、神，作者重点是对穆青的新闻作品进行分析，没有对穆青的生平及其新闻思想作出完整的勾勒。

当时我手头有几本书要出，没有时间来研究穆青的价值取向。随着时间的推移，穆青的影子在我的心中挥之不去，经过收集资料与重新学习穆青新闻理论，我决定重新写作穆青传。

虽然前面已有作者出版了《人民记者穆青》、《穆青评传》、《穆青传》，这三本著作从不同的角度呈献了穆青的成长史、新闻理论及管理风格。但我在决定写作穆青传时，给自己定的要求是：一是要脉络线索清楚，有层次，有内在的逻辑力量，讲清楚他为什么会这样一步一步发展，重要的情节不能遗漏；二是要突出重点，关键的地方要重笔写，有分析，有细节，有特写镜头，力求讲得透一些，不能平均使用力量。

为了达到这个要求，我反复研读穆青传记及其同事回忆他的文章或专家、学者围绕他的新闻理论和新闻写作发表的一些论文，从中分析他的新闻思想及成长轨迹。通过反复消化理解，基本做到全局在胸，通盘布局，知道什么是重要的，什么是不重要的，什么得多用些笔墨来写，什么尽可能简略地谈到就可以了。在写作的过程中，我用提纲提醒自己处理好下面几个关系：

首先，传主和背景的关系。人总是在一定的环境中生活和行动的。写穆青，写他一步一步地发展变化，都要把他放在比较宽广的特定背景下考察，包括当时的时代气氛，人们面对的问题，对这些问题存在什么不同看法，客观环境对传主的影响和制约等。这样，读起来才有立体感，才能使人理解他当时为什么会这样想和这样做，为什么能够这样想和这样做，他的高明或不足之处在哪里，传主的贡献或作用是什么。

其次，思想和行动的关系。人的行动都是由思想指导的。写穆青就要花很大的力量去弄清他是怎么想的。当他作出重要决断或发生重要变化时，更要弄清他是怎么思考的。一个人的思想通常有个发展过程，有时内心还充满矛盾。不弄清这些，他为什么会这样行动就会变得难以理解，写出来的传记也会缺乏深度。当然，思想又不能和行动分开。特别是新闻界的领军人物穆青和书斋中的学者不同，不能只写他在那里思考和发议论，满篇是他认为怎样，主张怎样。还要写他是怎么做的，怎样在行动中实现他的主张，在做的中间又遇到哪些原来没有想到的新问题，他是怎样认识和处理的。事实上，一个人的思想通常不可能一次完成，往往是在行动中不断丰富或变化的。

此外，正确和失误的关系。写人物传记，容易产生"为尊者讳"的毛病。事实上，一个人永远正确、从来没有失误的情况，几乎是不可能的。尤其在遇到新情况和新问题的探索过程中，失误更难完全避免。

一个人的成长，既要从成功的经验中、也要从失败的教训中汲取智慧。用科学的态度来写作，对这些就不必回避。问题只是力求找出导致失误的主客观因素，从当时的历史条件或个人的某些弱点合情合理地加以说明，使人理解。这样的传记，才使人觉得真实可信。故此，我写了穆青创办《瞭望周刊》开拓国际市场中的失败。

最后，个人和集体的关系。写穆青传，当然是写传主这个人。马克思主义从来承认个人在历史上的作用。传记自然也要写出传主个人在历史上或社会生活中的作用。可是，重要历史人物总是在某一个集体中活动的，并且从集体中汲取智慧，从来没有只靠一个人单打独斗的好汉。所以，我写了与穆青各个时期交往的那些人，他们对穆青所从事的事业有哪些影响。至于篇幅，只能适可而止。

这是我给自己写作穆青传定的标准。在梳理资料的过程中，我发现穆青家乡的郑州大学虽然成立了"穆青研究中心"，但我认为，他们研究的还很"不专业"，几乎没有走进穆青的内心世界，对穆青先生的新闻观、世界观、人生观，尤其是穆青的新闻教育思想都缺乏一个准确的把握，该研究中心总是围绕穆青的作品谈写作范式或新闻理论，这种研究方式不能说不对，恐怕永远无法拎出穆青新闻思想的灵魂所在。

穆青新闻作品有一种撼人心魄的力量，读来开启心智，净化灵魂。这种力量来自于哪里呢？我认为有两点是关键，一是穆青从做记者的那天起，就在胡乔木、陆定一这些记者，亦是政治家的身边学习，故此他的马克思主义理论修养、政治思想水平，都达到了相当的高度。他对自己所处的时代、对生活的感知和思考比一般人要深刻，对社会的脉搏把握准确，对重大报道题材比较敏感，所以，他一生做到了"勿忘人民"，坚持为人民立言，他的作品一般都立意高，思想性强，主题重大，反映问题深刻，"卓识如炬明古今"，充满了鼓舞人的精神力量和启迪人心灵的思想光芒。二是人格力量中蕴藏着浓厚的百姓情结。穆青把他自己身上的那种高尚的道德观念、思想品格和情操，不仅融入了作品，而且也融入到老百姓的生活中，从而使他作品产生了震撼人心的力量。《涑水情》写的是他与吴吉昌的友谊；《一篇没有写完的报道》介绍的是潘从正植树造林的平凡小事;《难忘那双手》写的是把乱石河滩改成良田的孙钊。许多新闻工作者都羡慕穆青一生的辉煌事业,模仿他新闻写作的笔调风格,但他们却没有真正学到穆青对人民对祖国的无限深情。

穆青在新闻、摄影、散文、诗词、书法等方面都造诣很深,建树颇丰,但他的作品有一个共同的特点,就是挖掘和展示美的道德、美的情操,追求至善至美。"诗言志"。穆青的诗词把他的人格力量表现得淋漓尽致。他在1993年4月写的《金缕曲黄山抒怀》一首词的下阕言:"文章不为千金卖,沥肝胆,青史巍巍,白雪皑皑。光明顶上啸长风,著我炎黄气概。对群峦,心潮澎湃。赤子深情终未改,欠多少父老相思债。鬓堆霜,丹心在。"这首词鲜明地反映了穆青的胸怀、抱负、人格和情操,以及心迹和追求,可以说感情真挚,大气磅礴。

穆青在新闻浪尖上能坚持自己的信念,鸟瞰时代画卷,说明他政治觉悟高,立场坚定。如果我们回头看一看穆青一生的经历,就不会觉得奇怪。出生安徽,在河南接受革命教育,后奔赴抗日前线,加入共产党的军队,再到革命圣地——延安,然后到东北参加解放战争,步入新华社,其一生都和中华民族的种种大事联系在一起。这些经历造就了穆青的信仰。他的一生,跌宕起伏,就是在最不得志的时候,依然坚守着自己的信念。张严平《穆青传》中讲述了这样一件事:在"文革"开始后,贺龙元帅被打倒,穆青也心事重重,愁眉不展。他最终认定这场运动是不正确的,"贺老总在军队的威信多高啊,走到哪儿,哪儿都是欢呼雀跃的,连他都被打倒了,这能是正确的吗?"

没有了说真话的权利,他就不说话,因为一句假话,或许就毁了一个人的幸福,甚至是生命。余虹在《一个人的百年》里面说过这样一句话:对恶没有激烈反抗却有持久拒绝;对善没有悲壮献身却有耐心执着。这种境界,没有几个人能够做到,然而,穆青却做到了。

穆青的可敬之处,不仅是写出了《十个共产党员》,而且是在历史漩涡中能够以身作则不失共产党员本色又能保护大多数同志,这样的人格魅力是在记者中间少有的。我写的书名,就叫《记者穆青》。

在新闻创新方面,穆青不是墨守成规,而是勇于创新。他在上海分社主持工作时,就在社会新闻上下功夫,那个时代的名篇《"梁山伯"结婚了》就是他指导大家写的;他走上新华社社长岗位后,郭超人的新闻名篇《训水记》就是在他的支持下写成的;郭玲春的《金山同志追悼会》就是在他任上发出来的。

　　这就是穆青,一个在时代风口浪尖上把脉时代的舵手,准确地把握住时代风云变幻。他并不是一个奇才,只是他心里始终装的都是"勿忘人民"。